●平成29年・30年告示学習指導要領準拠●

特別活動指導法

改訂2版

編　著

渡部邦雄・緑川哲夫・桑原憲一

日本文教出版

はじめに

　本書は，各大学において教員免許状の取得を目指している学生のために，教職課程必修科目「特別活動の指導法」の教科書として使用することを目的に作成したものである。

　平成29年３月に小学校及び中学校学習指導要領が，また，平成30年３月には，高等学校学習指導要領が改訂されたことから，本書は，新学習指導要領に準拠した教科書として新たに作成した。新学習指導要領においても，特別活動は，児童生徒の学校生活の基盤であり，小学校，中学校，高等学校の教育課程において重要な位置を占めていることから，特別活動の指導は，これまでと同様に，学校のすべての教員が担当することが必要である。

　本書は，特別活動の講義を通して，これからの社会や学校現場から求められている教員としての基礎的な指導力の育成に役立つよう，難解な内容ではなく，わかりやすい入門書として，以下のような特徴をもつ教科書として作成したので，ご活用いただきたい。

◇第１部「基礎編」，第２部「実践編」，第３部「資料編」の３部から構成した。各章節末のワークシートは，講義前の予習のまとめとして，また，復習時の学習のまとめ等での活用が期待される。また，合計18のワークシートの中には，発展的な学習課題として「調べてみよう」を取り上げたページもあるので，活用していただきたい。

◇学習を進めるにあたり，基本的な理解をしておく必要があると考えた用語については，第３部「資料編」に，「特別活動の指導に生かしたいワード－キーワード解説－」として取り上げ，それを解説した。(キーワードは🔟で示している)

◇法的根拠を確認することにより，学習内容をより確実に理解するために，第３部「資料編」に「教育関係法規抄」を掲載した。

◇カットやイラストを加え，ビジュアル的な面の工夫をこらし，楽しみながら学習を進めたり，学んだことを整理したりすることができる，読者自身のための「ＭＹ教科書」として活用できるように編集した。

　本書が，特別活動を学ぶために有効な教科書となることを願っている。

　終わりに，本書の出版に当たっては企画から発行に至るまで，細部にわたりお世話いただいた，日本文教出版の大空等氏，大石真衣子氏に心からお礼申し上げます。

2020年（令和２年）３月　　著者一同

目　　次

第1部

基 礎 編

第1章 特別活動の基礎基本

第1節　特別活動の特質と教育的意義

　特別活動は，児童生徒が様々な集団活動を通して，自己や学校生活上の課題の発見や解決に取り組み，よりよい集団や学校生活を目指して行う様々な活動の総体である。また，その活動を通して，心身の調和のとれた発達（全人的発達）や個性の伸長，社会性の育成などを通して，望ましい人間形成を目指す活動である。

1　特別活動の特質

（1）教育課程に位置づけられている教育活動である

　小学校，中学校，高等学校などの教育課程（カリキュラム）は，学校教育法施行規則に基づき「教科」(高校は教科・科目)，「特別の教科　道徳」(高校を除く)，「外国語活動」(小学校)，「総合的な学習の時間(高等学校は総合的な探究の時間)」，「特別活動」の各領域から構成されている。また，これら教科等の指導目標，指導内容等については，文部科学省が示す「学習指導要領」によってその基準が定められている。

　このように，「特別活動」は学校の教育課程に法的に位置づけられている必修の教育活動である。しかし，特別活動は教科書を用いず，時間割表などにも特別活動の一部である「学級活動（ホームルーム活動）」しか示されていないため，子どもたちは「学習」や「勉強」の時間とは考えていないことが多いようである。

　国語，算数（数学），理科，社会（地歴，公民）などの教科は，教科書を用いて学習が展開され，学習内容も具体的で明確であり，他教科との違いも分かりやすいため，「学習」や「勉強」の時間として，子どもなりに認識していると思われる。

　一方，教科書を用いない「特別活動」の時間（授業）は，学習指導要領に示されている目標や内容こそ全国一律であるが，各学校では児童生徒や地域・学校の実態，各教師の指導観，教材観などにより，指導内容，指導方法，指導形態はそれぞれまちまちであり様々な展開が見られる。

　そのため，子どもたちは，その時間が一体何の授業（学習時間）だったのか分からないままに学んでいたのではないかと思われる。しかし，卒業後，学校生活を振り返り，楽しかったこと，印象深かったことは何かを聞いてみると，運動会，遠足，修学旅行，臨海学校，文化祭（学芸会），児童会・生徒会活動（各種委員会活動），職場体験，ボランティア体験などを列挙する人が多く，特別活動に関した内容が圧倒的に多いのも事実である。子どもたちはそれと気付かないままに，特別活動の学

習を楽しみ，充実感を味わい，貴重な資質・能力を体得していたのである。

（２）集団活動を特質とする教育活動である

　特別活動にいう集団とは，単なる遊び集団や仲良しグループではない。それぞれの集団には活動目標があり，集団を維持しその目標を達成するための方法や手段について，集団の全員が考え，共通の目標の実現を目指して協力し実践していくような集団のことである。集団の各成員は相互に協力するとともに，個性を発揮し合い，集団の課題解決を図り，その目標の達成を目指すのである。

　一般に教科指導では，学級集団を単位として指導が行われることが多いが，特別活動では係や班などの小集団や学級を単位とする集団のほかに，学級や学年の枠を超えた，より大きな集団に属しながら活動することが多い。

　すなわち，一人一人の子どもは仲間の子どもたちとともに当番活動や係活動，班活動，学級（ホームルーム）活動をはじめ，各種委員会活動，児童会・生徒会活動，学校行事など，学校生活における様々な集団に属して活動している。

　そのことにより，人間関係も一層拡大し多様化し，複雑となり，生活経験も豊かになる。自分以外の異質な他者とともに様々な活動に参加することにより，好ましい人間関係を形成するために必要な資質・能力を身に付けたり，集団の一員として所属集団の充実発展に努めようとしたり，社会の一員としての自覚と責任感をもって参画したりするようになる。さらには，人間としての生き方について考え，自己を生かす資質・能力なども身に付けていくのである。

（３）実践的な活動を特質とする教育活動である

　特別活動は，学級や学校の生活において，集団による様々な生活経験や体験活動など，実践的な活動を通して学習する教育活動である。実践的な活動とは，児童生徒が学級や学校生活の充実・向上を目指して，自分たちの力で諸問題の解決に向けて具体的な活動を実践することを意味している。

　特別活動は，教科書中心の座学とは異なり，「なすことによって学ぶ[13]」という体験的，実践的な活動を中心とする学習活動なのである。実際の生活体験を通して，教師と児童生徒及び児童生徒相互の直接的なふれあいが緊密になり，人間関係も深まる。子どもたちは明るく楽しい学級や学校生活を実感するとともに，多様な体験を通して物の見方や考え方，感じ方を豊かに発達させることも可能となる。

　自分の所属する生活班，学級，学年，児童会・生徒会（各種委員会）などの様々な集団における話合い活動，討論，発表や生活体験，社会体験などの体験的，実践的な活動を通して，特別活動の目標の実現を図るのである。

　複雑で変化の激しい予測困難な社会の中にあって，人間として主体的にどのように生きてゆけばよいのかを，単なる知識や頭だけの理解とは異なり日常生活の具体

的な事例を通して体験し，実践的に学ぶのである。すなわち，現実の社会を生きていく上で必要な人間関係形成力〔＊〕や社会参画力〔＊〕をはじめ，自己実現〔＊〕を目指す意欲や態度などの体得がいかに重要か身をもって学習する。ミニ社会としての学校生活や実際の社会生活における多様な実践は，児童生徒に本物として働く諸能力を体得させる格好の場や機会として，有効に機能している。

（4）一人一人の人格形成を主とする教育活動である

特別活動は人格形成に直接的に関わる教育活動として，学校教育において独自の教育機能や特質を有している。近年，都市化，少子高齢化，高度情報通信社会の到来，地域社会の崩壊などにより，人間関係の希薄化，生活体験などの直接体験・実体験の減少，仮想現実（VR・バーチャルリアリティー）の増加等が進行しており，それらの変化に伴い人格形成に関わる多様な教育課題が出現してきている。

例えば，自己中心性の肥大化をはじめ，人間関係を上手く構築できない，集団や社会の形成者〔＊〕として必要な社会性が欠如している，感性など豊かな人間性の欠如が見られるなどである。

これらの今日的課題の解決に向けて，特別活動はその特質や教育的意義を生かして，子ども一人一人の人格形成を目指す上で重要な役割を担っている。

激変する今日の社会にあって，自己を見失うことなく，物事に主体的に対応し，自らの将来の職業や生活を見通して，社会的・職業的に自立して生きていく上で必要な資質・能力を育成することは，特別活動の役割である。

子どもたちに，公共の精神を養い社会性を育成すること，よりよい人間関係〔＊〕を構築する力，豊かな人間性，自主的，実践的〔＊〕な態度，社会参画する意欲や態度，自治的能力や自己実現を図る能力などの人格特性の育成が主なねらいといえる。

（5）多様な活動内容を持つ教育活動である

特別活動は，「学級（ホームルーム）活動」，「児童会・生徒会活動」，「クラブ活動」（※小学校のみ），「学校行事」で構成され，大小様々な集団による多様で実践的な活動内容を持った教育活動である。そのため，取り上げる活動の内容，方法，形態，期間などは多種多様である。

以下に，中学校を中心に「学習指導要領　特別活動」（平成29年）の「内容」（学級活動，生徒会活動，学校行事）から考えてみる。

① 学級活動

学級活動は，生徒が所属している学級を基盤として，毎週1単位時間（1コマ）以上を充てて行われる授業である。主として学級担任の指導により行われる。これは学級担任が日常の学級の生徒の実態を十分に把握し，彼らをよく理解しているからであり，また，自らの学級経営の充実を図る上からも必要だからである。

学級活動の内容については,「第2〔学級活動〕　2内容　1の資質・能力を育成するため，全ての学年において，次の各活動を通して，それぞれの活動の意義及び活動を行う上で必要となることについて理解し，主体的に考えて実践できるよう指導する。」として，3つの内容を挙げている。

　すなわち「(1)学級や学校における生活づくりへの参画　(2)日常の生活や学習への適応と自己の成長及び健康安全　(3)一人一人のキャリア形成と自己実現」である。

　生徒たちは，学級活動を通したよりよい生活づくりのために，集団としての合意形成🔗を図るための話合い活動，学級内の組織づくりの活動，自分たちで決まりを作って守る活動，人間関係形成力をはぐくむ活動，社会参画意識や勤労観🔗・職業観🔗を身に付け，将来的に自己実現を果たすための活動などを行うのである。

　例えば，学級としての共通の目標を設定したり，目標達成のための具体的な方法や役割の分担を検討したりする活動などがある。話合い活動によってきまりを作って守る活動は，生徒が集団の一員としての自覚を高め，責任を果たすことの大切さを，具体的な事例を通して体得するなど重要な働きをする。あるいは，人間関係を形成するために，毎日の学級・学校生活における様々な実践を通して信頼関係を築きながら，協力，協働，相互扶助の大切さを学んだり，対人的，社会的なスキルを体得したりする。まさに，多様な活動が展開されるのである。

② 　生徒会活動

　生徒会活動の内容は,「第2〔生徒会活動〕　2内容　1の資質・能力を育成するため，学校の全生徒をもって組織する生徒会において，次の各活動を通して，それぞれの活動の意義及び活動を行う上で必要となることについて理解し，主体的に考えて実践できるよう指導する。」として，3つの内容を挙げている。

　すなわち,「(1)生徒会の組織づくりと生徒会活動の計画や運営　(2)学校行事への協力　(3)ボランティア活動などの社会参画」である。

　生徒会活動では，特に生徒の自発的，自治的🔗な活動を重視した活動が行われる。学級や学年を超えた異年齢集団による自治的，実践的な活動であり，各種委員会活動（中央委員会，学級委員会，図書委員会等），生徒総会，役員選挙をはじめ，新入生を迎える会，卒業生を送る会，校内競技大会，ボランティア活動などを行っている。さらに，学校が実施する学校行事としての文化祭（学芸会），体育大会（運動会），修学旅行などへ生徒会として協力，参加する活動もある。

③ 　クラブ活動（※小学校のみ）

　クラブ活動の内容は,「第2〔クラブ活動〕　2内容　1の資質・能力を育成するため，主として第4学年以上の同好の児童をもって組織するクラブにおいて，次の

各活動を通して，それぞれの活動の意義及び活動を行う上で必要となることについて理解し，主体的に考えて実践できるよう指導する。」として，３つの内容を挙げている。

すなわち，「(1)クラブの組織づくりとクラブ活動の計画や運営　(2)クラブを楽しむ活動　(3)クラブの成果の発表」である。

クラブ活動は，小学校において，主として第４学年以上の同好の児童によって構成される異年齢集団による活動である。異年齢の児童同士が，協力し合って共通の興味・関心を追求するために，自主的，実践的あるいは自発的，自治的に取り組み，個性の伸長を図り，社会性や人間関係の形成を目指す活動である。児童や学校，地域の実態に即して，様々なクラブ活動が展開される。

④　学校行事

学校行事の内容は，「第２〔学校行事〕　２内容　１の資質・能力を育成するため，全ての学年において，全校又は学年を単位として，次の各行事において，学校生活に秩序と変化を与え，学校生活の充実と発展に資する体験的な活動を行うことを通して，それぞれの学校行事の意義及び活動を行う上で必要となることについて理解し，主体的に考えて実践できるよう指導する。」として，５つの内容を挙げている。

すなわち，「(1)儀式的行事　(2)文化的行事　(3)健康安全・体育的行事　(4)旅行・集団宿泊的行事　(5)勤労生産・奉仕的行事」である。

ここでは，全校または学年といった大きな集団において，生徒の積極的な参加による体験的，実践的な活動が展開される。

学校行事は，学校が計画し実施するものであり，学校生活に秩序と変化を与え，学校生活を充実させ発展させるものである。学校行事の例としては，入学式，始業式，卒業式をはじめ，文化祭，音楽鑑賞会，健康診断，交通安全指導，避難訓練，体育大会，遠足，修学旅行，移動教室，集団宿泊，野外活動，職場体験活動[13]，ボランティア活動などが挙げられる。まさに多種多様な内容を含んだ大きな集団による体験的，実践的な活動である。

しかし，学校行事とはいえ，各行事に生徒たちが自発的，積極的に参加協力することによって，はじめて学校行事の所期の目的の達成が可能となり，教育効果も一段と高まるといえる。学校行事は，生徒による自主的，実践的な活動及び大きな集団の活動を通して，連帯感や所属意識の育成を図り，集団や社会の一員としての自覚や責任感などの体得を目指すなど，社会的な資質育成の具体的実践の場や機会となっている。

学校行事は学校内にとどまらず，地域社会や旅行先などで自分とは異質の多様な人々とのふれあいを通して，人間関係を構築する力を育てたり，自らの社会性や人

間性を育んだりする大きな教育機能をも有している。

2 特別活動の教育的意義

　特別活動は上記のような様々な特質を生かして，学習指導要領（平成29年）「特別活動」の「第1　目標」に示す資質・能力を育み，人間形成に直接的に関わるという教育的意義を有している。

　文部科学省によれば，「特別活動は，学校生活を送る上での基盤となる力や，社会で他者と関わって生きて働く力を育む活動として機能し，人間形成の中でも特に，情意面や態度面の資質・能力の育成について強調してきた。今回の改訂では，各教科等を通して育成することを目指す資質・能力として『知識及び技能』，『思考力，判断力，表現力等』，『学びに向かう力，人間性等』をバランスよく育むことを重視している。そのために重要なことは，目標に『様々な集団活動に自主的，実践的に取り組み』とあるように，自主的，実践的な活動を重視するということである。様々な集団活動の中で，『思考力，判断力，表現力等』を活用しながら他者と協力して実践することを通して，『知識及び技能』は実感を伴って体得され，活動を通して得られたことを生涯にわたって積極的に生かそうとする『学びに向かう力，人間性等』が育成されていく。特別活動の内容は，各教科等に広く関わるものであるが，こうした特徴をもつ特別活動だからこそ目指す資質・能力を育むことが大切である。」（『中学校学習指導要領解説　特別活動編』平成29年　pp.26 ～ 27）と述べて，教育活動全体との関連からみた特別活動の教育的意義を説明している。その他にも教育的意義として，同解説（pp.27 ～ 29）に以下のことが示されている。
○「学級経営の充実への寄与」

　学級経営の充実には，学級内によりよい人間関係を築き，望ましい生活集団や学習集団を形成して学級集団の質を高めることや生徒の自発的，自治的な活動を中心とした学級活動を展開することが効果的である。「学級経営は，特別活動を要として，計画され，特別活動の目標に示された資質・能力を育成することにより，更なる深化が図られることとなる。」とその意義を述べている。
○「各教科等の学びの成果を実生活で活用する」

　「特別活動では，各教科等で育成した資質・能力を，集団や自己の課題の解決に向けた実践の中で活用することにより，実生活で活用できるものにする役割を果たすものである。」と述べている。また，「特別活動を要としつつ各教科等の特質に応じて，キャリア教育の充実を図ること。」と示し，学校教育全体の取組をキャリア形成■につなげていくための要としても特別活動を位置づけている。

○「学級や学校の文化創造」

　ここでいう文化とは,「一般的には『豊かな人間性を涵養し,創造力と感性を育む等,共に生きる社会の基盤を形成するもの』と理解される。」と捉え,「特別活動の全ての活動は,学級・学校文化の創造に直接関わる活動」であるとしている。

　具体的には,「各活動・学校行事やそれに関わる放課後や休み時間,地域等での準備等の活動を通して,教師と生徒及び生徒相互の理解や新たな人間関係の構築,自己の再発見,後輩に引き継ぎたい学校固有の伝統や行事などを体験し,そこから自己や学級としての成長や生きる糧を実感するとともに,学校・学級生活の思い出やアイデンティティーを確立するなど,生徒の人間形成に顕在的,潜在的に影響を及ぼす風土が培われ,多くの教育的な効果が期待できるのである。」と説明している。

　なお,学習指導要領（平成20年）に見る特別活動の教育的意義については,文部科学省の解説で,以下のように示している。教育的意義を確認する上からも参考にしておく必要があろう。

　ア　集団や社会の一員として,「なすことによって学ぶ」活動を通して,自主的,実践的な態度を身に付ける活動である。
　イ　教師と生徒及び生徒相互の人間的な触れ合いを基盤とする活動である。
　ウ　生徒の個性や能力の伸長,協力の精神などの育成を図る活動である。
　エ　各教科,道徳,総合的な学習の時間などの学習に対して,興味や関心を高める活動である。また,逆に,各教科等で培われた能力などが総合・発展される活動でもある。
　オ　知,徳,体の調和のとれた豊かな人間性や社会性の育成を図る活動である。

『中学校学習指導要領解説　特別活動編』（文部科学省　平成20年）

　特別活動の指導に当たっては,これらの教育的意義を理解した上で,児童生徒の発達の段階を踏まえて指導計画を作成し,集団活動や自主的,実践的な活動が展開されるように配慮することが大切である。

　なお,これらの教育的意義を十分に生かすためには,学校教育の場だけにとどまらず,家庭や地域社会における生活体験,自然体験,社会体験などの場や機会で,学校で学んだ特別活動の学習の経験や成果が生かされるようにすることが大切である。

　一方,家庭や地域社会における集団活動や諸体験で学んだことを,学校教育における学習の場や機会に生かすことも忘れてはならない。

3　特別活動の特質や教育的意義を生かすためのポイント

（1）「互いのよさや可能性を発揮する」集団活動を目指す

　既述のように，特別活動では児童生徒は班や係などの小集団をはじめ，学級，学年，児童会・生徒会など様々な集団に属して活動している。

　集団活動では集団の中で互いが集団成員として，理解し合い，協力し合うとともに，個人と個人，個人と集団が相互に作用し合いながら，自己や集団の生活上の課題の解決に向けて取り組み，個人の心身の調和のとれた発達や集団自体の生活改善や質の向上を図ることなどを追求するのである。

　その際，「集団における合意形成では，同調圧力に流されることなく，批判的思考力をもち，他者の意見も受け入れつつ自分の考えも主張できるようにすることが大切である。そして，異なる意見や意思をもとに，様々な解決の方法を模索し，問題を多面的・多角的に考えて，解決方法について合意形成を図ることが，『互いのよさや可能性を発揮しながら』につながるのである。」「集団活動の指導に当たっては，『いじめ』や『不登校』等の未然防止等も踏まえ，生徒一人一人を尊重し，生徒が互いのよさや可能性を発揮し，生かし，伸ばし合うなど，よりよく成長し合えるような集団活動として展開しなければならない。このような特別活動の特質は，学級経営や生徒指導の充実とも深く関わるものである。」（『中学校学習指導要領解説　特別活動編』平成29年　p.16）と示している点に留意し，指導に生かすことが肝要である。

（2）体験活動を生かす

　体験活動は，人が自分の身体を通して実地に経験する活動のことであり，子どもたちが体全体で対象に働きかけ，関わっていく活動である。彼らに豊かな人間性や感性を育むためには，自然や社会の現実に直接触れる体験が不可欠である。

　一般に体験とは，人が自らの五感「見る（視覚），聞く（聴覚），嗅ぐ（嗅覚），触る（触覚），味わう（味覚）」を総動員して，対象となる外界のヒト，コト，モノ（人，事象，事物，自然）に対して体全体で直接ぶつかり，何かを実感することである。このような体験を通して，人は物の見方，感じ方，考え方を豊かに発達させるのである。「体験は人間をつくる」といわれるゆえんでもある。体験には，直接体験，間接体験，疑似体験などがある。今日の子どもたちは，都市化，高度情報通信社会の中で，自然体験，生活体験，社会体験などの実体験・直接体験が著しく不足しており，その克服が大きな課題となっている。

　そのため，文部科学省では，体験活動の重要性について，中央教育審議会等で数度にわたり答申を発出して，学校教育はもちろん家庭や地域社会における教育の在り方について提言している。「実践的な活動」を特質とする特別活動では，「なすことによって学ぶ」を合言葉に，体験活動を多様な場面で取り入れる必要がある。

同省では体験活動の意義について，例えば，以下のように示している。

① 現実の世界や生活などへの興味・関心，意欲の向上
② 問題発見や問題解決能力の育成
③ 思考や理解の基礎づくり
④ 教科等の「知」の総合化と実践化
⑤ 自己との出会いと成就感や自尊感情の獲得
⑥ 社会性や共に生きる力の育成
⑦ 豊かな人間性や価値観の形成
⑧ 基礎的な体力や心身の健康の保持増進

『体験活動事例集～体験のススメ～』（文部科学省　平成20年）

これらの意義を生かす体験活動の場や機会の設定が求められているのである。

（3）社会性に着目する

社会性の概念については，子ども一人一人が自他及び社会と関わる社会的な適応力（適応性）や資質，態度などと捉えておいてよいであろう。具体的には，
「ア　人間関係形成力（多面的コミュニケーション能力）。多様な異質の他者との
　　円滑な交流（対人関係）を適切に行えること。
　イ　集団や社会の一員としての自覚と責任をもつこと。すなわち，連帯感，所属
　　意識，自己存在感，自己有用感[8]などを抱き，自己を生かしてよりよい集団や
　　社会を目指す社会的実践力や責任感をもつこと。所属集団への寄与やその活動
　　への意欲，態度を含むもの。
　ウ　社会的行動様式を体得していること。所属集団や社会の慣習・習慣，社会規
　　範を身に付けていること。」
などを包含したものと考えてよいであろう。社会性は集団や社会の形成者に求められる人格特性なのである。

なお，今次の改訂で，「人間関係形成」「社会参画」「自己実現」の三つの視点が，集団や社会の形成者としての資質・能力の重要な要素として，また，それを育成する学習過程においても重要な意味を持っていると指摘されている点にも留意しておきたい。

社会性の育成のためには，基本的な生活習慣の確立，社会的なルールやマナー・社会規範の習得，適切な感情表現をはじめ，自他の権利と義務，役割分担と責任ある遂行などについての理解，社会的実践力の習得，協調性，自律心，思いやる心などの体得が必要になる。集団活動を特質とする特別活動は，児童生徒にとって社会性・社会的資質を育む上で，有効で貴重な教育の場や機会となっている。

特別活動の特質・教育的意義

Q 特別活動の特質や教育的意義について，箇条書きでまとめてみよう。

特質

_____

_____

_____

_____

_____

教育的意義

_____

_____

_____

_____

_____

調べてみよう

◆ 外国の学校には特別活動はあるのだろうか。

_____

_____

_____

_____

◆ 特別活動が日本の学校教育に登場したのはいつのことか。

_____

_____

_____

_____

_____

第2節 特別活動の経験と学び

1 特別活動の経験

「特別活動」と聞いて,「特別活動って何のこと
だろう?」と思われた方もいたことだろう。本書
第1章第1節の特別活動の特質と教育的意義を学
ぶことにより, 特別活動とは何かについて, おお
まかな理解が得られたことと思われる。

　自分の小学校, 中学校, 高等学校時代を振り返ったときに, 入学式や卒業式, 運
動会や文化祭, 修学旅行などの学校行事, 各種委員会活動や代表委員会, 本部役員
会などの児童会・生徒会活動, 学級での話合い活動や係活動, 同好の士によるクラ
ブ活動など, 様々な活動の経験が思い起こされたことであろう。みなさんは, こう
した多様な活動の経験を通じて,「みんなの心が一つになって行事を成功させた成就
感や感動」,「みんなのために取り組んだ活動の苦労」,「先生の助言や激励を受けて最
後までやり遂げた達成感」など, 様々なことが思い出されることと思われる。これ
らのことは, みなさんが, 特別活動の経験を通じて得たものであり, 単に思い出と
して心に残っているだけではなく, 特別活動の経験が, みなさんの現在及び将来の
生き方や在り方に影響を与えたものも少なくないであろう。

　小学校, 中学校, 高等学校の卒業アルバムには, 特別活動に関する記念写真が掲
載されているのではないだろうか。特別活動の経験が, 卒業後に教職を目指す動機
の一つとなっている者, さらに, 教師になり, 自らの経験を児童生徒一人一人に経
験させたいとの夢や願いを明確に持つ者も少なくはないものと思われる。

2 特別活動の経験から学んだこと

　これから特別活動の研究を進めていくにあたり, まず, 特別活動における自らの
経験と学んだことについて, 下記の留意点と記入例を参考にしながら, 次ページの
ワークシートにまとめてみよう。

【留意点】

1　特別活動の経験を振り返り, 心に残っている活動内容とその経験を通じて学ん
　だことを学校種ごとに記入する。

2　時間があれば, 周囲の人と情報交換をしてみる。

【記入例】小学校5年で給食委員をした。リクエスト給食のメニューを調査し, そ
の結果をもとに栄養士さんにお願いして, 希望した献立で給食をつくっていただい
た。みんなから喜ばれ, 先生から褒めていただいたときに, 給食委員としてのやり
がいを感じた。

私の特別活動の経験と学び

種　類	経験した内容と学んだこと
小学校学級活動	
中学校学級活動	
高校ホームルーム活動	
小学校児童会活動	
中学校生徒会活動	
高校生徒会活動	
小学校学校行事	
中学校学校行事	
高校学校行事	
小学校クラブ活動	
中学校部活動	
高校部活動	

第3節　特別活動の教育課程上の位置付け

1　教育課程とは

　教育課程とは，学校教育の目的や目標を達成するために学習の目標や内容を学年段階ごとに授業時数と関連させて配列した学校の総合的な教育計画である。学校は，法に定められた学校教育の目的や目標に即して自校の学校教育目標を立て，その達成を目指して，法に定められた教科等と授業時数に基づいて学習指導要領の基準に即して自校の教育計画を組織していく。このことを一般的には，教育課程の編成と言う。

　我が国は，憲法の精神に基づき，教育基本法の理念に則って全国的に一定の教育水準を確保し，国民が全国どこにおいても同水準の教育を受けることができる機会を保障するために，学校教育法などによって，教育課程に関する国家的基準としてのプランを規定している。

2　教育課程の法的根拠

　教育課程は，学校教育法や学校教育法施行規則など様々な法令によって国家的基準として規定されている。

　小学校は学校教育法施行規則第50条，中学校は同第72条，高等学校は同第83条によって教育課程を編成する各教科等が次の表のように定められている。

小学校	国語，社会，算数，理科，生活，音楽，図画工作，家庭，体育，外国語，道徳，外国語活動，総合的な学習の時間，特別活動　　　　　　　　　　※令和2年度全面実施	
中学校	国語，社会，数学，理科，音楽，美術，保健体育，技術・家庭，外国語，道徳，総合的な学習の時間，特別活動　　　　　　　　　　　　　　※令和3年度全面実施	
高等学校	各学科共通教科	国語，地理歴史，公民，数学，理科，保健体育，芸術，外国語，家庭，情報，理数　　　　　　　　　　　　　※令和4年度から年次進行で実施
	専門学科教科	農業，工業，商業，水産，家庭，看護，情報，福祉，理数，体育，音楽，美術，英語
	共通	総合的な探究の時間，特別活動　　　※令和4年度から年次進行で実施

　義務教育学校，中等教育学校，特別支援学校などの教育課程についても学校教育法施行規則で小学校，中学校，高等学校に準じた規定がある。

また，各学校の各教科等の年間授業時数や各学年の総授業時数の標準も学校教育法施行規則の別表によって定められている（高等学校及びそれに準ずるものを除く）。

　さらに，教育課程は，その基準として文部科学大臣が公示する学習指導要領によるものとすることが学校教育法施行規則で規定されている。

　なお，大学やその他の学校には学習指導要領に相当するものはない。目的や主たる事項は法令で規定されているが，学問の自由の精神から教育内容等の詳細は各学校に委ねられている。

3　特別活動の教育課程上の位置付け

　こうした国家的基準としての教育課程に位置付けられた教育は，全国の学校で，全教師によって全児童生徒に対して行われなければならないものである。したがって，教育課程に位置付けられている特別活動は，全国の学校で，全教師によって，全児童生徒に対して行われなければならない教育であるということになる。

　1947（昭和22）年に我が国が民主的な学校教育を再出発させたとき，特別活動の前身といえる「自由研究」が教科課程（昭和26年から教育課程）に位置付けられた。この「自由研究」は，児童生徒の自発的活動を促すために，児童生徒が各自の興味と能力に応じて教科の活動では十分に行うことのできない自主的な活動を教師の指導のもとに行う時間として設けられた。

　その後，中学校では「自由研究」から「特別教育活動」になり，小学校は「教科以外の活動」から「特別教育活動」となった。1968（昭和43）年には「特別活動」となり，現在の原型ができあがった。特別活動は名称や内容構成の改訂はあったが，一貫して児童生徒の自主的，実践的ᴹな活動として教育課程に位置付けられてきた。

4　特別活動の教育課程の編成

（1）特別活動の内容

小学校	学級活動	児童会活動	クラブ活動	学校行事
中学校		生徒会活動		
高等学校	ホームルーム活動			

（2）特別活動の標準授業時数

　特別活動に充てられる年間標準授業時数は，年間35時間（小学校1年は34時間）である。この35時間は学級活動・ホームルーム活動に充てなければならない。児童会活動・生徒会活動，クラブ活動，学校行事には年間標準授業時数は充てられてい

ない。これらは，各学校が設定するそれぞれの目標を達成するのにふさわしい活動内容と時間数を，月毎，学期毎，年間を通して計画することになる。

　学校は年間35週以上で教育課程を編成しなければならない。そこで，学級活動・ホームルーム活動は，毎週１時間を時間割表に位置付けて年間35時間としている。

　学級活動・ホームルーム活動以外の特別活動は，時間割表の中や外に月毎，学期毎，年間を通して計画する。学校の年間の授業日数は約200日前後である。学校の１週は５日なので，年間35週分の授業を確保するには175日を必要とする。200日前後の授業日から最低限必要な175日を引くと25日程度の余裕ができる。１日が６時間授業とすれば，授業時間にして150時間程度の余裕ができる。祝日の分や午後の授業がカットされた分などを除いて，この時間の多くが特別活動に充てられている。授業時間の中で始業式や入学式が行われたり，日曜日に行った運動会は月曜日の授業で行ったとして月曜日が振替休日になったり，修学旅行を３日間行ったり，午後の授業時間に生徒総会や文化祭を行ったりするのは，この時間を充てていることになる。小学校のクラブ活動は，継続的に実施する必要があることから７時間目として通常の時間割表の外に位置付けられることが多い。その他，児童会活動・生徒会活動等は時間割表の外の放課後に委員会の日などとして計画される。

　学級活動・ホームルーム活動以外の特別活動は，各学校がどのような目的を設定して，どのような活動と時間が適切であるかを判断して計画するため，学校によって実施する児童会活動・生徒会活動や学校行事の内容や方法，時間数などに違いが生じてくる。この違いがその学校の特色ともなる。

5　教育課程の各教科等や学級経営との関係

　児童生徒一人一人の資質・能力の育成という視点だけでなく，学びに向かう主体的で協働的な集団作りという視点から，特別活動と学級経営と各教科とは往還的な関係にある。道徳教育との関連については，特別活動で経験した道徳的行為や道徳的な実践が道徳科の授業で取り上げられたり，道徳科の授業で学んだ道徳性が特別活動で具体的に実践されたり，体験したりする密接な関係にある。総合的な学習の時間（高等学校は総合的な探究の時間）との関連については，各教科等で身に付けた資質・能力を総合的に活用・発揮しながら課題解決に体験的，協働的に取り組む点で特別活動と共通性がある。しかし，特別活動の目標は「実践」であり，総合的な学習（探究）の時間の目標は「探究」である。共通する面は多いが，目標が違うことを踏まえ，それぞれの特質やねらいに沿った関連付けが必要となる。

特別活動と教育課程

Q1 本文に基づいて教育課程の定義を整理しよう。

_____

_____

_____

_____

_____

Q2 あなたは，特別活動が教育課程に位置付けられている重要性についてどのように理解したか，書いてみよう。

_____

_____

_____

_____

_____

_____

調べてみよう

◆特別活動の源である「自由研究」の内容を調べてみよう。

_____

_____

_____

_____

◆高等学校では1951（昭和26）年の学習指導要領改訂で特別教育活動が教育課程に位置付けられたが，特別教育活動の内容を調べてみよう。

第**4**節　特別活動の変遷

　教育は，それぞれの時代や社会状況等によって規定され，その歴史的背景を考察することは大切であり，この節では我が国における特別活動の変遷を学ぶ。

1　明治以降の教科外活動の変遷

　我が国の近代学校制度は，1872（明治5）年の「学制」の発布に始まる。明治という時代は，欧米の科学知識や技術を習得し，一刻も早い近代国家の実現を目指した。そこで，日本全国から，旧時代の身分制度を越えて人材を発掘・育成するための学校制度が必要となり，学校では進級・卒業を試験で判定する徹底した学力管理による教育が行われた。明治前期の教科外活動は，主として中等学校以上の諸学校において，演説討論活動や運動競技活動が取り組まれ始めた。外来の新しい文化やスポーツを指導者養成のための学校に取り入れ，明治という新しい時代の社会・文化の発展を図ろうとしたのである。

　1886（明治19）年，文部大臣森有礼は「学校令」の公布に当たり，教育において従順，友情，威儀の3か条の目的達成を目指した。これにより，学校では軍国主義的色彩を加えた独特の形式，内容，雰囲気をもった儀式が展開され，集団的訓育により児童生徒の精神形成に多大な影響を与えた。また，運動会や遠足，学芸会といった活動が全国の学校の教育活動に取り入れられ普及していった。

　「学制」の発布以降，明治政府は教員配置の改善等，教育振興に努めたが，厳格な学力管理と落第制度による学校では，進級できない子どもが低学年にたまるピラミッド型の児童分布となり，子どもの就学率，出席率は低下した。1890（明治23）年には，「教育ニ関スル勅語」が発表され，国民形成に向けた体制整備が求められた。

　1900（明治33）年には，進級試験に続いて卒業試験も廃止されたが，その結果，学校では学力の劣る子，学習意欲のない子，問題のある子らを抱え込んだため，教室は混乱し今日の学級崩壊に似た状況が頻出した。そうした状況の解決策として日本の教師らは，担任と子どもたちの信頼関係で結ばれた学級づくりを目指し，学級生活改善のための話合いや楽しい集いをする試みが，「学級会」等と呼ばれ広まっていった。

　1910年代後半，大正デモクラシーの中，子どもの自治活動や協働を基本とする学校生活の改善，芸術的な表現活動としての学校演劇，展覧会や音楽会の開催，夏休み中の林間学校といった新しい教育活動が展開された。子どもの自主性や創造性，自治や協働等を基盤にした理論が芽生え，多様な実践が展開された意義はきわめて大きい。しかし，明治以降のこうした多様な活動は，正規の教科学習とは別の「教科外活動」であったため，その教育的価値は正当に評価されていなかった。

2 戦後の特別活動の変遷

1945（昭和20）年の敗戦により我が国は平和的，民主的な文化国家に転換した。

1947（昭和22）年，「学習指導要領一般編（試案）」において，今日の特別活動の原型とされる「自由研究」が設置されたが，1951（昭和26）年の改正時に，小学校は「教科以外の活動」，中学校，高等学校では「特別教育活動」に再編された。1958（昭和33）年からの改訂では，すべての校種で「特別教育活動」に名称を統一し，1968（昭和43）年からの改訂では，「特別教育活動」と「学校行事等」を統合して「特別活動」に統一された（高校は「教科以外の教育活動」）。1989（平成元）年の改訂では，小・中学校の「学級会活動」と「学級指導」が「学級活動」に一本化され，「必修クラブ」が部活動による代替が可能となり，1998（平成10）年からの改訂では中・高等学校において「クラブ活動」が廃止された。さらに，特別活動の内容は，①「学級活動（高等学校は「ホームルーム」）」，②「児童会活動（中・高は「生徒会活動」）」，③「クラブ活動（小のみ）」，④「学校行事」の四つで構成されることになった。

2017（平成29）年からの改訂では，特別活動において育成すべき資質・能力を「人間関係形成■」，「社会参画■」，「自己実現■」の三つの視点で整理し，目標及び内容に示した。

表1－1　学習指導要領における特別活動の変遷

1947年（小・中）	○「学習指導要領一般編（試案）」により，4年生以上に「自由研究」が設置された。内容は，①個人の興味と能力に応じた教科の発展としての自由な学習，②クラブ組織による活動，③当番の仕事や学級委員としての仕事であった。
1951年（小・中・高）	○「自由研究」が廃止され「教科以外の活動」(小)，「特別教育活動」(中・高)が設けられた。その内容は，①ホームルーム，②生徒会，③クラブ活動，④生徒集会であった。 ※中・高等学校の特別教育活動は1949年度から実施。
1958年（小・中） 1960年（高）	○特設「道徳」により，教育課程が「各教科」「特別教育活動」「学校行事等」の4領域で編成され，すべての校種で名称が「特別教育活動」に統一された。 ※高等学校には「道徳」はない。
1968年（小） 1969年（中） 1970年（高）	○「特別教育活動」と「学校行事等」を統合し「特別活動」(小・中)，「教科以外の教育活動」(高)が新設された。 ○クラブ活動が毎週1時間，全員参加の必修となった。
1977年（小・中） 1978年（高）	○小・中・高等学校で「特別活動」の名称に統一され，目標に「自主的，実践的な態度の育成」が示された。
1989年（小・中・高）	○「学級会活動」と「学級指導」が統合され「学級活動」となった。 ○クラブ活動を部活動で代替できることが示された。(中・高) ○小学校低学年（第1学年および第2学年）に「生活科」が新設された。
1998年（小・中） 1999年（高）	○「ガイダンス機能の充実」が示され，クラブ活動が廃止された。(中・高) ○すべての校種で「総合的な学習の時間」が創設された。
2008年（小・中） 2009年（高）	○目標に「人間関係」の文言が加えられ，特別活動の特質が明確にされた。 ○各内容のねらいと意義を明確にするため，各内容の目標が示された。
2017年（小・中） 2018年（高）	○特別活動で育成する資質・能力を「人間関係形成」，「社会参画」，「自己実現」の視点で整理された。

第2章 特別活動の指導原理

第1節　特別活動の目標と内容

1　特別活動の目標

　小学校，中学校，義務教育学校，高等学校，中等教育学校，特別支援学校等の教育課程は，学校教育法施行規則によって各教科，特別な教科である道徳（小学校，中学校），総合的な学習の時間（高等学校は総合的な探究の時間），外国語活動（小学校），特別活動によって編成するものと定められている。また，それぞれの目標や内容は，学年段階に即してそれぞれの学習指導要領に示されている。各学校は，学習指導要領及び都道府県教育委員会が示す教育課程編成要領や編成の指針に基づいて，各教科等の指導計画を作成して教育課程を実施・管理している。

　特別活動においては，目標，各活動・学校行事の目標及び内容，指導計画の作成と内容の取扱いが学習指導要領に示されている。特別活動の目標は，その特質から小・中・高等学校ともに(3)以外は同一の目標となっている。

特別活動の目標

　集団や社会の形成者としての見方・考え方を働かせ，様々な集団活動に自主的，実践的に取り組み，互いのよさや可能性を発揮しながら集団や自己の生活上の課題を解決することを通して，次のとおり資質・能力を育成することを目指す。
(1)　多様な他者と協働する様々な集団活動の意義や活動を行う上で必要となることについて理解し，行動の仕方を身に付けるようにする。
(2)　集団や自己の生活，人間関係の課題を見いだし，解決するために話し合い，合意形成を図ったり，意思決定したりすることができるようにする。
〈小学校〉
(3)　自主的，実践的な集団活動を通して身に付けたことを生かして，集団や社会における生活及び人間関係をよりよく形成するとともに，自己の生き方についての考えを深め，自己実現を図ろうとする態度を養う。
〈中学校〉
(3)　自主的，実践的な集団活動を通して身に付けたことを生かして，集団や社会における生活及び人間関係をよりよく形成するとともに，人間としての生き方についての考えを深め，自己実現を図ろうとする態度を養う。
〈高等学校〉
(3)　自主的，実践的な集団活動を通して身に付けたことを生かして，主体的に集団や社会に参画し，生活及び人間関係をよりよく形成するとともに，人間としての在り方生き方についての自覚を深め，自己実現を図ろうとする態度を養う。

---

2 目標の構成

（1）特別活動の特質に応じた見方・考え方

> 集団や社会の形成者としての見方・考え方を働かせ，

　教育課程に位置付けられた各教科等の「目標」については，学習指導要領はすべて同じ考え方で設定している。特別活動の目標も例外ではない。すべての各教科等の目標は，それぞれの特質に応じた「物事を捉える視点や見方・考え方を働かせること」をはじめに設定している。

　学びの過程で質の高い深い学びを実現するためには，これらが重要であることから，「目標」の冒頭に示しているのである。

　特別活動においては，この見方・考え方を「集団や社会の形成者としての見方・考え方」としている。

　また，特別活動の特質や教育課程に果たす特別活動の役割及びこれまでの特別活動の目標などを勘案して，特別活動で育成を目指す資質・能力を「人間関係形成[■]」「社会参画[■]」「自己実現[■]」の三つの重要な視点として整理している。この三つの視点は，特別活動で育成する資質・能力の重要な要素でもあり，「なすことによって学ぶ[■]」という特別活動ならではの学習の過程においても重要になる。このことは，集団生活や社会生活において「よりよい人間関係の形成」「積極的に社会参画する力」「自己実現」を，特別活動のすべての指導で関連付けていかなければならないことを示している。

（2）学習の過程

> ①様々な集団活動に自主的，実践的に取り組み，②互いのよさや可能性を発揮しながら③集団や自己の生活上の課題を解決することを通して，次のとおり資質・能力を育成することを目指す。

　この部分は，特別活動の指導に当たっての活動の過程を示している。「人間関係形成」，「社会参画」，「自己実現」の三つの視点を踏まえ，集団や社会の形成者[■]としての見方・考え方を働かせながら，次の活動の過程を通して目標を達成していくことを示している。

① 様々な集団活動に自主的，実践的に取り組ませる。

　集団活動は特別活動の特質である。児童生徒は，学級生活での全員による活動，当番や係などの班やグループでの活動，また，学級外では児童会や生徒会の活動，

クラブや部活動など，様々な集団で活動を行っている。さらには学校行事で学年単位や全校単位でも活動している。このように特別活動は，集団による活動から成り立っている。よりよい集団はよりよい個人を育て，よりよい個人はよりよい集団をつくる。そこにはよりよい集団と個人の活動がある。よりよい集団と個人のよりよい活動を展開させていくことが特別活動の方法原理である。

　集団には，価値のある目的性，組織性，凝集性がなければならない。目的性とは，集団の成員全員が共通する目標や課題意識をもち，それを達成していこうとする意欲があるかどうかということである。組織性とは，目標を達成するため成員全員が集団のすべての役割を理解し，分担し合って，それぞれが責任を遂行していく機能をもっているかどうかということである。凝集性とは，成員全員が心理的に結ばれ，所属感や連帯感をもって，協力したり，助け合ったりしていく集団としてのまとまりをもっているかどうかということである。

　また，集団を形成する一人一人が集団に所属して活動することに対して，有用感，充実感，安定感を実感していることが重要である。有用感とは，自分はこの集団のみんなに必要とされているという実感である。充実感とは，自分はみんなと一緒に十分に満足できるくらいにやり遂げることができたという実感である。安定感とは，自分はこの集団のみんなの中に安心して居ることができ，みんなから愛されているという実感である。このような実感を得ることができる活動が，自主的，実践的³な活動を生み出すことになる。

② 取組の中で，互いのよさや可能性を発揮させる。

　特別活動は集団活動によって展開されていく。そこには必ず人と人との関わり合いが生まれ，そのよい関わり合いが集団と個人を成長させていく。自主的，実践的な活動の中で，助けたり，助けられたり，リードしたり，リードされたり，強く意思表示したり，相手の意見に従ったりという様々な関わりを体験させることが一人一人を成長させていく。特に，自分のよさや可能性は人との関わりの中で実感するものである。人から認められたり，賞賛されたりすることによって自分がよく表す言動が個性となり，自己肯定感や自尊心を育てていく。自分を大切にしてもらうことから他を尊重する態度が生まれてくる。特別活動の多様な活動の中で，自分のよさや可能性を感じさせることができる場や機会，人のよさや可能性を感じさせることができる場や機会を意図的，計画的に設定しなければならない。

③ 集団や自己の生活上の課題解決に取り組ませる。

　特別活動は，児童生徒がよりよい学校生活を築くための活動である。児童生徒が自分たちのよりよい学校生活を築いていくための課題や問題，自分たちのよりよい将来に関わる現時点での課題や問題に目を向け，気付き，解決や改善に意欲をもち，

解決策や改善策を検討し，実践に取り組む一連の活動が特別活動である。解決策や改善策を検討する過程では，集団の成員と討議や協議をしたりして集団思考や個人思考を通して具体的な解決策や改善策を模索・検討して集団決定あるいは自己決定することになる。決定したことに基づいてみんなで一緒に，あるいは個々人で実践に取り組ませることが重要である。

（3）特別活動で育成を目指す資質・能力

特別活動では，目標の冒頭で述べられているように，「集団や社会の形成者としての見方・考え方を働かせ，様々な集団活動に自主的，実践的に取り組み，互いのよさや可能性を発揮しながら集団や自己の生活上の課題を解決することを通して」，特別活動で育成を目指す資質・能力を次のように示している。

特別活動を含め，全ての教科等の目標と内容は次の三つの柱で再整理されている。

1　何を理解しているか，何ができるか（生きて働く「知識・技能」の習得）
2　理解していること・できることをどう使うか（未知の状況にも対応できる「思考力・判断力・表現力等」の育成）
3　どのように社会・世界と関わり，よりよい人生を送るか（学びを人生や社会に生かそうとする「学びに向かう力・人間性等」の涵養）

この三つの観点から特別活動で育成を目指す資質・能力を次のように示している。

①　「知識及び技能」

(1)　多様な他者と協働する様々な集団活動の意義や活動を行う上で必要となることについて理解し，行動の仕方を身に付けるようにする。

特別活動における「何を理解しているか」とは，生きて働く「知識」として集団活動の意義と活動するのに必要なことを理解することである。集団活動については，多様な他者との協働がポイントになる。

「何ができるか」は，生きて働く「技能」として集団活動の意義と行動に必要なことを理解した上で，行動の仕方を身に付けることができるようになることである。

② 「思考力，判断力，表現力等」

> (2) 集団や自己の生活，人間関係の課題を見いだし，解決するために話し合い，合意形成を図ったり，意思決定したりすることができるようにする。

　特別活動における「理解していること・できることをどう使うか」とは，集団生活の課題，自己の生活の課題，人間関係の課題を習得した知識・技能を使って見いだすことである。また，見いだした課題を解決するために習得した知識・技能を使って話し合って，合意形成🔟や意思決定ができるということである。こうした活動を通して，未知の状況にも対応できる「思考力・判断力・表現力等」を育成することになる。
③ 「学びに向かう力，人間性等」

> (3) 自主的，実践的な集団活動を通して身に付けたことを生かして，集団や社会における生活及び人間関係をよりよく形成するとともに，自己（人間として）の生き方についての考えを深め，自己実現を図ろうとする態度を養う。
>
> 　　　　　　　　　　　　　　　※　（人間として）は中学校

　特別活動における「どのように社会・世界と関わり，よりよい人生を送るか」は，自主的，実践的な集団活動を通して身に付けたことを自分の集団や社会における生活や人間関係づくりに生かし，自己（人間として）の生き方についての考えを深め，自己実現を図ろうとすることである。

3　特別活動の内容
（1）学級活動・ホームルーム活動（高等学校）
　学級活動・ホームルーム活動は，児童生徒の学校生活の基盤となっている学級を単位として自主的，実践的に展開される活動である。学級活動・ホームルーム活動の内容は，基本的には小学校，中学校，高等学校すべてほぼ同じである。具体的な「内容」は，児童生徒の発達段階を踏まえて示されている。

内容	小学校 中学校	(1) 学級や学校における生活づくりへの参画
		(2) 日常の生活や学習への適応と自己の成長及び健康安全
		(3) 一人一人のキャリア形成と自己実現
	高等学校	(1) ホームルームや学校における生活づくりへの参画
		(2) 日常の生活や学習への適応と自己の成長及び健康安全
		(3) 一人一人のキャリア形成と自己実現

学級活動・ホームルーム活動は，学級が学習集団として，生活集団としてよりよい学級になるように児童生徒が自主的，実践的に取り組む活動であり，この活動を通して児童生徒がよりよく成長していくことが期待される。

児童生徒が自分たちの学級や学校の生活について，話し合って，相談し合って，考え合って，目標を立て，計画を練って，実践し，さらなる向上を目指して取り組んでいく一連の活動である。小学校から高等学校まで一貫して内容に差異がないのは，同じ生活上の問題や課題も学年の進行とともに，学級としての取組が簡単なものから高度なものへと変容し，一人一人の資質・能力や個性も実践と体験の積み重ねによって変容していくことによる。

（2）児童会活動（小学校）・生徒会活動

小学校では児童会活動，中学校と高等学校では生徒会活動というが，これは小学生を児童，中学生と高校生を生徒ということからきている。

その内容は，自発的，自治的[3]な資質・能力が発達段階によって異なり，校種の特性なども異なることから多少の違いはあるが，基本的には同じと考えてよい。

内容	小学校	(1) 児童会の組織づくりと児童会活動の計画や運営 (2) 異年齢集団による交流 (3) 学校行事への協力
	中学校 高等学校	(1) 生徒会の組織づくりと生徒会活動の計画や運営 (2) 学校行事への協力 (3) ボランティア活動などの社会参画

児童会・生徒会活動は，児童会・生徒会という全校の児童生徒をもって組織する異年齢集団によって，自分たちの生活の充実や学校生活の改善・向上を目指して自発的，自治的に行われる活動である。児童会では全学年によって組織するが，計画や運営は主として5年生・6年生が行うこととなっている。

（3）クラブ活動（小学校）

クラブ活動は，4年生以上の同じ興味や関心をもった児童がクラブを組織して，自発的，自治的に興味や関心を追求していく活動である。

内容	(1) クラブの組織づくりとクラブ活動の計画や運営 (2) クラブを楽しむ活動 (3) クラブの成果の発表

中学校と高等学校にも一時期，時間割の中に必修クラブが設けられていた。しかし，教育課程外ではあるが学校の教育活動として位置付けられている部活動が盛んであるため必修クラブは廃止された。

（4）学校行事

　学校行事は，全校または学年を単位として，日常の学習や経験を総合的に発揮して学校生活を豊かで張りのあるものとする体験的な活動である。

内容	⑴　儀式的行事
	⑵　文化的行事
	⑶　健康安全・体育的行事
	⑷　旅行・集団宿泊的行事
	⑸　勤労生産・奉仕的行事

※　小学校では⑷の「旅行」は「遠足」となる。

　学校には様々な行事があるが，学校が管理・運営の面から実施する行事は学校行事である。学校行事は，児童生徒が自主的，実践的に取り組む教育課程に位置付けられた教育活動である。学校行事の性格上，実施される場所や時間，安全面や経費など，様々な条件や制約があるので全面的に児童生徒の自発や自治に委ねることはできないが，可能な限り計画，準備，実施に参画できるよう工夫することが求められる。

特別活動の目標と内容

Q1 特別活動が目指す資質・能力をはぐくんでいく上での重要な視点であり, 特別活動で育成する資質・能力の重要な三つの要素は何だろうか。

_____

_____

_____

Q2 特別活動の目標では, 特別活動の活動過程をどのように示しているだろうか。三つの活動プロセスを整理してみよう。

（1）_____

（2）_____

（3）_____

Q3 特別活動で育成を目指す資質・能力は, 学力の観点から三つ示されている。それぞれの観点による資質・能力を簡潔にまとめよう。

知識・技能	
思考力・ 判断力・ 表現力等	
学びに向かう力・ 人間性等	

Q4 あなたが教師になったら, 特別活動で育む三つの資質・能力でどのような事を最も大切にして指導に当たるだろうか, 書いてみよう。

_____

_____

_____

第**2**節　特別活動における人間関係形成

1　子どもたちの人間関係

　人間関係（human relations）とは，それぞれが所属する集団や組織内における成員相互の関係のことである。子どもたちの人間関係には，家庭における父母，兄弟姉妹等との関係があり，学校においては，同級生，上級生・下級生，委員会や部活動など所属する集団における生徒の関係，担任や教科担当の教師との関係，また，校外での地域の人々や，参加しているスポーツや文化活動を行う集団の人々との人間関係など多様である。

2　子どもたちの人間関係に関わる今日的課題

　近年，少子化や核家族化，共稼ぎ世帯の増加，労働時間の長時間化により，家庭において，親子が一緒に過ごす時間が短いことや子どもの塾通いなどの割合が増える傾向から，家族のふれあいの時間が減少している。また，学校においては，入学時の新しい人間関係づくりがスムーズに行えない生徒や，小１プロブレム●や中１ギャップ●，いじめ●や不登校●，暴力行為など生徒間の人間関係に起因する問題が深刻な状況にある。地域においては，部活動や塾などにより，中学生などが地域活動へ参加することが少なくなっている。

　このように家庭や地域において，人との関わりや交流の時間の不足から人間関係が希薄化している実態があり，学校においては，生徒の人間関係を築くための態度や能力の不足から学校生活上の様々な問題や支障が生じている状況がある。

3　人間関係づくりと特別活動の課題

　このような現状の中で，2008（平成20）年１月の中央教育審議会の答申において，「情報化，都市化，少子高齢化などの社会状況の変化を背景に，生活体験の不足や人間関係の希薄化，集団のために働く意欲や生活上の諸問題を話し合って解決する力の不足，規範意識の低下などが顕著になっており，好ましい人間関係を築けないことや，望ましい集団活動を通した社会性の育成が不十分な状況も見られる」ことが特別活動の課題として指摘された。

　このことを踏まえ，平成29年の学習指導要領の改訂では，その基本的な方向性として，特別活動において子どもたちが学校生活の様々な集団活動を通してはぐくまれる資質・能力を「人間関係形成●」「社会参画●」「自己実現●」の三つの視点から整理し，「人間関係形成」を重要な視点の一つとしている。

　特別活動において，「人間関係をよりよく形成する」ことを重視するとともに，そ

れらに関わる資質・能力を実践を通して高めるための体験活動や生活を改善する話合い活動や多様な異年齢の子どもたちからなる集団による活動を一層充実させていくことが大切である。

4　いじめの未然防止等に向けた特別活動における人間関係づくり

　いじめの背景には，学級内の人間関係に起因する問題が多く指摘されていることから学級経営と生徒指導との関連を図った学級活動の充実がいじめの未然防止の観点からも重要である。学級内の人間関係に起因する問題に対しては，学級の自治的な活動や様々な体験活動を通して，多様な他者㊿を尊重する態度を養うことはもとより，一人一人の自己肯定感を高める指導が重要である。

5　特別活動における人間関係形成
（1）特別活動の特質と人間関係形成の視点

　今回の改訂で示された「人間関係形成」「社会参画」「自己実現」の三つの視点は，相互に関わり合い，明確な区別はできないが，「人間関係形成」の視点については，次のように整理されている。

> 　「人間関係形成」は，集団の中で，人間関係を自主的，実践的によりよいものへと形成するという視点である。人間関係形成に必要な資質・能力は，集団の中において，課題の発見から実践，振り返りなど特別活動の学習過程全体を通して，個人と個人あるいは個人と集団という関係性の中で育まれると考えられる。年齢や性別といった属性，考え方や関心，意見の違い等を理解した上で認め合い，互いのよさを生かすような関係をつくることが大切である。
>
> 　なお，「人間関係形成」と「人間関係をよりよく形成すること」は同じ視点として整理している。
>
> 　　　　　　（『中学校学習指導要領解説　特別活動編』第2章第1節の1の（1）の①）

　特別活動は，学級活動（高校はホームルーム活動），生徒会活動（小学校は児童会活動），学校行事の三つの内容から構成される（このほかに小学校は，クラブ活動がある）が，学級内の係や班などの小集団，学級や学年単位の集団，また，学年の枠を超えた全校による大きな集団による活動である。一人一人の生徒が様々な集団に所属して活動することによって，生徒の人間関係も多様になり，生活体験も豊富になるなど他の教育内容とは異なる意義（特別活動の特質）が認められ，これらの活動を通して，好ましい人間関係を形成するために必要な能力・態度などが養われることが期待される。よりよい生活や人間関係を築こうとする自主的，実践的㊿な

態度を育てることをねらいとする特別活動は，人間関係を築くための生徒の能力・態度の育成の場の中核的な教育活動であると言える。

（２）特別活動の各活動・学校行事と人間関係形成

　特別活動は望ましい人間関係を基盤とした活動である。各活動・学校行事の活動内容や活動形態などを踏まえ，それぞれの活動等を通して望ましい人間関係を構築するとともに，人間関係のよりよい形成を図るために必要な資質・能力を一人一人の生徒が身に付けていくことをねらいとしている。

　ここでは，中学校に焦点をあて，このことについて考察してみる。

① 学級活動における「人間関係のよりよい形成」

　特別活動の中核となる学級活動においては，「学級や自己の生活，人間関係をよりよくするための課題を見いだし，解決するために話し合い，合意形成を図ったり，意思決定したりする」ことができるような資質・能力を身に付けることを目指した指導を行うこととしている。

　学級活動の内容の「(1)学級や学校における生活づくりへの参画」においては，学級における生活上の諸問題の解決，学級内の組織や役割の自覚，多様な集団の生活の向上などの活動において，生活上の諸課題を話合いによって解決したり，他者と協働して取り組むことの大切さ，異なる意見について合意形成🔟の手順や活動の方法を身に付けることによって，学級や学校における人間関係をよりよく形成していくことなどを学んでいく。

　また，内容の「(2)日常の生活や学習への適応と自己の成長及び健康安全」の「ア 自他の個性の理解と尊重，よりよい人間関係の形成」における活動では，「望ましい人間関係の在り方，豊かな人間関係づくりと自己の成長，自己表現とコミュニケーション能力」などの題材を設定して体験発表を取り入れた話合い，自己表現力やコミュニケーション能力を高める体験的な活動，学級成員の相互の理解を深める活動などを取り上げている。「イ 男女相互の理解と協力」では，男女相互が尊重し合い，共に協力して社会づくりに参画することや，人間関係を築くに当たってのルールやマナーの大切さを学ぶこと，「ウ 思春期の不安や悩みの解決，性的な発達への対応」では，人間関係の複雑化に起因する悩みや異性への関心が高くなることについての理解，「オ 食育の観点を踏まえた学校給食と望ましい食習慣の形成」では，食事を通してよりよい人間関係や社交性をはぐくむことなど，人間関係の形成に関わる諸問題を取り上げた活動を行うこととしている。

② 生徒会活動における「人間関係のよりよい形成」

　生徒会活動においては，全校の生徒をもって組織する生徒会において，「学校全体の生活をよりよくするための課題を見いだし，その解決のために話し合い，合意形成を図ったり，意思決定したり，人間関係をよりよく形成したりする」ことができるような資質・能力を育成することを目指している。生徒会活動において，学校生活の改善を図る活動を全校の生徒の課題として取り上げ，継続的に取り組む活動として「よりよい人間関係を形成するための活動」が挙げられ，いじめの未然防止や暴力の根絶などの問題も取り上げられる。

　また，生徒会活動が学級や学年の枠を超えて，異年齢の人と関わるという特質から，他の学年の人と関わる活動（生徒総会・各種委員会）や学校外の人と関わる活動（ボランティア活動）などを自発的，自治的[※]に行い，人との関わりや人の生き方を学ぶなど，人間関係を形成する力を養う活動を意識して指導を行い，充実した活動となることが望まれている。

③ 学校行事における「人間関係のよりよい形成」

　学校行事においては，「集団や自己の生活上の課題を結び付け，人間としての生き方について考えを深め，場面に応じた適切な判断をしたり，人間関係や集団をよりよくしたりする」ような資質・能力の育成を目指している。

　全校や学年という大きな集団でのよりよい学校生活を目指す活動においては，学年や学級の枠を超えた多様な集団のなかで互いに信頼関係を築き上げ，役割分担の責任を果たし，協働の活動に携わることとなる。このような活動によって，人間関係の大切さを体得するとともに，学年の発達に応じた役割や自らが人間関係をつくることについて自覚と責任を深めることになるのである。

　また，学校行事においては，「異年齢集団による交流」を通して，学年を超えた生徒と積極的に幅広い人間関係を築くことや，幼児，高齢者，障がいのある人々とのふれあいを充実することも求められている。そのためには地域の幼児や児童，高齢者，学校内外の障がいのある生徒や人々とふれあう機会を多く計画し，多様な人々との人間関係を築く態度の形成を図ることが求められる。

人間関係の形成に関わる課題と解決方法

Q1 中学生の人間関係に関わる問題にはどのようなものがありますか。自分の中学生時代を振り返りながら挙げてみよう。

> (空欄)

Q2 「望ましい人間関係の形成」をねらいとした学級活動について，題材や展開について考え，書いてみよう。

題材名	
活動のねらい	
活動の展開例	

Q3 生徒会活動や学校行事においては，どのような活動が「人間関係形成」に効果的であるか考え，書いてみよう。

生徒会活動	学校行事

調べてみよう

◆ 「人間関係形成力」とは，どのような能力でしょうか。

◆ 「構成的グループ・エンカウンター」とは，どのような活動でしょうか。

Ⅰ　構成的グループ・エンカウンター（ＳＧＥ）(Structured Group Encounter)

◆構成的グループ・エンカウンターとは……

　生徒同士の心と心とのふれあいを深め，温かな人間関係をはぐくむための手法。集団（グループ）で様々な課題（エクササイズ）への取組を行うもので，学級活動をはじめ通常の授業や総合的な学習の時間（高等学校は総合的な探究の時間）などにおいても，比較的容易に導入できる。構成的とは，課題（エクササイズ）の展開に当たって，指導に当たる教師がグループの構成（男女混合，これまで話したことがない人等），グループのルール（時間を守る，秘密を守る等），課題（エクササイズ）の際の約束事（無言で行うなど）についての条件（制限）を示して意図的に行うことを意味しています。エンカウンター（encounter）とは，「出会い」のことであり，「本音と本音との出会い，感情の交流」を目指している。

［エクササイズの例］

＜初期的な段階のエクササイズ＞

　◇ネームゲーム　◇イメージゲーム

＜中期的な段階のエクササイズ＞

　◇ブラインドウォーク　◇マッサージ　◇人間知恵の輪

＜後期的な段階のエクササイズ＞

　◇サイレントピクチャー　◇私の「とっておきの話」

Ⅱ　ロールプレイ（ロールプレイング）(role playing)

◆ロールプレイ（役割演技）とは……

　現実に起こる場面を想定して，複数の人がそれぞれ役を演じ疑似体験を通じて，ある事柄が実際に起こったときに適切に対応できるようにする学習方法である。

　例えば，対人関係において，場に応じた適切な自己表現を行う技能を身に付ける方法（アサーショントレーニング）や，社会的な対人関係の技能を具体的な活動を通して身に付ける方法（ソーシャルスキルトレーニング）として，あいさつの仕方や電話のかけ方などの様々な場を設定して学ぶことが挙げられる。また，道徳的な判断や行動において適切な対応ができる能力を身に付ける方法（モラルスキルトレーニング）として，公共の場での行動や他者に対しての理解や思いやりをもった対応などを学ぶことなどが挙げられる。

［例］◇対人関係の基本的技能を身に付けるためのロールプレイ

　　　・先生や生徒とのあいさつの仕方　・友人宅への電話のかけ方や話し方など

　　　◇人間関係を築くためのロールプレイ

　　　・友人と打ち解ける方法　・友人関係（トラブルなど）の調整の仕方など

第3節　特別活動における話合い活動

　特別活動における集団活動では，他者と話し合い，意見の異なる人と折り合いを付けたり集団としての意見をまとめたりする話合い活動や，体験したことや調べたことをまとめたり発表し合ったりする活動などが多用に展開される。中でも「話合い活動」は，特別活動の中心的な活動形態であり，学級活動・ホームルーム活動だけでなく，児童会・生徒会活動，クラブ活動，学校行事のすべてにおいて行われる。

1　話合い活動の成立条件
　児童生徒主体の話合い活動は，児童生徒の話し合いたいという情意的な基盤の上に，次の条件が揃うことで成立すると考えられる。
○　児童生徒が何のために話合いをするのか，その話合いの目的を把握している。
○　児童生徒が何を話し合えばよいのか，その話合いの内容を把握している。
○　児童生徒がどう話し合えばよいのか，話合いの方法や見通しをもっている。
　つまり，児童生徒が，話合いの目的・内容・方法（見通し）などを，自らのものとすることが，話合い活動の成立条件になる。教師は，これらの観点から主体的な話合い活動ができるように，指導・助言することが大切である。

2　話合い活動の意義
　話合い活動には以下のような重要な意義があると考えられる。
（1）集団の一員としての自覚が育つ
　学級や学校生活に関する諸課題の解決を図る活動や，学級内の仕事の分担処理に関する活動は，どのような場合でも話合い活動が基本となる。この活動の過程で，集団活動の意味や役割が理解でき，集団の一員としての自覚が育っていく。
（2）自主性や社会性が身に付く
　話合い活動が深まるにつれ，自主的に意見を言ったり，事実や論証をはっきりさせて発言したり，他人の意見と比較して，その長所・短所について考えたりすることができるようになる。また，他人の意見を聞いて自分の誤りに気付き，それを改めながら，みんなが納得のいく結論を導き出すというような能力が育てられる。このような試行錯誤を繰り返すことにより，自主性や社会性が身に付いてくる。
（3）個性の伸長がある
　話合い活動が充実してくると，議題の選定，資料の作成，話合いの進め方，その他運営上の諸問題などについて，児童生徒自身で十分に話し合われ運営できるようになる。その際，互いに役割を分担して活動することにより，自己の特性について

理解できるようになり，多くの役割を積み重ねることで，一人一人の個性が磨かれ，
一人一人の個性の伸長が期待できる。

これらの意義については，特別活動で育成する資質・能力の要素である「人間関係形成■」，「社会参画■」，「自己実現■」と深く関わっていると考えられるので，教師はしっかりと理解して，話合い活動の指導に当たることが大切である。

3　話合い活動における「主体的・対話的で深い学び」の実現
（1）特別活動における「主体的・対話的で深い学び」の実現

今回の学習指導要領では，各教科等の目標で示されている資質・能力を偏りなく育成するために，児童生徒の「主体的・対話的で深い学び■」の実現に向けた授業改善を行うことが示されている。

特別活動においては，児童生徒同士の話合い活動や，児童生徒が自主的，実践的■に活動することをその特質としている。だから各活動・学校行事の学習過程において授業や指導の工夫改善を行うことで，一連の活動過程の中で質の高い学び（主体的・対話的で深い学び）を実現することができると考えられる。

それは特別活動の各活動・学校行事の内容を深く理解し，それぞれを通して資質・能力を身に付け，中学校卒業後も能動的に学び続けるようにすることでもある。

（2）話合い活動における「主体的・対話的で深い学び」の実現

話合い活動は，特別活動の中心的な活動形態であり，各活動・学校行事のすべてにおいて行われるので，話合い活動の中で「主体的・対話的で深い学び」を実現させることが，特別活動における授業改善につながるものと考えられる。

「主体的・対話的で深い学び」については，「活動の意義を理解して取り組み，自己の考え方を協働的に広げ深め，学んだことを深める学び」と簡潔にまとめることができるが，これらの学びについては，「4　特別活動における二つの話合い活動」で示す「自発的，自治的■な話合い活動」，「自発的，自治的以外の自主的，実践的■な話合い活動」の中で実現できるように授業改善を進めることが大切である。

その際，「2　話合い活動の意義」で示した「集団の一員としての自覚，自主性や社会性，個性の伸長」を，教師自身が理解して，授業改善を行うことが重要である。

話合い活動を通して，「活動の意義を理解して取り組む」という「主体的な学び」を実現させることで「集団の一員としての自覚」が育ち，「自己の考え方を協働的に広げ深める」という「対話的な学び」を実現させることで「自主性や社会性」が身に付き，「学んだことを深める」という「深い学び」を実現させることで「個性の伸長」が図られるということになる。もちろん，これらは相互に関わり合っているので，そのことに留意しながら授業の改善を進めたい。

4　特別活動における二つの話合い活動

　特別活動における話合い活動は，目的をもって編成された集団において，まとまった意思表示をするための「自発的，自治的な話合い活動」と，児童生徒自身が自分の在り方生き方を決定するための「自発的，自治的以外の自主的，実践的な話合い活動」とで進められることが多い。

（1）自発的，自治的な話合い活動

　「自発的，自治的な話合い活動」は，「自発的，自治的な活動」を行うために中心となる活動形態である。この話合い活動は，児童生徒が自ら課題を見いだし，その解決方法などについて集団討議し合意形成^{※3}を図り，協力して目標を達成していく際に行われる。

　児童生徒の自発的，自治的な活動を特質としている内容は，学級活動の「(1) 学級や学校における生活づくりへの参画」，児童会・生徒会活動，クラブ活動であるので，これらの活動では主に自発的，自治的な話合い活動が行われることになる。

　もちろん，この場合においても，自主的，実践的な活動の助長に留意したい。

（2）自発的，自治的以外の自主的，実践的な話合い活動

　「自発的，自治的以外の自主的，実践的な話合い活動」は，教師の指導を中心とした児童生徒の「自主的,実践的な活動」を行うために中心となる活動形態である。この話合い活動は，学級や学校の成員に共通する課題を題材にして，児童生徒が集団思考をして意思決定する際に行われる。つまり，児童生徒は，その題材について，集団思考を進めながら，教師による適切な指導・助言を得て，各自で，その問題への関わり方や自己の在り方などを意思決定していくのである。この話合い活動で大切なことは，題材について，学習者全員が自我関与していること，集団思考が真に深められ広げられていることである。

　教師の指導を中心とした児童生徒の自主的，実践的な活動を特質とする内容は，学級活動の「(2)日常の生活や学習への適応と自己の成長及び健康安全」と「(3)一人一人のキャリア形成と自己実現」及び学校行事であるので，これらでは，主に自発的，自治的以外の自主的，実践的な話合い活動が行われることになる。

5　学級活動における話合い活動

　『小学校学習指導要領解説　特別活動編』第3章第1節3の「(6)学級活動の活動形態」に，「学級活動の活動形態としては，一般的には，内容等に応じて，(ア)話合い活動，(イ)係活動，(ウ)集会活動といった活動に大別できる。」と示されている。

　話合い活動は学級活動の中心的な活動形態ではあるが，話合い活動だけが学級活動ではない。学級活動のねらいを達成するためには，話合い活動が有効であるので，

教師はその意義をしっかりと理解して，指導技術の改善に努めなければならない。

（1）話合い活動の流れ

学級活動においては，学級活動の「(1)学級や学校における生活づくりへの参画」では，「自発的，自治的な話合い活動」が，学級活動の「(2)日常の生活や学習への適応と自己の成長及び健康安全」及び「(3)一人一人のキャリア形成と自己実現」では，「自発的，自治的以外の自主的，実践的な話合い活動」が主に行われることになるが，どちらも学級活動のねらいを達成するために行われる活動形態の一つであるという認識をもつことが肝要である。

学級活動の一般的な学習過程を踏まえて，小学校の話合い活動の流れを以下に示す。

	学級活動(1)における学習過程	学級活動(2)・(3)における学習過程
事前の活動	問題の発見 学級としての課題の選定 議題の決定 活動計画の作成　　計画委員会 問題意識を高める	題材の確認 問題の設定 共通の課題の設定 指導計画の作成 問題意識を高める
本時の活動	話合い活動 〈集団討議による合意形成〉 提案理由の理解（提示・説明） 解決方法等の話合い 合意形成	〈集団思考を生かした個々の意思決定〉 課題の把握 原因の追及 意見交換 個人目標の意思決定
事後の活動	決めたことの実践 振り返り 次の課題解決へ	決めたことの実践 振り返り 次の課題解決へ

図2-1　小学校の事前から事後までの話合い活動の流れ

学級活動(1)における話合い活動（学級会）の司会や記録などの役割については，低学年においては教師が中心に行い，中学年に向けて徐々に計画委員会を組織し，高学年までには教師の指導の下，児童で自主的，実践的に運営できるようにする必要がある。その際，役割は輪番制にするなど，特定の児童に偏らないように配慮することが重要である。

学級活動(2)及び(3)における話合い活動は，教師が中心に行うことが多いが，題材によっては，話合いの進行など，児童の自主的，実践的な活動を組み合わせて行う方法も考えられる。その際は，計画委員会での事前の準備が重要である。

（2）話合い活動を充実させるための指導上の留意事項

以下のような点に留意して，話合い活動の充実に努めたい。

① 学級活動(1)における自発的，自治的な話合い活動

ア　話合い活動自体に関心をもたせる

　　イ　計画委員会（中学校では学級活動委員会）を充実させる

　　ウ　自発的，自治的な活動にふさわしい議題の選定を行う

　　　（ア）　自治的な活動の範囲を明確にする

　　　（イ）　自発的，自治的な活動とはどんな活動かを教師間で十分確認しておく

　　エ　活動の過程を十分に見守る

　　　他にも，学級会コーナーの設置，司会などの役割の表示，話合いの隊形，役割の輪番制など，学校として共通理解を図って指導に当たることが重要である。

②　学級活動(2)・(3)における自発的，自治的以外の自主的，実践的な話合い活動

　　ア　集団思考を伴う話合い活動の特質を理解する

　　　（ア）　メンバーの知識の量を増加させる

　　　（イ）　メンバーの個人的な思考を深める

　　　（ウ）　メンバー一人一人の問題解決の意欲を高める

　　　（エ）　メンバー同士の友好感情を高める

　　　（オ）　メンバーの自己理解◎及び他者理解◎を深めさせる

　　　（カ）　メンバーの行動の変革，人格の形成に有効な働きをする

　　　（キ）　集団の組織化（凝集性）に役立つ

　　イ　集団思考を深めるために具体的な指導・助言をする

　　　（ア）　主体的な根拠に基づく発言になるようにする

　　　（イ）　相手の主体性を大切にする発言になるようにする

　　　（ウ）　話合いの問題に自分を関わらせて発言するようにする

　　　（エ）　児童生徒が司会を行う場合は進行の仕方などについて助言する

　　　学級担任教師が集団思考の特質を理解した上で，適宜適切に指導・助言することが必要である。

（3）話合い活動と学級経営

　　学級経営の内容として，大きくは集団経営と教室経営とに分けられるが，話合い活動の質を高めるためには，この集団経営をより充実させていくことが重要である。

　　居心地のよい，心理的安定感のある学級集団は，誰に気兼ねすることもなく自由に発言でき，誰にでも困ったことや悩み事を相談し，助言してもらえるような雰囲気をもっている。まちがっても笑われない，どんなことを言っても最後まで聴いてくれる集団であれば，話合い活動の質は高まる。

6 発達段階を踏まえた話合い活動の取組

　中学校においては，話合い活動における学校間，教師間の取組に差が見られ，話合い活動に対する十分な理解の下に実践が行われてきたとは言いがたい状況が見られる。中学生の発達段階として，個人差はあるものの，自己開示に慎重になったり，相手の発言に対して意見を言うことをためらったりしがちな面も見られるが，これからの時代を生きる力として社会参画に対する意識の高揚を図り，合意形成に関わる自治的な能力をはぐくむことがこれまで以上に求められている。

　特に学級活動の内容「(1)学級や学校における生活づくりへの参画」で中心的な役割を果たす話合い活動においては，例えば，議題の選定方法，計画委員会の役割，活動計画の作成，話合い活動の進め方や合意形成の仕方など，小学校で身に付けてきた資質・能力を生かしつつ，発達段階を踏まえてさらに発展させていくことが重要である。そのためには，小学校段階でどのような話合い活動の指導が行われているのか，学級活動の取組を参観したり，児童生徒の実態について情報共有を行ったりして，これまで以上に小学校との連携を深めていかなければならない。

Q 話合い活動の形態について調べてみよう。

バズセッション

_____

_____

_____

_____

ブレーンストーミング

_____

_____

_____

_____

_____

ジグソーメソッド

_____

_____

_____

_____

_____

第4節　特別活動の指導計画の作成と指導

1　特別活動の指導計画

　教育課程とは，学校教育の目的や目標を達成するために教育の内容を授業時数との関連において組織した総合的な教育計画である。したがって，学校は，この教育課程編成の基本方針に則って特別活動の指導計画を作成していくこととなる。特別活動の指導計画の基盤となるものが全体計画である。全体計画は，学校が学校教育目標の達成を目指して，全教師による特別活動全体の特質や意義を生かした創意ある指導や，児童生徒の自主的，実践的[注]な活動をいっそう助長する指導を展開していくために欠くことのできない指導計画である。

　全体計画は，特別活動に関わる地域の特色，学校の実態，児童生徒の発達段階や特性，これまでの特別活動の実践と評価などを踏まえ，カリキュラム・マネジメント[注]の視点に立ち，学校の全教育活動の中における特別活動の位置付け，特別活動全体の指導の基本方針と指導の重点，各内容の基本的な指導方針，内容相互の関連，他の教育活動との関連などを明確にしたものである。以下，全体計画を作成する上の留意すべき事項についてふれる。

（1）全体構想を明確にする

　特別活動は，実際の生活経験や体験活動を通して，個性の伸長と豊かな人間性の育成を図るというねらいに加え，集団や社会の一員としての自覚を深め責任をもって自己の役割を遂行し，豊かな社会性の育成をいっそう充実させることが求められている。また，学校や学級の生活への適応や望ましい人間関係の形成という学校生活の充実に欠かせない重要な教育活動として教育課程に位置付けられている。

　したがって，全体計画には，特別活動の意義やねらいを踏まえ，学校教育目標の達成を目指して，学校としてどのような基本方針に基づいて，どのように発展的，系統的，組織的に特別活動を展開していくかという全体構想が明確にされていることが求められる。

（2）各内容の特質を生かす

　特別活動の内容である学級・ホームルーム活動，児童会・生徒会活動，学校行事，クラブ活動（小学校）は，それぞれが特別活動として共通の特質を有するとともに，それぞれ固有の特質も有している。各内容の活動内容は多種多様であり，学校が創意工夫を発揮する余地が十分ある教育活動である。また，家庭や地域との連携や協力を通して，自然や文化とのふれあい，地域の人々との幅広い交流，自然体験や社会体験など，特色ある教育の実践が可能な教育活動でもある。

　したがって，全体計画には，各学校が特色ある特別活動を展開するために各内容

がもつ特質を十分に生かした創意工夫ある活動や指導方針が明確にされていることが求められる。また，各内容の特質をより生かすためには，各内容がそれぞれ個別に展開されるのではなく，特別活動全体としての調和を図りながら，カリキュラム・マネジメントの視点から相互に補完，環流し合えるような関連付けが明確にされていることが求められる。

（3）特別活動の全体計画

以上の（1），（2）を踏まえると，特別活動の全体計画の様式例としては次のようなものが考えられる。多くの学校では，このような様式に従い，特別活動の全体構想を立てている。

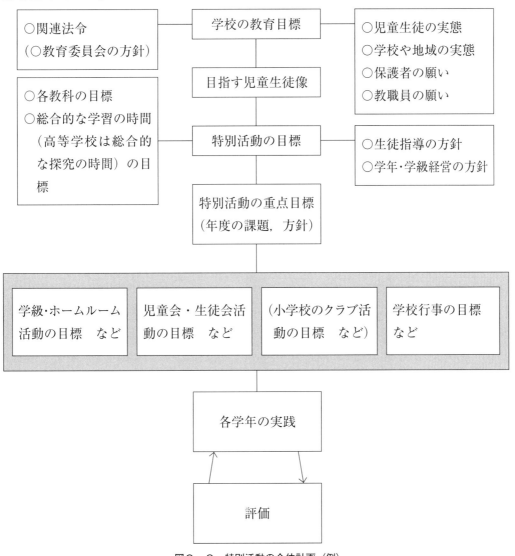

図2−2　特別活動の全体計画（例）

（4）各活動・学校行事の指導計画

　第2部の実践編で各活動・学校行事の具体的な指導計画が示されるので，ここでは全体計画を作成する上での留意する点についてふれる。各活動，学校行事で記載する主な内容は，「重点目標」，「活動の内容」，「時間や組織」，「評価と改善」などが一般的である。

①学級・ホームルーム活動

　学級・ホームルーム活動は，特別活動の目標を達成する上で基盤となる活動と言える。したがって，特別活動の重点目標や各学年の発達段階を十分に踏まえるとともに，児童会・生徒会活動やクラブ活動（小学校），学校行事の活動内容とも関連を図ることが重要である。また，学級・ホームルーム活動は，週時程にも位置付けられている活動であることから，全体計画をもとに年間，学期，月ごとに題材等の一覧を示すことになる。それが，年間指導計画，月間指導計画となる。これらも踏まえて全体計画を作成することが求められる。

②児童会・生徒会活動

　児童会・生徒会活動は，児童生徒自らの学校生活の充実と向上を図るために諸問題を解決しようとする自発的，自治的❸活動である。各学校の実態により抱えている問題や組織も異なっている。学校の特色化とも大きく関わる活動でもある。したがって，特別活動の全体の目標を踏まえ，何を重点化するかを決定し，全体計画に示すことが重要である。特に，生徒指導方針や学年・学級経営の方針を踏まえることも必要である。また，この活動の授業時間等については，学校行事と同様に児童生徒の実態や指導に要する時間を踏まえ適切に設定することが重要である。

③クラブ活動（小学校）

　クラブ活動は，小学校の，主として第4学年以上で学年や学級が異なる同好の児童の集団によって行われる活動である。児童会活動と同様に児童の自発的，自治的活動であることから，生徒指導方針や学年・学級経営の方針を踏まえるとともに，学校の設置クラブ数，活動内容も視野に入れ，各教科等の目標とも関連を図り，特別活動の全体計画に示すことが重要である。また，この活動の授業時間等については，クラブ活動の内容（「クラブの組織づくりとクラブ活動の計画や運営」，「クラブを楽しむ活動」，「クラブの成果の発表」）を効果的に行うことができる時間を適切に設定することが重要である。

④学校行事

　学校行事は，全校または学年を単位とした集団を対象とし，五つの種類の学校行事の体験を通して，集団への所属感や連帯感を深め，公共の精神を養いながら，自主的，実践的に望ましい人間関係の形成，集団活動への参加の仕方，自己実現を図

るなどの態度を身に付ける活動である。学校行事の成果は，学校の校風づくりや地域への学校の教育活動の発信，学校の特色化に大きく関与している。学校総体としての教育活動の評価にもつながっている。この意味で，学校経営方針を踏まえるとともに各教科，総合的な学習の時間（高等学校は総合的な探究の時間）の目標との関連を深め，特別活動の全体計画に示すことが必要である。この活動の授業時間等については，児童会・生徒会活動と同様に児童生徒の実態や指導に要する時間を踏まえ適切に設定することが重要である。

（5）様々な指導計画

　これまで，特別活動の全体計画の作成に関して述べてきた。(3)の特別活動の全体計画例で示したように特別活動の実践は，各学年の柱となる活動やその年間計画に基づき学級，学年，学校などを単位とした集団活動で行われる。そのために，年間，月間，一単位時間の指導計画や各行事ごとの指導計画など様々な指導計画が必要となる。これは特別活動の教育的意義や特質の価値が高いからである。特別活動が生徒指導や道徳性の涵養など児童生徒の豊かな人間的成長に大きく関わる教育機能が発揮される中核的な場であるからである。したがって，学校の全教職員が特別活動の趣旨を踏まえた指導を確実に実践できるようにするためには，共通認識をもち，その認識に基づき共通実践を図ることが何より重要である。この意味で，これらの様々な指導計画は不可欠である。

　以下，次頁以降に(3)の特別活動の全体計画例に基づき，中学校の全体計画例と年間指導計画例を示す。

特別活動の全体計画例（中学校）

【時代や社会の要請や課題】
・豊かな人間関係の形成
・社会全体のモラルの低下
・家庭や地域の教育力の低下
・体験的活動の不足

【教職員の願い】
・自主的，実践的な態度の育成
・望ましい人間関係を築く
・豊かな人間性や社会性の育成
・自分の将来について主体的に
　考え，行動できる力の育成

○各教科等との関連…各教科等における言語活動の充実
○道徳との関連…生き方についての自覚を深める指導の
　　　　　　　　充実，自他の生命を尊重する心の育成
○総合的な学習の時間との関連…自己の生き方を考え，
　　　　　　　　　　　　　　　キャリア教育の充実

【特別活動の目標】
　集団や社会の形成者としての見方・考え方を働かせ，様々な集団活動に自主的，実践的に取り組み，互いのよさや可能性を発揮しながら集団や自己の生活上の課題を解決することを通して，次のとおり資質・能力を育成することを目指す。
⑴　多様な他者と協働する様々な集団活動の意義や活動を行う上で必要となることについて理解し，行動の仕方を身に付けるようにする。
⑵　集団や自己の生活，人間関係の課題を見いだし，解決するために話し合い，合意形成を図ったり，意思決定したりすることができるようにする。
⑶　自主的，実践的な集団活動を通して身に付けたことを生かして，集団や社会における生活及び人間関係をよりよく形成するとともに，人間としての生き方についての考えを深め，自己実現を図ろうとする態度を養う。

【学級活動の目標】
　学級や学校での生活をよりよくするための課題を見いだし，解決するために話し合い，合意形成し，役割を分担して協力して実践したり，学級での話合いを生かして自己の課題の解決及び将来の生き方を描くために意思決定して実践したりすることに，自主的，実践的に取り組むことを通して，特別活動の目標に掲げる資質・能力を育成することを目指す。

【生徒会活動の目標】
　異年齢の生徒同士で協力し，学校生活の充実と向上を図るための諸問題の解決に向けて，計画を立て役割を分担し，協力して運営することに自主的，実践的に取り組むことを通して，特別活動の目標に掲げる資質・能力を育成することを目指す。

【学校行事の目標】
　全校又は学年の生徒で協力し，よりよい学校生活を築くための体験的な活動を通して，集団への所属感や連帯感を深め，公共の精神を養いながら，特別活動の目標に掲げる資質・能力を育成することを目指す。

【学校の教育目標】
・責任を重んじる
・学習に励む
・健康な体をつくる

【生徒の実態と課題】
　素直で真面目だが，自主的・自発的に活動することが不得手な面がある。

【学校や地域の実態と課題】
　保護者や地域の学校に対する期待が高く，学校教育に対して協力的である。

【保護者の願い】
○心身ともにたくましく，思いやりのある生徒になってほしい。
○将来について主体的に考え行動できるようになってほしい。

○学級経営との関連
　朝の会，帰りの会，当番活動（日直，清掃）の指導の工夫
○生徒指導等との関連
　部活動等では，生徒の自発的，自治的な活動を促す

	重点目標	活動の内容	時間・組織
学級活動	・学級や学校における生活上の諸問題の解決を図り,一人一人が生き生きと生活できる学級づくりを行う。 ・心身ともに健康で安全な生活態度や生活習慣の形成を図る。 ・望ましい勤労観,職業観を育て,将来の生き方,進路の適切な選択など自己を生かす能力を養う。	(1) 学級や学校における生活づくりへの参画 (2) 日常の生活や学習への適応と自己の成長及び健康安全 (3) 一人一人のキャリア形成と自己実現 ※アサーションプログラムとの関連 ・年度当初の学級開き等において活用し,よりよい人間関係の構築と共感的な自己有用感の育成を図る。	<table><tr><td></td><td>(1)</td><td>(2),(3)</td></tr><tr><td>1年</td><td>14</td><td>21</td></tr><tr><td>2年</td><td>11</td><td>24</td></tr><tr><td>3年</td><td>13</td><td>22</td></tr></table>数字は時間 ※1年は人間関係づくりの時間を多くとる。 ※3年は進路指導の時間を多くとる。
生徒会活動	・生徒委員会などの日常の活動を,責任をもって実践し,諸問題の解決を図り,学校生活の充実,改善を目指す。 ・校内や地域におけるボランティア活動を通して,自主的・自発的な活動を促進し,社会貢献の精神を養う。 ・生徒会本部の各プロジェクト(生活向上,美化,リサイクル,募金,広報,応援塾,訪問)に自主的に取り組むことにより,学校をよりよくしていこうとする態度を養う。	(1) 生徒会の組織づくりと生徒会活動の計画や運営 (2) 学校行事への協力 新入生歓迎会,3年生を送る会の企画運営,運動会生徒会種目の企画運営等 (3) ボランティア活動などの社会参加 総合的な学習の時間との連携 ※各専門委員会において特色ある活動を企画し,取り組む。	※生徒総会は年1回,各種の専門委員会(生活,環境,文芸,保健,放送)及び中央委員会は月1回の放課後の定例会を開催。(選挙管理委員会は7月頃から選挙がある9月までの期間のみ活動) ※生徒会役員会は,各種の専門委員会の定例会と同日開催のほか,適宜開催。 ※指導者は全教師。
学校行事	・儀式的行事において,厳粛で清新な雰囲気を味わわせ,公共の精神を養う。 ・文化的・体育的行事において個性を伸ばし,自主性・創造性を高めるとともに,責任感や連帯感の涵養を図る。 ・校外学習・集団宿泊的行事において,日常と異なる生活環境の中で,自然や文化に親しむとともに,集団生活のあり方や公衆道徳について学ぶ。 ・勤労生産・奉仕的行事において,総合的な学習の時間と関連を図りながら,ボランティア活動などを行い,社会奉仕の精神を養う。	(1) 儀式的行事 始業式,入学式,着任式,終業式,卒業式,修了式,離任式,周年記念式典 (2) 文化的行事 連合演劇鑑賞教室(2年),連合音楽鑑賞教室(3年),学習発表会(合唱コンクール),百人一首大会,国際理解講座 (3) 健康安全・体育的行事 セーフティ教室,身体測定,各種健康診断,避難訓練,運動会,球技大会,水泳記録会,防災宿泊体験(2年),防災引き渡し訓練,救急救命講習(3年) (4) 旅行・集団宿泊的行事 八ヶ岳移動教室(1年),鎌倉校外学習(2年)修学旅行(3年) (5) 勤労生産・奉仕的行事 職場訪問(1年),職場体験(2年),大掃除 ※運動会,学習発表会は特に練習時間を確保し,地域に誇れる行事となるよう重きを置く。	※全校行事の指導は,全教師が協力して計画,実施。 ※学年行事は,該当学年の教師が中心となる。 <table><tr><td>1年</td><td>38</td></tr><tr><td>2年</td><td>43</td></tr><tr><td>3年</td><td>42</td></tr></table>数字は時間

特別活動の重点
目標】

学校生活を大切にしながらよりよい学校生活を築き上げる生徒集団の育成

集団や社会の一員として他のために力を尽くそうとする社会貢献の精神を養う

生徒の自主的,実践的な活動を通して,地域に誇れる学校行事を築き上げる

【各学年の指導の重点】
(第1学年)
　集団活動を通して,学校生活に適応し,協力して物事に取り組む喜びを味わわせながら,ともに助け合って課題を解決しようとする態度を養う。
(第2学年)
　集団活動の意義を十分に理解して,よりよい人間関係を伸長し,お互いに支え合って向上しようとする態度を養う。
(第3学年)
　集団活動を通して,自己理解を深め,自己の能力を発揮し,学級や学校,地域に貢献しながら,自己実現のための進路を切り開くことができるようにする。

各学年の実践
(次ページ)

評価

特別活動　年間指導計画例

		4月	5月	6月	7月	9月
学級活動	1年	・中学生になって ・学級目標づくり ・学級組織づくり ・給食の配膳方法	・情報化社会における モラル ・自己理解 ・運動会選手選出	・運動会を成功させる ・学ぶことの意義 ・テストの受け方 ・学級の諸問題の解決	・楽しい移動教室にするには ・夏休みの計画 ・1学期のまとめ	・自転車の安全な乗り方 ・職業調べ ・テストに向けての準備 ・男女相互の理解と協力
	2年	・中堅学年になって ・学級目標づくり ・学級組織づくり ・自己紹介	・情報化社会における モラル ・自己理解・他者理解 ・運動会選手選出	・運動会を成功させる ・自分にふさわしい学習方法 ・職業と適正	・働くことの意義 ・夏休みの計画 ・1学期のまとめ	・自転車の安全な乗り方 ・職場体験を成功させる ・生徒会のリーダーの役割 ・テストに向けての準備
	3年	・最高学年になって ・学級目標づくり ・学級組織づくり ・自己紹介	・情報化社会における モラル ・修学旅行を成功させる ・運動会選手選出	・運動会を成功させる ・自分にふさわしい学習方法 ・修学旅行事後学習	・志望校の決め方 ・夏休みの計画 ・1学期のまとめ	・自転車の安全な乗り方 ・男女相互の理解と協力 ・テストに向けての準備 ・生徒会活動への積極的な参加
生徒会活動		・生徒会オリエンテーション ・生徒委員会 ・募金活動 ・挨拶運動 ・JRC登録式	・生徒委員会 ・運動会スローガン作成 ・挨拶運動	・生徒委員会 ・挨拶運動 ・運動会 ・期末考査必勝法講座 ・リサイクルBox回収	・生徒委員会 ・挨拶運動 ・中学生サミットへの準備 ・体力向上キャンペーン	・生徒委員会 ・生徒会役員選挙 ・挨拶運動 ・リサイクルBox回収
学校行事		・始業式 ・入学式 ・着任式 ・新入生歓迎会 ・離任式 ・各種健康診断 ・身体計測	・セーフティ教室 ・修学旅行（3年） ・防災宿泊体験（2年） ・音楽鑑賞教室（3年）	・運動会	・移動教室（1年） ・大掃除 ・終業式	・始業式 ・防災引き渡し訓練 ・職場体験（2年）
その他		・保護者会		・期末考査	・保護者会	・中間考査

学校教育目標	・学習に励む　　・健康な体をつくる　　・責任を重んじる

学年教育目標	1年	（1）一人一人が自主的かつ積極的に行動し，お互いを高め合う生徒集団を育てる。 （2）意欲的に学習に取り組み，将来を自分の手で切り開くことのできる生徒集団を育てる。 （3）協調性・協力性に重点を置き，思いやりの心と規範意識を身に付けた生徒集団を育てる。
	2年	（1）一人一人が責任をもって自主的かつ積極的に行動し，お互いに高め合う生徒集団を育てる。 （2）意欲的に学習に取り組み，将来を自らの手で切り開くことのできる生徒集団を育てる。 （3）協調性・協力性に重点を置き，思いやりの心と規範意識を身に付けた生徒集団を育てる。
	3年	（1）一人一人が責任をもって自主的かつ積極的に行動し，お互いに高め合う生徒集団を育てる。 （2）意欲的に学習に取り組み，自らの将来を自らの手で切り開くことのできる生徒集団を育てる。 （3）協調性・協力性に重点を置き，思いやりの心と規範意識を身に付けた，社会に通用する生徒集団を育てる。

育てたい力・ねらい	学級活動	・学級や学校における生活上の諸問題の解決を図り，生き生きと生活できる力を育む ・心身ともに健康で安全な生活態度や生活習慣を育む ・望ましい勤労観，職業観をはぐくみ，将来の生き方，進路の適切な選択など自己を生かす力を養う
	生徒会活動	・生徒委員会等の日常の活動を，責任をもって実践し，諸問題の解決を図る力を育む ・学校行事に進んで参加し，行事のねらい達成に向けて集団の一員としての自覚をもち，自己の役割を果たそうとする態度を育む ・ボランティア活動を通して，社会貢献の精神を養う
	学校行事	・儀式的行事において，厳粛で清新な雰囲気を味わわせ，公共の精神を養う ・文化的・体育的行事において，個性を伸ばすとともに，責任感や連帯感の涵養を図る ・校外学習・集団宿泊的行事において，自然や文化に親しむとともに，集団生活のあり方や公衆道徳について学び，望ましい人間関係を構築する力や社会性を育む ・勤労生産・奉仕的行事において，ボランティア活動等を行い，社会奉仕の精神を養う ・学校行事を通して，良き伝統の継承と更なる発展を目指す意欲を養う

	10月	11月	12月	1月	2月	3月
	・学習発表会を成功させる ・集団における個人の役割 ・他者理解	・教育相談の受け方 ・自分の良さを伸ばす学習方法 ・働く目的と意義 ・自分の夢や希望	・冬休みの計画 ・ルールとマナー ・百人一首大会に向けての取組	・思春期の心と身体の発育，発達 ・職場訪問を成功させよう ・3学期の計画	・国際社会への貢献と協力 ・学年末考査に向けての取組 ・進路計画の立て方	・中堅学年に向けての心構え ・3年生を送る会の準備
	・学習発表会を成功させる ・集団における個人の役割 ・ストレスへの対処の仕方	・教育相談の受け方 ・自分の良さを伸ばす学習方法 ・定期考査に向けての学習計画 ・職場体験のまとめ	・冬休みの計画 ・校外学習に向けて ・百人一首大会に向けての取組	・3学期の計画 ・百人一首大会を成功させる ・校外学習に向けて	・国際社会への貢献と協力 ・学年末考査に向けての取組 ・校外学習を成功させる	・最高学年に向けての心構え ・3年生を送る会の準備
	・学習発表会を成功させる ・集団における個人の役割 ・進路の選択	・教育相談の受け方 ・自分の良さを伸ばす学習方法 ・定期考査に向けての学習計画 ・不安や悩みへの対処の仕方	・冬休みの計画 ・進路適正の吟味 ・2学期の反省	・ストレスへの対処 ・3学期の計画 ・規則正しい生活と食習慣	・受験の心構えと準備 ・卒業までの計画 ・卒業文集作成	・卒業奉仕ボランティアへの取組 ・感謝の会の準備
	・生徒委員会 ・生徒総会 ・学習発表会 ・学校説明会 ・ペットボトルキャップ回収	・生徒委員会 ・挨拶運動 ・募金活動 ・リサイクルBox回収 ・いじめ撲滅運動	・生徒委員会 ・挨拶運動 ・美化活動 ・中学生サミットへの準備	・生徒委員会 ・挨拶運動 ・愛の光運動 ・体力向上キャンペーン	・生徒委員会 ・挨拶運動 ・学年末考査必勝法講座 ・花の植え替え ・リサイクルBox回収	・生徒委員会 ・3年生を送る会
	・生徒総会 ・演劇鑑賞教室（2年） ・学習発表会		・生涯学習講座 ・大掃除 ・終業式	・始業式 ・百人一首大会 ・職場訪問（1年）	・校外学習（2年）	・国際理解講座 ・卒業遠足（3年） ・送る会，感謝の会 ・救急救命講習 ・卒業式 ・大掃除 ・修了式
	・学校説明会	・期末考査	・教育相談		・入学説明会 ・学年末考査	・保護者会

観点		よりよい生活を築くための知識・技能	集団や社会形成者としての思考・判断・表現	主体的に生活や人間関係をよりよくしようとする態度
評価規準	学級活動	学級における集団活動や自律的な生活を送ることの意義を理解し，そのために必要となることを理解し身に付けている。	学級や自己の生活，人間関係をよりよくするため課題を見いだし，解決するために話し合い，合意形成を図ったり，意思決定したりして実践している。	人間関係をよりよく形成するとともに，将来の生き方を描き，その実現に向けて，日常生活の向上を図ろうとしている。
	生徒会活動	生徒会やその中に置かれる委員会などの異年齢により構成される自治的組織における活動の意義について理解するとともに，その活動のために必要なことを理解し行動の仕方を身に付けている。	生徒会において，学校全体の生活をよりよくするための課題を見いだし，その解決のために話合い，合意形成を図ったり，意思決定したり，人間関係をよりよく形成したりして実践している。	多様な他者と協働し，学校や地域社会における生活をよりよくしようとしている。
	学校行事	各学校行事の意義について理解するとともに，行事における活動のために必要なことを理解し，規律ある行動の仕方や習慣を身に付けている。	学校行事を通して集団や自己の生活上の課題を結びつけ，人間としての生き方についての考えを深め，場面に応じた適切な判断をしたり，人間関係や集団をよりよくしたりして実践している。	集団や社会の形成者としての自覚を持って多様な他者を尊重しながら協働し，公共の精神を養い，よりよい生活をつくろうとしている。

第 **5** 節　特別活動における評価

1　学習評価の意義

　学習評価については,小学校及び中学校の学習指導要領第1章総則の第3の2「学習評価の充実」において,「⑴児童（生徒）のよい点や進歩の状況などを積極的に評価し，学習したことの意義や価値を実感できるようにすること。また，各教科等の目標の実現に向けた学習状況を把握する観点から，単元や題材など内容や時間のまとまりを見通しながら評価の場面や方法を工夫して，学習の過程や成果を評価し，指導の改善や学習意欲の向上を図り，資質・能力の育成に生かすようにすること。」,「⑵創意工夫の中で学習評価の妥当性や信頼性が高められるよう，組織的かつ計画的な取組を推進するとともに，学年や学校段階を越えて児童（生徒）の学習の成果が円滑に接続されるように工夫すること。」と示されている。

　これらは，学習評価を行う上での重要な観点や方法などを示しており，学習評価の意義を表しているといえる。もちろん，特別活動においても当てはまる。

2　特別活動における評価の意義

　特別活動における評価の意義については，平成20年と平成29年の『中学校学習指導要領解説　特別活動編』に示されている「特別活動における評価」を比較することで考えてみたい。特別活動における新しい評価の意義が見えてくる。

（1）生徒一人一人のよさや可能性を生徒の学習過程から積極的に認める

　「学習過程」が加わり，生徒一人一人のよさや可能性については，生徒の学習過程から積極的に認めるようにすると強調されている。

（2）特別活動で育成を目指す資質・能力がどのように成長しているかということについて，各個人の活動状況を基に，評価を進めていく

　今回の改訂で，特別活動で目指す「資質・能力」が明確化されたので，その成長について「活動状況」を基に評価を進めるということが新しく加えられている。

（3）生徒が自己の活動を振り返り，新たな目標や課題をもてるようにするために，活動の結果だけでなく活動の過程における生徒の努力や意欲などを積極的に認めたり，生徒のよさを多面的・総合的に評価したりする

　このことについては引き続き重視されている。

（4）生徒一人一人が，自らの学習状況やキャリア形成を見通したり，振り返ったりできるようにすることができるようなポートフォリオ的な教材などを活用して，自己評価や相互評価するなどの工夫が求められる

　教育活動全体で行うキャリア教育🔗の要としての特別活動という意義が明確化さ

れたので，「学習状況やキャリア形成」が加わり，評価においても自己評価や相互評価をする際，「ポートフォリオ的な教材」などを活用することが挙げられている。

3　評価の機能

　教育活動の過程における評価としては，診断的評価，形成的評価，総括的評価などが挙げられる。これら三つの評価は相補的に用いられ，指導に生きる評価として機能することになる。

（1）診断的評価

　活動の計画を作成する段階で，児童生徒の実態（興味・関心の度合い，既習の知識や技能の度合い，能力の個人的傾向やその差，学習方法の傾向など）を把握し，その結果を計画に生かすための評価である。

（2）形成的評価

　活動が展開される段階で，目標達成のための活動状況などを評価し，それ以後の活動の進め方などにその結果を活用するための評価である。

（3）総括的評価

　計画に基づく一連の活動が終了あるいは一段落した段階で，活動の成果を明らかにし，今後の計画作成に生かすための評価である。なお，児童生徒による自己評価や相互評価などについても創意工夫して実施するとともに，その結果を今後の指導や活動計画の作成並びに学習過程，評価の実施などに生かすことが大切である。

　総括的評価は，主に，単元終了時，学期末，学年末に行われるが，活用の仕方によっては，診断的評価や形成的評価の役割を果たすことにもなるので留意したい。

　指導要録に記載されている前学年の総括的評価が新学年の診断的評価になったり，前単元の総括的評価が本単元につながる形成的評価になったりするのである。

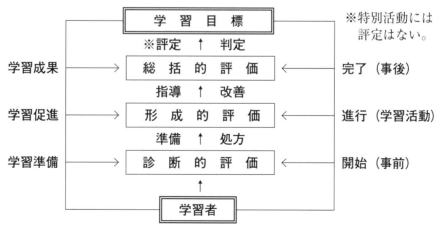

図2－3　評価の機能

4 特別活動における評価

（1）特別活動で目指す資質・能力を育成する視点からの評価

特別活動は,「集団や社会の形成者🔟としての見方・考え方」を働かせながら「様々な集団活動に自主的, 実践的🔟に取り組み, 互いのよさや可能性を発揮しながら集団や自己の生活上の課題を解決する」ことを通して, 資質・能力の育成を目指すことを目標としている。

特別活動において育成を目指す資質・能力については, 中学校学習指導要領「特別活動」の「目標」に, 次のように示されている。

「(1)　多様な他者と協働する様々な集団活動の意義や活動を行う上で必要となることについて理解し, 行動の仕方を身に付けるようにする。

(2)　集団や自己の生活, 人間関係の課題を見いだし, 解決するために話し合い, 合意形成を図ったり, 意思決定したりすることができるようにする。

(3)　自主的, 実践的な集団活動を通して身に付けたことを生かして, 集団や社会における生活及び人間関係をよりよく形成するとともに, 人間としての生き方についての考えを深め, 自己実現を図ろうとする態度を養う。」

これらの資質・能力は, 特別活動における三つの視点「人間関係形成🔟」,「社会参画🔟」,「自己実現🔟」を踏まえて, 特別活動を通して育成を目指す「知識及び技能」,「思考力, 判断力, 表現力等」,「学びに向かう力, 人間性等」を整理して示されているので, 学習過程を通して, これらの資質・能力が育まれているかを見取り, 指導に生かしていくことが, 特別活動における評価として重要である。

（2）資質・能力を育成する学習過程からの評価

特別活動において育成を目指す資質・能力は, 実践を含めた全体の学習過程で育まれるので, 評価についても学習過程を重視して行うことが大切である。

① 学級活動における学習過程からの評価

中学校の「学習指導要領解説　特別活動編」において,「学級活動における学習過程（例）」が,「問題の発見・確認」,「解決方法等の話合い」,「解決方法の決定」,「決めたことの実践」,「振り返り」と示されている。

その学習過程の中で身に付く資質・能力としては,「問題の発見・確認」で, 課題を発見する力や自己の課題に気付く力が,「解決方法等の話合い」では, 協働して問題を解決しようとする態度や, 生活を改善したり将来を見通して自己の生き方を選択したりできる力が,「解決方法の決定」では, 合意形成を図る力やよりよい生活をつくろうとする態度が,「振り返り」では, 希望や目標をもって現在の生活を改善しようとする態度や, 学級や学校の中で自分のよさや可能性を生かそうとする態度があると考えられる。

学級活動の評価においては，それぞれの過程で，それぞれの資質・能力がどう育っているか，活動状況から見取り，指導に生かすことが重要である。

　児童会・生徒会活動，クラブ活動等の学習過程においても，同様の資質・能力が育つものと考えられるので，しっかりと見取って指導に生かしていきたい。

② 集団活動における学習過程からの評価

　集団活動を通して行われる特別活動においては，児童生徒の実態に応じて，様々な場で役割を経験できるような学習過程を仕組むことが重要である。児童生徒一人一人が様々な場面場面で役割を果たす経験を積むことが，自己有用感[13]や主体的に思考・判断・表現できる能力を育むことになり，また，役割を決める過程自体も，自治的能力，積極的な社会参画に向けた力を育てていくことになると考えられる。

　したがって，役割を決める過程や役割を自覚して活動する状況から，それぞれの資質・能力がどう育っているかを把握し，指導に生かすことが重要である。

（3）評価の対象

　特別活動の評価の対象としては，以下の三つが挙げられる。

① 個々の児童生徒の人格形成とその成長

　(1)で挙げた特別活動の目標に示されている三つの資質・能力，及びそれらの重要な要素である「人間関係形成」,「社会参画」,「自己実現」などの人格形成に伴う実態と，活動に基づくそれらの成長が評価の対象になる。

② 児童生徒の集団の特性とその成長

　特別活動は，学級集団，学年集団，全校集団などの集団活動を通して行われる。これらの集団の実態と特別活動を通してのその成長が評価の対象である。

③ 児童生徒の活動計画と教師の指導計画等

　児童生徒の活動計画，方法，学習過程及び教師の指導計画，方法，指導過程などが評価の対象となる。児童生徒は活動計画を教師は指導計画をしっかり見直したい。

（4）評価の計画

　特別活動の評価計画には，学校全体の計画と各内容（学級活動，ホームルーム活動，児童会・生徒会活動，クラブ活動（小学校）及び学校行事）ごとの計画がある。

　学校全体の評価計画は，評価実施の原則や各活動及び学校行事の評価計画の相互の関連などを明らかにしたものであり，後者は各内容ごとに作成される評価計画である。両者とも評価計画の主な内容として，次の項目が挙げられる。

① 評価のねらいとする対象（なにを）

② 評価のための資料の収集方法（いつ，どこで，どのようにして）

③ 収集した資料に基づく評価の方法（なにに基づいて）

④ 結果の活用方法（どう生かすか）

（5）評価の方法

　特別活動における評価の方法は，教師による観察法が中心となる。この方法は，観察者の主観が影響することがあるので，次のような点に配慮する必要がある。

① 観察の観点を明確に設定し，記録用紙やチェックリストを用いて記録する。
② 観察者の数をできるだけ多くする。
③ 自己評価，相互評価，ポートフォリオ的な教材を活用する。
④ 日常生活の中で目についた行動などを随時記録する。（逸話記録法）

5　特別活動における評価の実施

　特別活動の評価結果については，「通信簿・通知表」に記入され，本人や保護者に伝えられる。そして，「指導要録」にも記入され保存されることになる。

　特別活動の「評価の観点及びその趣旨」については，「小学校，中学校，高等学校及び特別支援学校における児童生徒の学習評価及び指導要録の改善等について（平成31年3月29日付　文部科学省初等中等教育局通知）」の別紙4「各教科等・各学年等の評価の観点及びその趣旨」に示されている。以下に中学校分を示す。

＜中学校＞　特別活動の記録

観点	知識・技能	思考・判断・表現	主体的に学習に取り組む態度
趣旨	多様な他者と協働する様々な集団活動の意義や，活動を行う上で必要となることについて理解している。 　自己の生活の充実・向上や自己実現に必要となる情報及び方法を理解している。 　よりよい生活を構築するための話合い活動の進め方，合意形成の図り方などの技能を身に付けている。	所属する様々な集団の自己の生活の充実・向上のため，問題を発見し，解決方法を話し合い，合意形成を図ったり，意思決定をしたりして実践している。	生活や社会，人間関係をよりよく構築するために，自主的に自己の役割や責任を果たし，多様な他者と協働して実践しようとしている。 　主体的に人間としての生き方について考えを深め，自己実現を図ろうとしている。

　指導要録における特別活動の評価については，学習指導要領に定める特別活動の目標を踏まえ，各学校が自ら設定した観点を記載した上で，学級活動，児童会・生徒会活動，クラブ活動（小学校），学校行事の活動ごとに，評価の観点に照らして十分に満足できる状況にある場合には○印を記入することとされており，併せて，「行動の記録」や「総合所見」欄についても活用することとされている。

　各学校において，評価の観点を作成する際には，「主体的に学習に取り組む態度」を「主体的に生活や人間関係をよりよくしようとする態度」に，「知識・技能」「思考・判断・表現」を「よりよい生活を築くための知識・技能」「集団や社会の形成者としての思考・判断・表現」のように，より具体的に示すことが考えられる。

　なお，解説書において，各活動及び学校行事で育成する資質・能力がそれぞれ示されているので，内容のまとまりごとの評価規準を作成する際には参考にしたい。

特別活動における評価

まとめてみよう

　自分の中学校時代の「通信簿・通知票」を振り返って，特別活動に関する内容がどのように扱われていたのかまとめてみよう。

_____

_____

_____

_____

_____

_____

_____

調べてみよう

◆ 集団に準拠した評価（相対評価）

_____

_____

_____

_____

◆ 目標に準拠した評価（絶対評価）

_____

_____

_____

_____

◆ 個人内評価

_____

_____

_____

_____

第3章 特別活動と組織的取組

　特別活動は，集団活動を特質とする教育活動である。一人一人の児童生徒は学級内小集団，学級集団，学年集団，学校全体の集団など様々な規模の集団に所属している。これらの集団の目指している目標も様々である。指導に当たる教師等も担任教師，学年の教師集団，学校全体の教職員，地域の学習支援者，ＰＴＡ等の保護者など多様である。したがって，特別活動の指導においては，指導者間の連携，組織的取組が重要である。

1　特別活動と学校・学年・学級経営

　特別活動は，学校の教育活動全体を通して，組織的・計画的な指導により，その充実が図られることになる。特別活動の指導は，特別活動の全体計画や各活動・学校行事等の年間指導計画等に基づき，全校単位や学年単位，学級単位で児童生徒の様々な活動が展開される。こうした特別活動の指導は，その内容に応じて学校・学年・学級経営と密接に関連し，それぞれの領域において進められている。この関係を大まかに整理すると図3－1のようになる。

　そこで，学校経営，学年経営，学級経営についてここではふれてみる。

（1）学校経営

　学校経営とは，各学校の教育目標の達成を目指して，学校教育のすべての領域にわたり，校長を中心として

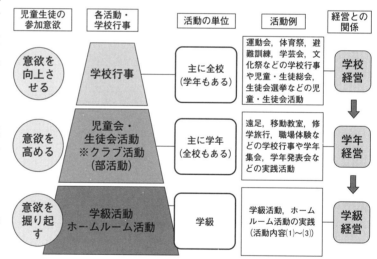

図3－1　特別活動の内容構成と構造

全教職員が一体となり取り組むことである。主な領域としては，
①　教育課程の編成，学習指導，生徒指導など教育課程に関する領域
②　学級編制，集団の組織及び出欠席，健康・安全の管理など生徒に関する領域
③　学級担任，教科担任，校務分掌，研修の計画など教職員に関する領域

④　施設，設備の充足や保持など施設，設備に関する領域

⑤　ＰＴＡ等や同窓会，地域社会の関係機関などとの連携・協力に関する領域

⑥　事務処理の工夫・改善などに関する領域，などがあげられる。

　これらの領域の一つ一つの仕事は，学校教育の実施に必要なものであり校務と言われている。学校全体を見通して，校長が所属の教職員に校務を分担し，整理していくことを校務分掌と言い，公立学校では，一般に「地方教育行政の組織及び運営に関する法律」の第33条に規定されている教育委員会の定める「管理運営規則」に基づき，教職員に校務を分掌させている。このように，校長が教職員に対して校務を分担処理させる行為を校務分掌命令と言う。そして，これは職務命令である。

　下図３－２は，中学校の校務分掌組織図の例であり，教務部，生徒指導部，進路指導部は，さらに詳細な役割や担当者が決められることになる。

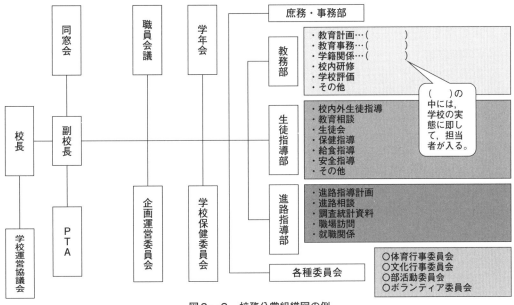

図３－２　校務分掌組織図の例

　例えば，学習発表会という学校行事であれば，各種委員会の文化行事委員会が立案することになる。立案する際に，教務部の教育計画担当者と連携を図り，指導計画を立てる。生徒の組織づくりには生徒指導部の生徒会担当者と打ち合わせをすることになる。ＰＴＡや同窓会とも連携を図るには，副校長に窓口になってもらうこともあり得る。このように特別活動の実践は，集団の規模や特質に応じて，校務分掌を踏まえ，個々の教職員が組織的に関わっていくことになる。

（２）学年経営

　学年経営は，学年主任のリーダーシップのもとに，全学年の教師が，学校経営の

方針を踏まえ，学年目標等を設定し，その目標実現のために協働し取り組むことである。個々の教師は，学校経営の目標や方針，教育課程などを踏まえ，各学級においてそれらの具体化を図ることになる。この学級における教育的・経営的活動を学年共通のものとして展開し，各学級の経営を学校経営に結び付けていくことが学年経営である。学年経営の主な内容としては，学年目標の設定と達成のための学年教員組織・役割分担の決定，学年の学習指導・生徒指導・進路指導のねらいと計画の作成と実施，学年としての各教科等の指導計画の作成と実施，学年としての保護者との連携や庶務，広報通信などが挙げられる。学年を単位とした学校行事や進路の取組など特別活動の充実にはこの経営のいかんが大きく影響する。学校経営との関連では，一般に校務分掌上の各種委員会等の委員の選出は学年分掌での担当者が行っている。学年分掌については，学年教師集団の実態等を踏まえ，学年教師の学年会で十分な協議の上，学年主任が決定しているのが一般的である。この意味で学年教師の学年会への積極的な参画が不可欠である。

（3）学級経営

学級経営については，児童生徒を問わず，次の表記が参考になる。

「学級経営は，学校経営や学年経営の基本的な経営方針を受けて，学級を担任する教師が，学級の実態を正しく把握し，生徒との人間関係を深めながらより健全な学級集団を育てていく日常的な教育経営の営みである。学級経営の内容として大きくは，集団経営と教室経営とに分けられるが，前者は，学級内の人間関係の指導，生徒個々の指導など個と集団の関係を，よりよく調整していく機能，後者は，この集団が運営される場，教室環境全体の条件を十分整えていく機能である。」（『中学校特別活動指導資料　指導計画の作成と指導の工夫』文部省　平成3年5月）

担任教師は，この学級経営の構想や計画を学級経営案，ホームルーム経営案に整理し実践していく。立案に当たっては，学級の実態に即すること，学校・学年経営と十分に関連を図ること，家庭との連携協力を得ることなどに留意することが必要である。なお，学級経営案，ホームルーム経営案の形式には特に定型はないが，学級の実態，学級経営の方針，学級目標，学習指導，生徒指導，進路指導，健康・安全などの項目を記述しているのが一般的である。

特別活動の内容構成と構造の中で，児童生徒の特別活動への参加意欲という視点は指導の上で重要である。例えば，運動会等の体育的行事を考えてみると，そのねらいの達成ができれば，児童生徒は満足感，成就感などを獲得し，その後の学校生活への参加意欲にも向上が見られる。しかし，すべての児童生徒が運動に興味がある訳ではない。この学校行事への児童生徒の参加意欲の掘り起こしは，学級・ホームルーム活動の成果いかんに影響する。掘り起こされた参加意欲は，生徒会や実行

委員会の活動を通して，さらに高められていく。この学級・ホームルーム活動を支えているのは学級経営であることを忘れてはならない。

2　特別活動と地域，保護者との連携

　中央教育審議会の二つの答申「チームとしての学校の在り方と今後の改善方策について」と「新しい時代の教育や地方創生の実現に向けた学校と地域の連携・協働の在り方と今後の推進方策について」（平成27年12月21日）において，「チームとしての学校」の必要性と学校と地域社会との連携・協働の在り方が示されている。

（1）特別活動と「チームとしての学校」

　社会や経済などの時代の急激な変化は，学校の教育活動にも大きな課題を投げかけている。そして，この変化は，今後も急速に発展していくことが予測される。学校が，複雑化・多様化したこのような課題を解決し，子どもに必要な資質・能力をはぐくんでいくためには，教職員一人一人が，自らの専門性を発揮するとともに，心理や福祉等の専門能力スタッフの参画を得て，課題の解決に求められる専門性や経験を補い，組織として成果を上げることができる「チームとしての学校」の実現が求められている。学校内の開かれた組織と専門職を含めた教職員との協働が必要である。集団活動を特質とした特別活動の実践には，集団の中での一人一人の児童生徒の理解が不可欠である。そのためには，スクールカウンセラーやスクールソーシャルワーカーなどの専門職の知見，部活動指導員からの状況報告などが有用である。そして，その児童生徒の理解に基づき教職員が共通の目標を認識し，その目標を達成するために協働し共通実践することが重要である。

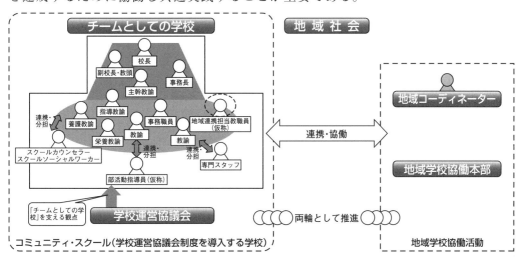

図3－3　チームとしての学校

『新しい時代の教育や地方創生の実現に向けた学校と地域の連携・協働の在り方と今後の推進方策について』（中央教育審議会　平成27年12月21日）参考資料を基に作成

（2）特別活動と地域社会との連携・協働

　学校行事，児童会・生徒会活動，学年集会などは，学校・学年を単位とした特別活動の内容である。これらの活動の成果は，学校の特色化，校風づくり，保護者・地域の学校理解にも発展する。また，特別活動のこれらの活動は，家庭や地域社会との連携・協働に重要な意味をもつ教育活動でもある。学校行事，児童会・生徒会活動を通して，地域社会の様々な活動に参画したり，身近な職業調べ，職場訪問・体験などの社会体験を積むには地域社会の協力を得ることが不可欠である。学校運営協議会や学校地域支援本部の活動などの仕組みも活用することも重要である。さらに，体験を通して学ぶことを重視する視点から，地域の実態に応じて，社会教育施設，公共図書館，資料館，青少年教育施設などを積極的に活用することも求められている。

3　特別活動とカリキュラム・マネジメント

　平成29年の学習指導要領の改訂では，教育課程に基づき組織的かつ計画的に各学校が教育活動の質的向上を図っていくようにカリキュラム・マネジメントに努めることを求めている。各学校が特色化や指導の重点化などを図る際，特別活動が教育課程にどのように位置付くかで，その成果は大いに影響を受ける。特別活動とカリキュラム・マネジメントの関係を考えるとき，大きく次の二つの点をおさえることである。一つめは，教育課程の中での位置付けである。それぞれの学校はその実態の中で，いわゆる「○○教育」を重点に置いている。人権教育，環境教育，生き方教育など様々である。これらの全体計画の中で特別活動をどこに位置付けるかということである。二つめは，特別活動の内容間の連携調整と各内容の充実である。目標に対しての指導内容や指導時間の重複の調整を図ること，各内容の成果の充実を図ることである。

　例えば，環境教育に重点を置き教育活動を進めようとした場合，教科等の横断的な視点から特別活動と各教科，道徳科，総合的な学習の時間（高等学校は総合的な探究の時間）などとの関連を図った独自の全体計画を作成する必要がある。この全体計画には，学校の児童生徒を含めた実態を十分に踏まえ，特別活動として何ができるか，何を重視すべきかなどを明確にしておくことが重要である。さらに，生徒指導や学級経営等の教育的な機能や特別活動の各活動や学校行事の内容相互の関連を図っていくことも重要である。

特別活動と組織的取組

Q あなたは，希望する校種の教師になった。新規採用教員となり，半年ほど経過した頃，校長先生から，「来年度は，あなたが本校の合唱祭の中心となり，企画運営に力を注いでほしい。」と言われた。合唱祭の企画案を作成する段階で，どのような役割が必要だろうか。そして，その役割の担当者は学校の校務分掌では，どのような担当者（助言をもらうことも含む）が適任か下表（例）をもとに考えてみよう。

合唱祭の役割	具体的な内容	校務分掌上の適任者
（例）指導時間	事前・事後の準備に関する指導時数，当日の行程	教務部　教育計画担当
（例）進行	当日の進行	生徒指導部　生徒会担当

第4章 特別活動と関連教育指導

第1節 特別活動と道徳教育

特別活動と道徳教育との関連については，中学校学習指導要領第5章第3の1の⑸（小学校は第6章第3の1の⑹）において，「第1章総則の第1の2の⑵に示す道徳教育の目標に基づき，道徳科などとの関連を考慮しながら，第3章特別の教科道徳の第2に示す内容について，特別活動の特質に応じて適切な指導をすること。」と示している。また，小・中学校学習指導要領第1章総則第1の2の⑵に，「学校における道徳教育は，特別の教科である道徳（以下「道徳科」という。）を要として学校の教育活動全体を通じて行うものであり，道徳科はもとより，各教科，（外国語活動，）総合的な学習の時間及び特別活動のそれぞれの特質に応じて，生徒（児童）の発達の段階を考慮して，適切な指導を行うこと。」と規定している。

特別活動と道徳教育及び道徳科との関連については，小学校及び中学校学習指導要領解説「特別活動編」に具体的に示されているので，これらに基づいてまとめる。

1 特別活動と道徳教育

特別活動における道徳教育の指導においては，学習活動や学習態度への配慮，教師の態度や行動による感化とともに，特別活動の目標と道徳教育との関連を明確に意識しながら，適切な指導を行うことが必要である。

特別活動における学級や学校生活における集団活動や体験的な活動は，日常生活における道徳的な実践の指導を行う重要な機会と場であるので，特別活動が道徳教育に果たす役割は大きい。特別活動の目標には，「集団活動に自主的，実践的■に取り組み」「互いのよさや可能性を発揮」「集団や自己の生活上の課題を解決」など，道徳教育でもねらいとする内容が含まれている。また，目指す資質・能力にも，「多様な他者■と協働」「人間関係■」「人間としての生き方」「自己実現■」など，道徳教育がねらいとする内容と共通している面が多く含まれているので，道徳教育に果たす役割は極めて大きいといえる。具体的には，例えば，自他の個性や立場を尊重しようとする態度，よりよい人間関係を深めようとする態度，自分たちで約束をつくって守ろうとする態度，自己のよさや可能性を大切にして集団活動を行おうとする態度などは，集団活動を通して身に付けたい道徳性である。

このことは，高等学校の特別活動における道徳教育においても同様のことがいえるので，道徳性の育成を意識して指導に当たることが重要である。

2　特別活動の各活動・学校行事と道徳教育

（1）学級活動と道徳教育

　学級活動の内容(1)の「学級や学校における生活づくりへの参画」は，学級や学校の生活上の諸課題を見いだし，これを自主的に取り上げ協力して課題解決していく自発的，自治的[3]な活動である。このような活動を通して，よりよい人間関係の形成や生活づくりに参画する態度などに関わる道徳性を身に付けることができる。

　また，学級活動の内容(2)の「日常の生活や学習への適応と自己の成長及び健康安全」では，自他の個性の理解と尊重，よりよい人間関係の形成，男女相互の理解と協力，思春期の不安や悩みの解決，性的な発達への対応，心身ともに健康で安全な生活態度や習慣の形成，食育の観点を踏まえた学校給食と望ましい食習慣の形成が示されている。さらに内容(3)の「一人一人のキャリア形成と自己実現」では，社会生活，職業生活との接続を踏まえた主体的な学習態度の形成と学校図書館等の活用，社会参画意識の醸成や勤労観・職業観の形成が示されている。これらのことについて，自らの生活を振り返り，自己の目標を定め，粘り強く取り組み，よりよい生活態度を身に付けようとすることは，道徳性の育成に深く関わるものである。

（2）生徒会活動と道徳教育

　生徒会活動においては，全校の生徒が学校におけるよりよい生活を築くために，問題を見いだし，これを自主的に取り上げ，協力して課題を解決していく自発的，自治的な活動を通して，異年齢によるよりよい人間関係の形成やよりよい学校生活づくりに参画する態度などに関わる道徳性を身に付けることができる。

（3）クラブ活動（小学校）と道徳教育

　クラブ活動においては，異年齢によるよりよい人間関係の形成や個性の伸長，よりよいクラブ活動づくりに参画する態度などに関わる道徳性を養うことができる。

（4）学校行事と道徳教育

　学校行事においては，特に，職場体験活動やボランティア精神を養う活動や自然の中での集団宿泊体験，幼児児童，高齢者や障がいのある人々などとのふれあいや文化や芸術に親しむ体験を通して，よりよい人間関係，自律的態度，心身の健康，協力，責任，公徳心，勤労，社会奉仕などに関わる道徳性の育成を図ることができる。

3　特別活動と道徳科

（1）特別活動と道徳科

　特別活動は，道徳科の授業で学んだ道徳的価値の理解や人間としての生き方についての考えを実際に言動に表したり，よりよい生き方についての考えを深めたり，身に付けたりする場や機会でもある。道徳科では，生徒が特別活動において経験し

た道徳的行為や道徳的な実践について取り上げ，学級全体でその道徳的意義について考えられるようにし，道徳的価値として自覚できるようにしていくことができる。

さらに，道徳科の授業での指導が特別活動における具体的な活動場面の中に生かされ，具体的な実践や体験などが行われることによって，道徳的実践との有機的な関連を図る指導が効果的に行われることにもなる。

特に道徳科の目標にある「人間としての生き方についての考えを深める学習」との関連を図り，特別活動の実践的な取り組みを通して，「人間としての生き方についての考えを深め，自己実現を図ろうとする態度」を養うことが重要である。

（2）学級活動と道徳科

学級活動も道徳科も学級の中で話合いを行うことが重要な学習の過程となるが，その目指すところは本質的な違いがある。

例えば，「よりよい人間関係」について，学級活動において話し合う場合には，学級における人間関係に係る現実の問題をどのように解決するかを話し合い，集団として取り組むべき解決策を合意形成したり，自分が行うことを意思決定したりすることが目的である。

他方，道徳科において「よりよい人間関係」について話し合うということは，なぜ人間関係をよりよく構築することが大切なのか，人間関係をよりよくすることが大事だと分かっていてもできないのはなぜなのか，といったことを問いながら道徳的価値の理解や自分自身の生き方についての考えを深めていくことが目的である。

学級活動での話合いは道徳的な実践そのものを行うことを目的とし，道徳科の話合いは道徳的な実践を行うために必要な道徳性を養うことを目的としているので，両者の特質を理解した上で，関連付けることが必要である。

（3）体験的な活動と道徳科

具体的には，例えば，勤労生産・奉仕的行事においては，職場体験活動に取り組んだり，自治的な活動において役割を分担し，協力して実践したりすることにより，共に助け合って生きることの喜びや，勤労の貴さや意義について考えを深めることができ，実際に行動や態度に表すことができるようになる。集団宿泊学習では，寝食を共にする体験により，自己の役割や責任を果たし，他者と共生しながら生きていくことなどについての考えを深めることができるようになる。

これらは，特別活動において道徳性の育成に関わる体験を積極的に取り入れ，活動そのものを充実させることによって道徳性の育成を図ろうとするものである。

このように，体験的な活動を通して道徳的価値の大切さを自覚し，人間としての生き方についての理解を深めるという視点から実践や体験的な活動を考えることができるように，道徳科の指導を工夫し，連携を図っていくことが重要である。

4　道徳教育・道徳科との関連を踏まえた特別活動の取組

特別活動においては，道徳科との関連を重視した指導を行うことで，道徳教育としての効果を一層高めることが期待できる。

各学校では，特別活動と道徳教育の全体計画，特別活動の各活動・学校行事と道徳科の年間指導計画，一単位時間の指導計画（指導案）等について，それぞれの特質を明確にしつつ，連携が一層密になるように作成することが重要である。

例えば，学級活動の内容項目と道徳科の内容項目で関連の深いものを明らかにし，それぞれの年間指導計画や一単位時間の指導計画に位置付ける。具体的には，学級活動の一単位時間の指導計画に関連の深い道徳的価値を明示し，より一層意識して指導に当たる，また，関連のある道徳的価値について体験的な活動と道徳科の授業を連携させることでその価値を一層深め道徳的実践へとつなげる，などである。

特別活動では集団活動や体験活動を通して道徳的実践が行われるように，道徳科では道徳的価値を学び深めることで道徳性が養われ道徳的実践へとつなげることができるように，両者の特質を踏まえながら関連を重視して指導に当たりたい。

Q　日常的な問題を，学級活動と道徳科においてどのように取り上げるか，その違いを明らかにして考えてみよう。

＜例＞「教室が汚い」という問題を，どのように解決していくか考えよう。

◎　学級活動では

＿＿

＿＿

＿＿

＿＿

＿＿

◎　道徳科では

＿＿

＿＿

＿＿

＿＿

＿＿

＿＿

ワークシート9

第2節　特別活動とキャリア教育

1　キャリア教育充実の要となっている特別活動

　中央教育審議会答申「今後の学校におけるキャリア教育・職業教育の在り方について」（平成23年1月31日）において，キャリア教育の意義・効果として次の三つを挙げている。

> 　第一に，キャリア教育は，一人一人のキャリア発達や個人としての自立を促す視点から，学校教育を構成していくための理念と方向性を示すものである。各学校がこの視点に立って教育の在り方を幅広く見直すことにより，教職員に教育の理念と進むべき方向が共有されるとともに，教育課程の改善が促進される。
> 　第二に，キャリア教育は，将来，社会人・職業人として自立していくために発達させるべき能力や態度があるという前提に立って，各学校段階で取り組むべき発達課題を明らかにし，日々の教育活動を通して達成させることを目指すものである。このような視点に立って教育活動を展開することにより，学校教育が目指す全人的成長・発達を促すことができる。
> 　第三に，キャリア教育を実践し，学校生活と社会生活や職業生活を結び，関連付け，将来の夢と学業を結び付けることにより，生徒・学生等の学習意欲を喚起することの大切さが確認できる。このような取組を進めることを通じて，学校教育が抱える様々な課題への対処に活路を開くことにもつながるものと考えられる。
> 　　（第1章2の(1)幼児期の教育から高等教育に至るまでの体系的なキャリア教育の推進）

　そして，同答申では，キャリア教育を次のように定義している。

　キャリア教育とは，「一人一人の社会的・職業的自立に向け，必要な基盤となる能力や態度を育てることを通して，キャリア発達を促す教育」である。そして，キャリア発達についても，「社会の中で自分の役割を果たしながら，自分らしい生き方を実現していく過程」と示している。

　キャリア教育の充実については，小学校，中学校ともに学習指導要領の第1章総則の第4の1の(3)で次のように示している。

　「児童（生徒）が，学ぶことと自己の将来とのつながりを見通しながら，社会的・職業的自立に向けて必要な基盤となる資質・能力を身に付けていくことができるよう，特別活動を要としつつ各教科等の特質に応じて，キャリア教育の充実を図ること。」

2　キャリア教育と進路指導

　特別活動とキャリア教育の関係を述べる前に，キャリア教育と進路指導の関係を考えてみる。

　進路指導については，これまで「出口指導」や進学指導偏重を改善し，在り方生き方指導を推進しようとする取組が展開されてきた。このような本来の進路指導は，キャリア教育の理念・概念や方向性と異なるものではない。しかし，進路指導は，一般に中学校，高等学校でこれまで中心的に展開されていた。これに対して，キャリア教育は，キャリア発達の点から就学前段階から初等中等教育・高等教育を貫き

生涯にわたり実践されるものと言える。

したがって，キャリア教育と進路指導の関係は，右図4－1のような関係と言える。

これまで，教育課程における進路指導の位置付けは，特別活動において中核的に実践されてきた。

図4－1　進路指導とキャリア教育との関係
『中学校キャリア教育の手引き』（文部科学省　平成23年）より

今後も学級・ホームルーム活動において，児童生徒一人一人のキャリア形成と自己実現の内容で実践することが求められている。また，学校行事の勤労生産・奉仕的行事における職業調べ，職場訪問，職場体験，インターンシップ体験 などの一連の職業や進路に関する啓発的な体験活動，社会奉仕や社会貢献などのボランティア活動でもこの充実が求められている。さらに，道徳科での生き方についての自覚を深めさせる実践や，総合的な学習の時間（高等学校は総合的な探究の時間）での生き方についての探究活動の実践，その他教科等での実践を特別活動がその要となり教育内容を構造化し，キャリア教育の充実を図ることが求められている。

3　キャリア教育で育てる力

平成11年12月の中央教育審議会答申「初等中等教育と高等教育との接続の改善について」で公的に「キャリア教育」という文言が我が国に登場し，その後，キャリア教育で育成すべき能力について研究が積まれている。平成14年に国立教育政策研究所生徒指導研究センターが発表した「職業観・勤労観を育む学習プログラムの枠組み（例）」では，一つのモデルとして「4領域8能力の枠組み」が示された。そして，その後の実践研究の分析や諸提言を受けて，平成23年1月の中央教育審議会答申「今後の学校におけるキャリア教育・職業教育の在り方について」で「人間関係形成・社会形成能力」，「自己理解・自己管理能力」，「課題対応能力」，「キャリアプランニング能力」の四つの能力によって構成される「基礎的・汎用的能力」への転換が図られている状況である。

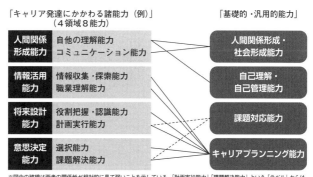

図4－2　キャリア教育で育成すべき能力の変遷
『中学校キャリア教育の手引き』（文部科学省　平成23年）より

4　キャリア教育の実践の場

　キャリア教育は，学校の全教育活動を通して，展開されるものであるが，学習指導要領総則において，児童生徒の教育に関して，**1**でも述べたが次のように示されている。

> 　児童生徒が，学ぶことと自己の将来とのつながりを見通しながら，社会的・職業的自立に向けて必要な基盤となる資質・能力を身に付けていくことができるよう，**特別活動を要としつつ各教科等の特質に応じて，キャリア教育の充実を図ること。**

　これは，小学校から高等学校までのキャリア教育の中核が，特別活動であることを意味している。そして，学級・ホームルーム活動では，小学校から，その活動内容の中に(3)として，「一人一人のキャリア形成と自己実現」が示された。また，その他にも職場体験やインターンシップなどの啓発的体験による職業観の獲得などの学校行事や児童会・生徒会活動のキャリア発達に関する活動等の特別活動の実践は，キャリア教育の中核的な実践と言える。

5　キャリア教育の全体計画

　次に示すものは，文部科学省の平成23年「中学校キャリア教育の手引き」に示されているキャリア教育の全体計画の書式例である。

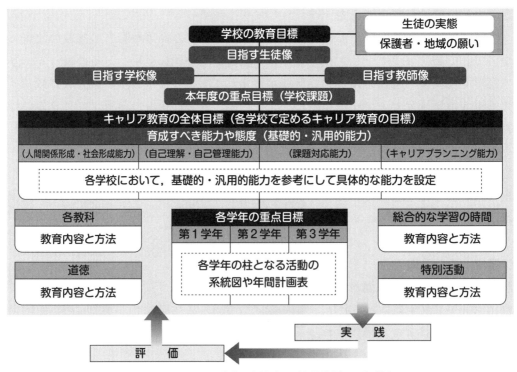

図4－3　キャリア教育の全体計画（全体構想）の書式例

（1）キャリア教育全体計画例（小学校）

学校教育目標
○自分で考え，やりぬく子　○自分のよさを生かし，みんなと生きる子　○体をきたえ，元気な子

目指す児童像
・目標に向かって粘り強く努力する児童 ・自分のよさを知り，相手の立場に立って考え，思いやりの心をもった児童 ・自ら体を鍛えるとともに，生涯を通じて学び続けるための基礎・基本となる学力を身に付けた児童

キャリア教育目標
他者との関わりを通し，よりよい人間関係を築きながら，自分らしさに気づき，夢や目標に向かって自ら努力できる子どもを育てる。

キャリア教育の全体目標

育成すべき能力や態度

人間関係形成・社会形成能力	自己理解・自己管理能力	課題対応能力	キャリアプランニング能力
・自他の個性を理解する能力 ・他者に働きかける力 ・チームワーク ・コミュニケーション能力	・自己の役割理解 ・自己の動機付け ・前向きに考える力 ・忍耐力	・情報の理解・選択・処理能力 ・課題発見能力 ・原因の追及 ・実行力	・学ぶこと・働くことの意識や役割の理解 ・計画実行能力 ・役割把握・認識能力

各教科	各学年の目標		総合的な学習の時間
・自分自身や身近な人々，社会に関心を高める学習を展開する。 ・協働的な学習活動で社会性を培う。	低学年	・身のまわりの仕事や働く人について関心をもつことができるようにする。 ・目標をもって楽しい生活を送ろうとする意欲を育てる。 ・自分のよさを見つけると共に，友だちとの関わり方を学び友だちのよさを見つけられるようにする。	・問題の解決や探究活動に主体的，創造的，協働的に取り組む態度を育て，自己の生き方を考えることができるようにする。
道徳科 ・自己肯定感や夢，希望をもてる心を育てる。 ・働くことの大切さを知り，進んで働く心を育てる。	中学年	・身のまわりで働く人の姿から，働くことの大切さに気付かせる。 ・自己を高める目標をもち，努力する意欲や態度を育てる。 ・自分の友だちのよさに気付き，互いに認め合おうとする態度を育てる。	特別活動 ・協力し合える人間関係を築く態度を育てる。 ・異年齢集団の活動に進んで参加し，役割や責任を果たそうとする態度を育てる。
	高学年	・働くことの大切さや喜びを理解し，進んで学び，仕事をする態度を育てる。 ・将来の自己実現に向け努力する態度を育てる。 ・自分や友だちのよさを生かし，よりよい生活を築こうとする態度を育てる。	

（2）キャリア教育全体計画例（中学校）

| ・共通認識に基づく，共通実践の推進
・学校組織体としての実践推進
・一人一人の生徒の夢の実現を図る進路指導の推進
・個々の生徒の個性の伸長を目指した，保護者，地域との連携の強化及び，客観的な評価の活用の推進 | 学 校 教 育 目 標 | ・学校・地域の実態
・地域の期待や願い
・保護者の期待や願い
・期待される生徒像 |

育 て た い 生 徒 の 姿	目 指 す 学 校 像
・夢をもち，自分を磨き高める努力を続ける生徒 ・責任感と実践力に富み主体的に行動する生徒 ・心身の健康づくりに励み，自他を大切にする豊かな人間性をもつ生徒	・生徒が明るく元気に登校できる学校 ・全教職員が生徒を愛し，自己啓発に励む学校 ・地域・家庭に信頼される学校

キ ャ リ ア 教 育 の 目 標

・生徒一人一人の自己実現に向け，自己理解を深めるとともに，社会との関わりを考え，自己を生かす在り方生き方を見つめ，主体的な進路選択能力を育成する。
・地域社会との連携の中で，職業講話，職場体験，生涯学習講座など，発達段階に応じたキャリア教育を展開し，視野の拡大を図り，望ましい勤労観・職業観をはぐくむ。
・進路指導が目指す意義・活動のねらいについて，保護者との共通理解をさらに深め，生徒が主体的に進路を選択し自己決定ができるように，計画的・系統的な教育活動を展開する。

キャリア教育で身に付けさせたい力（基礎的・汎用的能力）

人間関係形成・社会形成能力	自己理解・自己管理能力	課題対応能力	キャリアプランニング能力
・自他の個性を理解する能力 ・他者に働きかける力 ・コミュニケーション能力 ・チームワーク ・リーダーシップ等	・自己の役割の理解 ・前向きに考える力 ・自己の動機付け ・忍耐力・ストレスマネジメント ・主体的行動等	・情報の理解・選択・処理等 ・本質の理解　・原因の追及 ・課題発見　　・計画立案 ・実行力　　　・評価・改善等	・学ぶことの追求 ・働くことや役割の理解 ・多様性の理解　・将来設計力 ・選択力　　　・行動・改善等

各 学 年 の 重 点 目 標

第 1 学 年（自己理解）	第 2 学 年（自己啓発）	第 3 学 年（自己実現）
◎中学校生活への適応に努め，進路計画の立て方を学ぶ。 ・進路学習への関心を高めるとともに，自己理解に努め，自己の適性について関心をもたせる。 ・将来について夢や希望をもたせ，自己目標達成への努力や自己実現への意欲を高める。 ・身近な職業への理解を深め，職場訪問などを通して望ましい職業観を育てる。 ・上級学校や様々な職業を中心として進路の情報に触れ，生き方に関する視野を広げる。 ＊進路指導について　＊将来の夢や希望 ＊職場訪問　＊職業調べ　＊進路相談	◎将来の生き方を考え，自分の個性と能力の伸長をはかり進路へ向けての意識を高める。 ・自己理解を深めるとともに目標を立てその達成に向けて努力する姿勢を高める。 ・職場体験を通して望ましい職業観・勤労観をはぐくむとともに，進路選択に対する意欲と関心を高める。 ・中学校卒業後の進路について考え，自己の生き方について学ばせる。 ・上級学校や職業などに関する情報を正しく理解させ，自らの問題として考えさせる。 ＊職場体験　＊上級学校訪問 ＊進路相談　＊マナー指導	◎自己理解と進路情報をもとに，自分の最適な進路到達へ取り組む態度を養う。 ・自分を見つめ，卒業後の進路について将来を見通しながら具体的に考えさせる。 ・現在の適正や希望を考えながら進路を主体的に選択できる力を育成する。 ・保護者，関係諸機関と連携をとりながら，生徒のよりよい進路実現に向けて前向きな意欲をもたせる。 ・自ら資料を集め，分析し，よりよく活用する中で，目標を設定して努力する姿勢を育てる。 ＊進路先調べ　＊高校訪問・体験入学 ＊生き方指導　＊マナー指導　＊進路相談

各 教 科	道 徳 科	特 別 活 動	総合的な学習の時間
・指導方法を工夫し，基礎的・基本的な学習内容の定着を図る。 ・授業改善を進んで行い，意欲を高める指導の工夫・改善を図り，学力の向上に努める。	・将来の自分や社会を見据え人間としての生き方についての自覚を深める指導を展開する。 ・教育活動全体を通して，生命がかけがえのないものであることの認識を深め，自他の生命を尊重する心の育成に努める。	・学級や学校における生活上の諸問題の解決を図り，学校生活の向上を図る。 ・心身共に健康で安全な生活態度や生活習慣の形成を図る。 ・学級活動（3）を充実し，個々の生徒のキャリア形成と自己実現を支援する。	・地域での職場体験や奉仕活動を通して，主体的に自己実現が図れるようにする。 ・異文化理解・表現力育成のため外国人講師を招く等，国際理解教育を進める。

保護者・地域との連携

・地域，家庭との連携を深め，職場訪問・職場体験を通して，地域の中で生徒を育てる。
・保護者や生徒の意識や悩みなどに対して，学校・学年の意思統一のもとに，きめ細かな進路指導や情報提供を行う。

特別活動とキャリア教育

Q 特別活動のキャリア教育の実践，具体的な取組を調べてみよう。

1　学級・ホームルーム活動の題材一覧から調べてみよう。

_____

_____

_____

_____

_____

_____

2　児童会・生徒会活動，クラブ活動でキャリア発達に関わる取組を調べてみよう。

_____

_____

_____

_____

_____

_____

3　学校行事の内容から調べてみよう。

_____

_____

_____

_____

_____

_____

第3節　特別活動と生徒指導

　あなたが児童生徒の時に経験した生徒指導とは，どのようだっただろうか。p.81の
ワークシートにそのときの経験を書き出した後で，周囲の人と情報交換をしよう。

1　生徒指導とは何か

　情報交換では，様々な経験が報告されたことだろう。そこで，まず，生徒指導と
は何かについて考察する。

（1）生徒指導の意義や目的

　『生徒指導提要』（文部科学省　令和4年）では，生徒指導の意義を「児童生徒が，
社会の中で自分らしく生きることができる存在へと，自発的・主体的に成長や発達
する過程を支える教育活動のことである。なお，生徒指導上の課題に対応するため
に，必要に応じて指導や援助を行う。」と定義している。また「生徒指導は，児童
生徒が自身を個性的存在として認め，自己に内在しているよさや可能性に自ら気付
き，引き出し，伸ばすと同時に，社会生活で必要となる社会的資質・能力を身に付
けることを支える働き（機能）です。したがって，生徒指導は学校の教育目標を達
成する上で重要な機能を果たすものであり，学習指導と並んで学校教育において重
要な意義を持つものと言えます。」と示している。

　また，小・中学校学習指導要領第1章総則第4の1の(2)では「児童（生徒）が，
自己の存在感を実感しながら，よりよい人間関係を形成し，有意義で充実した学校
生活を送る中で，現在及び将来における自己実現を図っていくことができるよう，
児童（生徒）理解を深め，学習指導と関連付けながら，生徒指導の充実を図ること。」
と示している。

　各学校においては，学校の教育活動全体を通じ，教育課程の内外において，教師
の適切な指導援助のもとで，児童生徒一人一人の健全な成長を促し，児童生徒自ら
現在及び将来における自己実現を図っていくための自己指導能力の育成を目指した
取組が必要である。

　生徒指導の目的については，①生徒が自主的に判断し，主体的・自律的に行動し
積極的に自己を生かしていくことができる自己指導能力や自己実現のための態度や
能力を育成する（生徒指導の究極の目的），②家庭や地域社会等からの現実の要請
として，生徒指導上の諸問題の解決や解消を図る（生徒指導の現実の目的）の二つ
に整理することができる。生徒指導の現実の目的は，一般的には，表4-1のよう
に，①開発的目的，②予防的目的，③治療・矯正的目的に分類される。生徒指導の
対象は，開発的目的及び予防的目的による生徒指導の場合は全児童生徒，治療・矯

正的目的による生徒指導は，それが必要な児童生徒となる。

表4-1　生徒指導の現実の目的

	①開発的目的	②予防的目的	③治療・矯正的目的
対象	全児童生徒	全児童生徒	該当する児童生徒
ねらい・内容	・個々の児童生徒の発達可能性の実現，個性の伸長，様々な発達課題に応じた課題の習得，達成を目指す。 ・教師間の児童生徒理解情報の交流。	・児童生徒が問題行動や適応困難な状況に陥らないよう未然に予防する。 ・校内，家庭，地域，関係機関等との連携。 ・発達課題の習得，達成のために不可欠。	・児童生徒の問題行動や不適応の治療的指導(非社会的問題行動)及び矯正的指導(反社会的問題行動)が必要な者。 ・関係機関との連携。

（2）生徒指導の機能・領域

　生徒指導は，学校の教育目標を達成するために，また，児童生徒が自らを生かし自己実現[*]できるよう援助する教育機能であり，学校の教育活動全体を通して推進することを基本としている。生徒指導は，教育課程として編成され実施される教科・科目や領域をはじめ，登下校時の安全指導，休憩時間や放課後の活動などを含む児童生徒の学校生活全般について作用する。

　生徒指導は，問題行動の指導や校則の遵守というような内容だけに作用するのではなく，各教科や道徳科，総合的な学習の時間（高等学校は総合的な探究の時間），特別活動の指導など，教育課程のすべての内容に対して，また，学校教育のすべての場に対しても作用するものである。具体的には，各教科指導における生徒指導，道徳科，総合的な学習の時間（高等学校は総合的な探究の時間），特別活動における生徒指導，学校給食や清掃活動における生徒指導，いじめ[*]や不登校に対する生徒指導，部活動における生徒指導など，学校における教育活動のすべての領域，すべての指導内容に作用するものと考えられる。

　なお，生徒指導は，学業指導(educational guidance)，進路指導(career guidance)，個人的適応指導(personality guidance)，社会性指導(social guidance)，健康・安全指導(health-safety guidance)，余暇指導(leisure-time guidance)などの六つの部面に分けて考え，計画されることがある。いずれの部面も，特別活動の全体，なかでも学級活動・ホームルーム活動の活動内容と密接な関連をもつものと理解することができる。

（3）生徒指導と生徒理解

　特別活動の指導を進めていく上で，その基盤となるのは児童生徒一人一人につい

ての生徒理解の深化を図ることである。小・中学校学習指導要領第1章総則第4の
1の(2)においては，「児童（生徒）が，自己の存在感を実感しながら，よりよい人間
関係を形成し，有意義で充実した学校生活を送る中で，現在及び将来における自己
実現を図っていくことができるよう，児童（生徒）理解を深め，学習指導と関連付
けながら，生徒指導の充実を図ること。」と示されている。学校における教育活動は，
集団を対象として行われることが多いが，生徒指導の最終のねらいは，あくまでも
児童生徒個人の育成であることから，生徒指導は，児童生徒一人一人の個性に即し
て行われなければならない。児童生徒は，それぞれに個性的であり，個々に独自性
をもち，一人として同じ児童生徒は存在しない。生徒指導は，一人一人の個性に即
し，かつ具体的に進められることが必要であり，そのためには，一人一人の児童生
徒の特徴や傾向などを十分に知り，把握するための生徒理解が不可欠である。児童
生徒の積極的な活動が展開されていくためには，深い生徒理解と相互の信頼関係を
前提とした生徒指導の充実が不可欠である。生徒理解は，常日頃から，教師の人間
的なふれあいに基づくきめ細かな観察や面接，教師間による生徒理解情報の交流等
により生徒理解の深化を図ることを通して，「より広く」「より深く」「より正確に」を
心がけて行われなければならない。教師が，児童生徒をよりよく理解することによ
り，個々の児童生徒のどこを生かし，伸長させるべきか，どこに問題があるのか，
また，どのような機会に，どのような方法で指導援助することが最も効果的かといっ
たことも明確になるといえよう。また，個々の児童生徒は，所属する集団の成員か
ら様々な影響を受けている。そのため，一人一人の児童生徒を十分に理解するため
には，児童生徒が所属している集団の構造や性格，人間関係などについても理解し
ておく必要がある。生徒指導と生徒理解の関係については，「指導の前に理解あり」
「指導と共に理解あり」「指導の後に理解あり」の言葉で表されるように，この両者
は，車の両輪のような関係であるといえる。

2 特別活動と生徒指導
（1） 特別活動と生徒指導との関連
　特別活動と生徒指導との関連については，小・中学校学習指導要領第1章総則第
4の1の(2)（高等学校は総則第5の1の(2)）において，「児童（生徒）が，自己の存
在感を実感しながら，よりよい人間関係を形成し，有意義で充実した学校生活を送
る中で，現在及び将来における自己実現を図っていくことができるよう，児童（生
徒）理解を深め，学習指導と関連付けながら，生徒指導の充実を図ること。」と示
している。
　特別活動は，集団や社会の形成者としての見方・考え方を働かせ，様々な集団活

動に自主的，実践的に取り組み，互いのよさや可能性を発揮しながら集団や自己の生活上の課題を解決することを通して，資質・能力を育成することを目指す教育活動である。生徒指導は，一人一人の児童生徒の人格を尊重し，個性の伸張を図りながら，社会的資質や行動力を高めることを目指して行われる教育活動である。

　特別活動と生徒指導とは，密接に関連する部分も多いことから，それぞれの特質を踏まえ，生徒理解の深化を図りながら，指導の充実を図ることが大切である。

表4-2　特別活動と生徒指導との関連

特別活動と生徒指導との関連
①所属する集団を，自分たちの力によって円滑に運営することを学ぶ。 ②集団生活の中でよりよい人間関係を築き，それぞれが個性や自己の能力を生かし，互いの人格を尊重し合って生きることの大切さを学ぶ。 ③集団としての連帯意識を高め，集団（社会）の形成者としてのよりよい態度や行動の在り方を学ぶ。

特別活動の指導	生徒指導
集団や社会の形成者としての見方・考え方を働かせ，様々な集団活動に自主的，実践的に取り組み，互いのよさや可能性を発揮しながら集団や自己の生活上の課題を解決することを通して，資質・能力を育成することを目指す教育活動。	一人一人の児童生徒の健全な成長を促し，児童生徒自ら現在及び将来における自己実現を図るための自己指導能力の育成を目指し，学校の教育活動全体を通じ，学習指導と関連付けながら進める教育活動。
生徒理解の充実	
教師の人間的なふれあいに基づくきめ細かな観察や面接，調査，自己表現（作品），教師間による児童生徒理解情報の交流等により生徒理解の深化を図るとともに，教師と児童生徒との信頼関係を築いていく。	

（2）特別活動と生徒指導

　学習指導要領に示された特別活動の目標は，学級活動・ホームルーム活動，児童会・生徒会活動，学校行事，クラブ活動それぞれの目標や内容の実現をもって達成される。特別活動の目標を実現するには，生徒指導の充実が不可欠であり，生徒指導のねらいである自己指導能力や自己実現のための態度や能力の育成は，特別活動の目標と重なる部分もあり，相互に密接な関係にあると言える。

　特別活動の指導に当たっては，教員個人として，また学校全体として，以下に整理した事項を留意して計画的，組織的にその取組を進めることが大切である。
①生徒指導は，問題行動の指導や校則の遵守などの内容だけではなく，各教科や道

徳科，総合的な学習（探究）の時間，特別活動などの全教育活動において，その教育活動の目標を達成していくための基盤であり，条件整備の役割を果たすものである。

②生徒指導のねらいである自己指導能力や自己実現のための態度や能力の育成は，特別活動の目標と重なる部分もあり，この意味で生徒指導と特別活動との関連は極めて深いといえる。

③特別活動の指導は，個々の児童生徒が所属する集団の生活や活動の場面において，児童生徒の自発性や自主性を尊重しながら展開される。児童生徒の積極的な活動が展開されていくためには，深い生徒理解と相互の信頼関係や児童生徒相互の温かな人間関係を基盤とした指導の充実が不可欠である。

④生徒指導の基盤となる場は学級であり，学級経営の充実が必要である。学級活動・ホームルーム活動の時間は，生徒指導のための中核的な時間である。また，学級活動・ホームルーム活動の時間は，特別活動の各活動・学校行事の中心となる教育活動である。

⑤学級は，学校における生徒指導を進めるための基礎的な場であり，教師が，意図的，

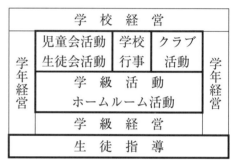

学 校 経 営			
学年経営	児童会活動 生徒会活動	学校 行事	クラブ 活動	学年経営
	学 級 活 動 ホームルーム活動		
	学 級 経 営		
生 徒 指 導			

図4-4　特別活動と生徒指導

計画的に学級経営を進める中で，温かな人間関係に支えられた「心の居場所」としての学級づくりを行う場であること。

⑥一人一人の児童生徒が，自他の個性を尊重し，互いの身になって考え，相手のよさを見つけようとする集団，互いに協力し合い，主体的によりよい人間関係🔲を形成していこうとする集団，換言すれば「よりよい人間関係」を基盤とした豊かな集団生活が営まれるようにすること。その際，特に，いじめの未然防止等を含めた生徒指導との関連を図るようにすること。

⑦学級活動における児童生徒の自発的，自治的🔲な活動を中心として，各活動と学校行事を相互に関連付けながら，児童生徒の規範意識を高め，集団や社会の形成者としての自覚と責任感をもって，自律的に行動できるよう，指導すること。

⑧異年齢集団による交流を重視するとともに，幼児，高齢者，障がいのある人々🔲などとの交流や対話，障がいのある幼児児童生徒との交流及び共同学習の機会を通して，多様な他者🔲を尊重して協働することや，他者の役に立ったり社会に貢献したりすることの喜びを得る活動を充実すること。

⑨ガイダンス🔲，カウンセリング🔲は，問題解決のための指導の両輪である。特別活動のいずれの内容においても，双方の趣旨を踏まえた指導を行うこと。

特別活動と生徒指導

1 小学校・中学校・高校時代に経験した生徒指導について書いてみよう。

小学校時代の経験	中学校時代の経験	高校時代の経験

2 上記1をもとに，情報交換をし，その内容を書いてみよう。

_____
_____
_____
_____
_____
_____

調べてみよう

1 ラベリングとは，どのようなことだろうか。

_____
_____

2 ハロー（HALO）効果とは，どのようなことだろうか。

_____
_____

3 「小1プロブレム」と「中1ギャップ」とはどのようなことだろうか。

_____
_____

第4節　特別活動と学級経営

1　学級経営とは何か

　小・中学校学習指導要領第1章総則の第4の1の(1)において，「学習や生活の基盤として，教師と児童（生徒）との信頼関係及び児童（生徒）相互のよりよい人間関係を育てるため，日頃から学級経営の充実を図ること。」と示されている。

　学級経営については，種々の説が見られるが，ここでは，学級経営とは，「一般的に，その担任教師が学校の教育目標や学級の実態を踏まえて作成した学級経営の目標・方針に則して，必要な諸条件の整備を行い運営・展開されるもの」（小・中学校学習指導要領解説　特別活動編）と捉えることにする。

　学級経営を進めるに当たって，担任教師は，校長や副校長，教頭の指導のもと，学年の教師や生徒指導主任，さらに養護教諭や栄養教諭，事務職員など他の教職員と連携しながら学級経営を進めることが大切である。なお，充実した学級経営を進めるためには，家庭や地域社会との緊密な連携を図ることが必要である。

2　学級経営の内容

　平成29年の改訂により，これまで小学校学習指導要領の総則及び特別活動のみに記されていた「学級経営の充実」が，中学校学習指導要領の総則及び特別活動においても示された。これは，児童生徒の今日的な様々な状況を踏まえ，児童生徒の学校での学習や生活において，その基盤となる学級経営の重要性がこれまで以上に認識されてきたためである。

　そこで，まず，学級経営の充実を図るためには，どのようなことに取り組んだらよいのかを確認しておくことにする。学級経営の内容については，様々な捉え方があるが，次のように担任教師が取り組む学級経営の内容を整理する。

（1）学校教育目標の具現化

　学級は，児童生徒にとって学習や学校生活の基盤であり，担任教師の営みは重要である。担任教師は，学校・学年目標や経営方針を踏まえて，調和のとれた学級経営の目標を設定し，指導の方向及び内容を学級経営案として整えるなど，以下に示す事項に留意しながら，学級経営の全体的な構想を立てることが必要である。

①教師一人の好みや思いつきで児童生徒を指導するのではなく，学校の教育目標を教師が正しく理解し，学級の目標を作る。

②教師間の一致した指導・協力体制を大切にすることにより，学校，学年における生徒指導の基本方針を，学級において正確に浸透させる。

③児童生徒の発達段階や一人一人の児童生徒の要求を踏まえて，学級としての一年

間の具体的な指導計画を立てる。

（2）確かな生徒理解

　学級経営を行う上においては，学級の児童生徒一人一人の実態を把握し，確かな生徒理解に努めることが必要である。担任教師の，日々のきめ細かな観察を基本に，面接や調査，子どもの自己表現（作文，作品，日記）などの適切な方法を用いて，一人一人の子どもを客観的，多面的かつ総合的に理解することが重要である。なお，より確かな生徒理解を図るためには，他の教職員やスクールカウンセラーなどとの緊密な情報交換や連携を深めることが大切である。

（3）学級の集団経営

　学級は，児童生徒にとって学習や学校生活の基盤であり，担任教師の営みは極めて重要である。学級には多様な児童生徒が存在していることを前提に，児童生徒が自分の特徴に気付き，よい所を伸ばし，自己肯定感をもちながら日々の生活を送ることができるようにすることが大切である。また，児童生徒が，自発的，自治的[2]によりよい生活や人間関係を構築するための様々な取組により，学級がよりよい生活集団や学習集団へと変容するように，担任教師の意図的・計画的な指導が求められる。教師には，児童生徒への深い愛情と信頼関係に基づいた安心感のある居場所づくりが求められる。そのためには，児童生徒の自発的，自治的な活動を基盤とした，互いのよさを見付け，違いを尊重し合い，仲良くしたり，信頼し合ったりする取組などにより，多様な他者[3]を尊重する態度を養うこと，子ども一人一人に応じた役割を付与し，活躍の舞台を創り，自己存在感を実感し，互いのよさを認め合う，よりよい人間関係が築かれるようにすることが必要である。

（4）教室環境の整備

　教室は，学習の場であると同時に生活の場でもある。こうした，学びと生活という両方の機能をもつ教室環境を整備することは，児童生徒にとってだけではなく，教師にとっても極めて重要なことである。子どもの発達や興味・関心，意見や要望を踏まえた教室環境の整備が，教室の実態等を考慮して，担任教師によって工夫・改善されることが必要である。教室が，児童生徒の安全や健康の保持増進を図る観点から整えられていること，児童生徒の学習意欲の喚起や学習に便宜を与えたりするように，教室内のレイアウトや子どもの手により創られた掲示物などが掲出されることなどにより，学級生活が楽しく充実したものとなるように配慮されていなければならない。教室環境の整備は，人間を育てる風土としての教室，心の居場所としての教室，集団の雰囲気を変化させる教室，一人一人の子どもや学級の成長が実感できる教室，四季折々の変化や情感が感じられる教室になるように取り組むことが大切である。

（5）学級としての道徳科，学級活動・ホームルーム活動の構想立案と指導

　小・中学校の教育課程は，各教科，道徳科，外国語活動（小学校3，4年），外国語（小学校5，6年），総合的な学習の時間及び特別活動によって編成されている。担任教師は，担当する教科の時間のほかには，道徳科，総合的な学習の時間及び学級活動・ホームルーム活動の時間において，自らが担任する学級の児童生徒に対して指導を行うことができる。これらの時間については，学校としての指導計画が立てられており，この指導計画を踏まえ，学級の実態に即して指導が展開されることが必要である。したがって，担任教師は，学校として計画立案された指導計画をよく検討するとともに，子どもの実態や学級で特に力を入れて指導したい事項や特色ある活動等を勘案して，指導計画の「学級化」に努めることが必要である。

（6）家庭や地域社会との連携

　充実した学級経営を進めるためには，家庭や地域社会との連携を密にすることが必要である。子どもが抱える問題を解決し，望ましい発達を遂げさせるためには，学校教育だけでは不十分である。学校と保護者との間で，保護者会や家庭連絡，学級通信，家庭訪問などによる相互の交流を通して，生徒理解を深めたり，子どもに対する指導援助の在り方についての共通理解を深めたりすることにより，学校と保護者が手を取り合って児童生徒の指導援助に当たることが大切である。

（7）学級事務

　学級経営の内容には，出席簿の管理や通知表・指導要録の記入，個人情報や物品等の管理など多様な事務があり，これらを適切に処理することが求められる。

3　学級経営案の作成

　担任教師は，充実した学級経営を進めるための学級経営案を作成することが必要である。学級経営案は，学校・学年の教育目標及び経営方針などを受けて，担任教師が，教育目標の実現を目指して，どのような方針で運営・指導を行うかが書かれたものである。学級経営案の様式や内容は様々なものがあるが，概ね①学校の教育目標と経営方針，②学年の教育目標と経営方針，③学級の実態，④学級の教育目標，基本方針と重点的な取組，⑤各教科，道徳科等の指導方針，⑥生徒指導の基本方針，⑦配慮を要する児童生徒への対応，⑧家庭，地域との連携，⑨経営の評価などの項目で構成されている。

　担任教師は，年間を通して計画（PLAN），実施（DO），評価（CHECK），改善（ACTION）の取組により，学級経営の改善充実を図っていくことが必要である。

　また，学級経営案は，保護者や学校関係者に対して，公開することを前提に作成されなければならない。そのため，公開に当たっては，個人情報やプライバシーの

保護に関わる内容等の取扱いには，十分な配慮が求められる。

4　特別活動と学級経営

　学級は，児童生徒にとって，学習の場であると同時に生活の場でもあり，また，教師にとっても，児童生徒との人間的なふれあいを図りながら，指導援助を行うために極めて重要な場である。

　中学校学習指導要領第5章特別活動第3の1の(3)（※小学校は第6章）では，「学級活動における生徒（児童）の自発的，自治的な活動を中心として，各活動と学校行事を相互に関連付けながら，個々の生徒（児童）についての理解を深め，教師と生徒（児童），生徒（児童）相互の信頼関係を育み，学級経営の充実を図ること。その際，特に，いじめの未然防止等を含めた生徒指導との関連を図るようにすること。」と示されている。

　学級経営の充実を図るためには，生徒理解に基づく教師と児童生徒及び児童生徒同士の信頼関係が重要であり，学級活動や道徳科の授業を中心に，他の教育活動との関連を図りながら，その育成に当たることが大切である。学級活動・ホームルーム活動の指導においては，児童会・生徒会活動や学校行事，クラブ活動とも関連付けながら，児童生徒相互及び教師と児童生徒との人間関係を構築し，児童生徒のキャリア形成・進路指導，学業指導の実践，道徳性，社会性の涵養や学校・学級文化の創造が図られるように，担任教師の適切な指導援助が求められる。

　また，小・中学校学習指導要領第1章総則第6の3では，「学校や学級内の人間関係や環境を整えるとともに，集団宿泊（職場体験）活動やボランティア活動，自然体験活動，地域の行事への参加などの豊かな体験を充実すること。また，道徳教育の指導内容が，児童（生徒）の日常生活に生かされるようにすること。その際，いじめの防止や安全の確保等にも資することとなるよう留意すること。」と示されている。

　担任教師は，学習指導要領の趣旨を踏まえながら，以下に示すようなことに留意して，教師としての指導性を発揮しながら学級経営の充実を図ることが大切である。

（1）よりよい人間関係の育成

　学級内の人間関係は，主に教師と児童生徒及び児童生徒相互の関わりにおいて形成される。そこで，以下のことを踏まえて，よりよい人間関係の育成を図ることが大切である。

①一人一人が，かけがえのない存在であることを学級内に理解，徹底させる。
②一人一人の児童生徒に，確かな自己存在感や自己有用感[3]をもたせる。
③学級集団の成長・発展を支えるリーダーの発見や育成を図るとともに，誰もが何

らかのリーダーとして活動する体験をさせる。

④共感的な人間関係を育て，それに支えられた学級生活を送らせる。

⑤みんながアイディアを出し合い学級独自の活動を計画し実践する。

⑥みんなの力で，楽しく思い出に残る学級生活を送ることを通じて，年間を通して他の学級にはない，学級の歴史を創らせる。

（2）豊かな体験の充実

協力して役割を果たすことの大切さなどを学ぶ集団宿泊活動や勤労観・職業観を育むための職場訪問・体験活動🔟，他の人々や社会のために役立ち，自分自身を高めることができるボランティア活動や地域の行事への参加など，様々な体験活動の充実が求められる。これらの体験活動は，全校の児童生徒又は学年（それに準ずる比較的大きな集団）の児童生徒を対象とした学校行事として実施されることが多い。体験活動の参加母体は，基本的には学級であり，担任教師の指導援助のもとに，児童生徒が，「準備の段階」，「活動中」，「活動のまとめと評価」への自主的，実践的🔟な取組を通して，体験活動が行われる。各学級では，学級活動・ホームルーム活動の時間と朝の会・帰りの会，放課後の時間，また，道徳科などとの有機的な関連を図りながら，体験活動が児童生徒にとって，また，学級全体にとって豊かなものとなるように取り組むことが大切である。

（3）いじめの未然防止

いじめ🔟は，多くの場合，学級内の人間関係に起因する問題として，児童生徒の心身の健全な発達に重大な影響を及ぼすことが指摘されていることから，学級経営においては，いじめの未然防止の観点からの取組が極めて重要になっている。

以下に，学級経営において，いじめの未然防止の観点から，特に留意して取り組む必要がある事項を整理する。

①いじめ防止対策推進法に基づき，いじめ防止等のための対策に関する基本方針を策定して，いじめの未然防止及び早期発見，早期対応に，校長のリーダーシップのもとに教職員が一丸となって取り組むこと。

②学級経営と生徒指導の関連を図った，学級活動・ホームルーム活動を一層充実させること。特に，学級内の人間関係に起因する問題に対しては，学級での自治的な活動や様々な体験を通して，個々の児童生徒に多様な他者を理解し尊重する共感的な態度や自己存在感や自己有用感を高める指導が行われるようにすること。

③担任教師が指導する道徳科を要として，道徳教育の一層の充実を図り，児童生徒の豊かな情操と道徳心を培うとともに，特別活動において自己決定や集団決定の場や機会を設け，自分や学級生活の改善充実に取り組むことにより，いじめの未然防止に努めること。

私の学級経営案

Q 自分が考える学級経営案をまとめ，グループなどで経営案を説明しあおう。

希望する校種 [　　　　] 学校　　　担任をしたい学年 [　　　学年]	
①私の学級経営方針（こんなクラスを創りたい）	
②温かな人間関係を育てるための具体的方策	
③子どもの心に残る学級づくりのアイディア	
④教室環境の整備とアイディア	
⑤家庭や保護者との連携策	
⑥自分の学級経営案に対する他の人からの意見	
⑦学級担任なるまでに，学んでおくべき課題と現在不安に感じていること	

第5節　特別活動と部活動

　部活動は，学年・学級の所属を離れて，共通の興味・関心をもつ生徒の自主的な判断で参加し，顧問の指導のもとに自発的，自治的[注]に展開する活動であり，我が国固有の学校文化として定着・発展してきた。その内容は様々であるが，生徒はそれらの活動を通して，各自の個性や能力を伸長するとともに，生涯にわたってスポーツ・文化等と豊かに関わる能力や態度を養うことができる。

　しかし，昨今の生徒数の減少に伴い集団活動としての部活動の多様性や継続性に課題が生じている。また価値観の多様化，学校の小規模化で，生徒や保護者のニーズに対応できないだけでなく，一定規模の教育活動等が成立しにくい状況がある。部活動においては，生徒や顧問教師の負担軽減，事故防止，適切な活動時間・休養日の設定など，適切な部活動の運営の在り方が課題となっている。

1　部活動の意義

　部活動の教育的意義について，中学校及び高等学校学習指導要領解説の総則において「スポーツや文化及び科学等に親しませ，学習意欲の向上や責任感，連帯感の涵養，互いに協力し合って友情を深めるといった好ましい人間関係の形成等に資するものである」と示している。部活動が望ましい人間関係の構築に果たす役割は大きく，学校，学年，学級を超えて醸成される人間関係は，生徒の社会性，協調性，学校への所属意識を高め，リーダーシップの育成等に効果的である。

　部活動は，生徒の人間形成に重要な役割を果たすだけでなく，社会性や規範意識の向上など，今日的な青少年の課題解決にも寄与するとともに，部活動の活性化が学校の教育目標の実現，学校の特色づくりにつながる例もみられる。

　こうした部活動の特質，意義，効果は，概ね次のようなものである。

部活動の特質	部活動の教育的意義	部活動の教育的効果
○共通の興味・関心	○豊かな人間性	○明るく充実した学校生活
○自主的，実践的[注]活動	○個性・能力の伸長	○基本的欲求の充足
○異年齢集団による活動	○豊かな人間関係づくり	○規範意識, 社会性, 協調性
○顧問と生徒による活動	○生涯学習の基礎づくり	○リーダーシップの形成
○自発的な参加による活動	○所属意識や愛校心の涵養	○余暇利用の態度の形成
	○健全育成	

図4−5　部活動の特質・意義・効果

学校における教育活動は，下図に示したように，すべての児童生徒を対象とした「教育課程内の活動」と希望する児童生徒が参加して行われる「教育課程外の活動」（課外活動）に分けられ，部活動は教育課程外の活動として位置付けられる。独立行政法人日本スポーツ振興センターでは，部活動を「学校の管理下」と定めており，「学校の教育計画に基づく課外指導を受けている場合」の生徒の事故に際しては，災害共済給付制度が適用される。

学校の教育活動	
教育課程内 （各教科，道徳科，総合的な学習の時間，総合的な探究の時間，特別活動等） **学習指導要領に基づく領域**	**教育課程外** （部活動，林間学校，夏休みの水泳指導，休憩時間，登下校等） **学校が計画する領域**

学校管理下の範囲

図4-6　学校の教育活動

2　部活動の変遷

　部活動は，明治初期の大学等において，諸外国の教師らが海外のスポーツ・文化を学生に伝えたことに由来する。当時の学校制度の整備に当たっては，英国の影響を強く受けた部分があるといわれている。英国では，児童の品性は校庭における遊戯で育成され，英国型の紳士は運動場で養成されるといわれ，部活動の教育的価値が重視されていた。我が国では，諸外国の学校文化やスポーツ等を取り入れて教育環境を整えるとともに，大学等を卒業した教師らによって全国の学校に普及し，戦後の新制中学校において部活動は，選択科目の「自由研究」に位置付けられた。

　1969（昭和44）年の中学校学習指導要領の改訂では，体育は学校教育全体の課題として「総則」に記され，クラブ活動が必修となり，教育課程内の「必修クラブ」と，従来から活動していた部活動の「課外クラブ」との二本立てとなった。1971（昭和46）年には，「国立及び公立の義務教育諸学校等の教育職員の給与等に関する特別措置法」が制定され，教員の勤務の特殊性に鑑み「教職調整額」が支給されることとなり，週休日等の部活動指導には「教員特殊業務手当」が支給できるようになった。1979（昭和54）年には，「児童・生徒の運動競技について」（文部事務次官通知）により，全国大会等の回数や規模の基準が示され引率業務の根拠となったが，2001（平成13）年に規制緩和と地方分権化により廃止となった。1989（平成元）年の学習指導要領の改訂では，いわゆる「部活代替」により教育課程編成上の弾力的な運用が認められ，1998（平成10）年の中学校，翌年の高等学校の改訂では，「クラブ活動」が廃止され「部活動」に一本化された。

2008（平成20）年１月の中央教育審議会答申において，部活動は，学校教育活動の一環として果たしてきた意義や役割を踏まえ，教育課程に関連する事項として，学習指導要領に記述をすることが必要であるとの指摘がなされ，2008（平成20）年の中学校，翌年の高等学校の改訂に際して，初めて総則に部活動が規定され，その意義とともに教育課程との関連が図られるように留意することや運営上の工夫を行うこと等が示された。

　2017（平成29）年に改訂された中学校学習指導要領第１章総則第５の１のウでは，部活動について以下のとおり規定している。

> 　教育課程外の学校教育活動と教育課程の関連が図られるように留意するものとする。特に，生徒の自主的，自発的な参加により行われる部活動については，スポーツや文化，科学等に親しませ，学習意欲の向上や責任感，連帯感の涵養等，学校教育が目指す資質・能力の育成に資するものであり，学校教育の一環として，教育課程との関連が図られるよう留意すること。その際，学校や地域の実態に応じ，地域の人々の協力，社会教育施設や社会教育関係団体等の各種団体との連携などの運営上の工夫を行い，持続可能な運営体制が整えられるようにするものとする。

　部活動は，教科等において学習したことなどを踏まえ，自らの適性や興味・関心を追求する機会であることから，生徒自身が教科等における学習内容の大切さを認識するよう促すなど，教育課程との関連を図ることが求められる。活動に当たっては，一定規模の運営を支える体制の構築が不可欠であるため，学校や地域の実態に応じて，学校と協力して生徒の指導に当たる人材の確保，地域における活動場所・施設の活用，関係団体等との連携に努め，学校の教育目標の達成，生徒が参加しやすい実施体制等の工夫が必要である。

３　部活動の運営

（１）指導計画の作成

　生徒が自主的，自発的に部活動に参加し，主体的に運営する中で，各自が目標をもち，意欲的に活動できるよう，顧問として運営方針，基本姿勢を示し，具体的な部の目標の実現に向けた年間指導計画を作成する。部活動では，生徒が夢中になって活動することは自然なことであるが，顧問としては，行き過ぎた指導，過度な活動にならないよう，生徒の生活に適切な活動日数や活動時間を保ち，生徒の健康管理などを見据えた配慮が求められる。

（２）活動方針・指導計画の周知

　顧問としての指導方針や作成した指導計画は，生徒に示すだけでなく，年度当初

の保護者会などで，保護者や部活動指導員などの関係者にも周知し，理解を図る必要がある。また，月ごとの計画や大会等の節目に合わせた計画等も作成し，必要に応じて示すようにする。生徒，保護者の中には様々な価値観があり，時にはそうした考え方の違いに顧問として悩むケースもあるが，学校教育の一環として行われる部活動の趣旨から外れない指導を心がけることが大切である。

（3）安全に配慮した指導

　部活動では，授業中や学校行事と同様に生徒の安全に配慮することが重要となる。事故は，身体活動を伴う運動部活動に限らず，科学部の実験中や美術部の製作中に発生することもある。部員同士の練習中のトラブルが暴力事件に発展したり，人間関係のトラブルから重大ないじめ❸につながる場合もある。生徒だけでなく，ボールが校外に出て近隣住民を負傷させたり，ガラスなどを破損する場合もあるが，これらは，いずれも「学校の管理下」の事故となる。

　　○事故防止のための留意点
　　　□生徒の心身の状態や体力・技能等を適切に把握して指導計画を立て指導する。
　　　□顧問が活動場所に不在の場合は，活動内容や形態の安全に十分配慮するとともに，日頃から生徒の危険予見・回避能力の育成を図る。
　　　□施設・設備・用具の点検だけでなく，外部の指導者や保護者等との連携・協力により安全の確保に努める。

（4）その他の配慮

　部活動においては，指導者による体罰が報告されるなど許されない指導が社会的に問題となっている。指導中の生徒に対する殴る，蹴るといった行為はもちろん，生徒の人格等を侮辱し否定するような発言等も，指導者と生徒の間で信頼関係があれば許されるとの認識は誤りである。こうした指導は，指導者と生徒だけでなく，部活動内の先輩，後輩といった関係でも同様の行為が行われないように注意を払う必要がある。

　活動に当たっては，一定の費用・予算が必要である。学校の運営に関わる経費は学校設置者が負担するいわゆる「公費」と，保護者等から一時学校が預かるいわゆる「私費」があるが，いずれも適切な管理・執行が求められる。

4　部活動のこれから

　学校におけるスポーツ，文化，科学等に関する教育活動に関わる技術的な指導に従事する部活動指導員についてその職務等を明確にし，学校における部活動の指導体制の充実を図ることを目指して，2017（平成29）年3月,「学校教育法施行規則の一部を改正する省令等の施行について」が通知された。そこでは，部活動指導員の

主な職務として以下のように示している。

　　○実技指導，安全・障害予防に関する知識・技能の指導

　　○学校外での活動（大会・練習試合等）の引率

　　○用具・施設の点検・管理，部活動の会計管理等，保護者等への連絡

　　○年間・月間指導計画の作成

　　○生徒指導に係る対応

　　○事故が発生した場合の現場対応

　このうち，指導計画の作成，生徒指導，事故が発生した場合の対応等について情報共有を行うなど，教員等との連携を十分に図ることを明示している。

　部活動は，中学校，高等学校の活動であるが，小学校ではクラブ活動が組織されている。小学校におけるクラブ活動は，主として第4学年以上の児童で組織され，学年や学級が異なる同好の仲間で行われる集団活動である。体育的活動，文化的活動，生産的活動，勤労的活動など様々な活動がある。児童はクラブの活動内容や計画，運営についての話合いを行い，合意形成を図って活動計画や運営方針，役割分担を決定し，クラブを楽しむ活動，成果を発表する活動等を通して，自治的，自発的活動が展開されている。このことから，部活動においても，顧問の適切な指導のもと，生徒が主体的に組織をつくり，役割を分担し，活動計画を立てて，協力して運営に当たることができるよう配慮することが求められる。特別活動において身に付けた態度や能力を生徒が部活動において発揮できるように，また，部活動における多様な経験や学びが学校生活の中で発揮できるように適切な指導が必要である。また，部活動の活動状況や成果が積極的に公開されることや，部活動紹介や成果発表の活動，部活動だよりの発行など，生徒の自主的，自発的な活動が一層求められる。

　2014（平成26）年6月，経済協力開発機構（OECD）は，日本を含む34か国・地域の中学校教員の勤務状況に関する調査結果を公表したが，1週間当たりの教員の平均勤務時間は日本が最長で，特に部活動など課外活動指導の時間が参加国平均を大きく超えていた。部活動が教員の負担になっているとの指摘があるが，教員が教科指導等に集中しやすく，研修等にも参加しやすい環境づくり，多忙な教員の負担軽減策等が検討されているところである。

　我が国の部活動は，時代や学校制度の幾多の変遷にあっても，学校とともに歴史を刻み，重要な学校文化の一つとして定着した。毎日時間をかけて追及する活動は，我が国のスポーツ・文化・科学・芸術の基盤を支え，世界に誇る人材を輩出してきた。部活動については，その位置付けや取扱いについて紆余曲折があり，「学校教育か社会教育か」といった議論もあるが，今後も中学校，高等学校における重要な教育活動であることに変わりはない。

(　　　　　　　　　)部の指導計画を考えよう

Q 部活動の顧問として指導目標・運営方針・指導計画を立てよう。

指導目標	
運営方針	

月	活動のねらい	生徒の行動目標	具体的活動	指導の重点
4月 ～ 5月				

参考文献

1）『小学校学習指導要領解説　総則編』(文部科学省　平成29年)
2）『中学校学習指導要領解説　総則編』(文部科学省　平成29年)
3）『小学校学習指導要領解説　特別活動編』(文部科学省　平成29年)
4）『中学校学習指導要領解説　特別活動編』(文部科学省　平成29年)

第1章第3節
1）『改訂学習指導要領準拠　中学校新教育課程編成の手引き』(明治図書出版　平成20年)
2）『中学校新学習指導要領の展開　特別活動編』(明治図書出版　平成20年)

第1章第4節
1）山口満編著『特別活動と人間形成　新版』(学文社　平成13年)

第2章第1節
1）『教師のための教育学シリーズ9　特別活動−理論と方法−』(学文社　平成28年)

第2章3節
1）高橋哲夫・原口盛次・井上裕吉・今泉紀嘉・井田延夫・倉持博編『特別活動研究第三版』(教育出版　平成22年)

第2章5節
1）高橋哲夫・原口盛次・井上裕吉・今泉紀嘉・井田延夫・倉持博編『特別活動研究第三版』(教育出版　平成22年)

第3章
1）『生徒指導提要』(文部科学省　平成22年3月)
2）「チームとしての学校の在り方と今後の改善方策について」(中央教育審議会答申　平成27年12月)
3）「新しい時代の教育や地方創生の実現に向けた学校と地域の連携・協働の在り方と今後の推進方策について」(中央教育審議会答申　平成27年12月)

第4章1節
1）『小学校学習指導要領解説　道徳編』(文部科学省　平成29年)
2）『中学校学習指導要領解説　道徳編』(文部科学省　平成29年)

第4章第2節
1）「初等中等教育と高等教育との接続の改善について」(中央教育審議会答申　平成11年12月)
2）「児童生徒の職業観・勤労観を育む教育の推進について」
　　(国立教育政策研究所生徒指導研究センター　平成14年)
3）「今後の学校におけるキャリア教育・職業教育の在り方について」(中央教育審議会答申　平成23年1月)
4）『中学校キャリア教育の手引き』(文部科学省　平成23年)

第4章第3節
1）林尚示編著『生徒指導・進路指導（新・教職課程シリーズ)』(一藝社　平成26年2月)
2）『生徒指導提要』(文部科学省　平成22年3月)
3）緑川哲夫・原雅夫編著『あなたの疑問にこたえる生徒指導対応事例80』(学事出版　平成17年7月)
4）緑川哲夫・長谷徹編著『よくわかる小学校生徒指導』(学事出版　平成18年7月)

第4章第4節
1）『中学校学級経営事典』(小学館　昭和47年4月)

第2部
実 践 編

第5章 特別活動の実践

第1節 学級活動・ホームルーム活動の実践

1 学級活動・ホームルーム活動の目標

学級活動は，特別活動を構成する内容の一つである。そして，学級活動の目標は，学級集団による学級活動特有の活動の過程を通して，特別活動の目標に掲げる育成すべき資質・能力を身に付けることを目指す活動であるということを示している。また，小学校の目標と中学校の目標は同じである。

> （学級活動の目標）
>
> 　学級や学校での生活をよりよくするための課題を見いだし，解決するために話し合い，合意形成し，役割を分担して協力して実践したり，学級での話合いを生かして自己の課題の解決及び将来の生き方を描くために意思決定して実践したりすることに，自主的，実践的に取り組むことを通して，第1の目標に掲げる資質・能力を育成することを目指す。

学級活動の過程を通して，特別活動が育成を目指す資質・能力である「知識・技能」の習得,「思考力・判断力・表現力等」の育成,「学びに向かう力・人間性等」の涵養に取り組んでいくことになる。学級活動の目標に掲げられた活動の過程は，次のように整理することができる。

（1）　問題や課題の発見・確認をする。

　　・学級や学校の生活をよりよいものにするための問題や課題を見いだす。

　　・教師が設定する題材に基づいて問題や課題を確認し，活動の見通しを持つ。

（2）　解決方法や改善方法の話合いをする。

　　・見いだした問題や課題を解決するための話合いをする。

　　・自己の課題解決と将来の生き方を描くための話合いを通して問題や課題を分析，解析し，解決策や改善策を探求する。

（3）　解決方法や改善方法を決定する。

　　・話合いによって合意形成を図る。

　　・話し合ったことを参考にして自己の意思決定をする。

（4）　決定したことを実践する。

　　・合意形成したことに基づいて役割を分担し，協力して実践する。

・意思決定に基づいて実践する。
（5）　実践したことの振り返りをする。
　　・実践を計画的に振り返って次に生かす。

2　学級活動・ホームルーム活動の内容とその取扱い

　小学校と中学校の学級活動の内容は，活動の特質に応じて「⑴学級や学校における生活づくりへの参画」,「⑵日常の生活や学習への適応と自己の成長及び健康安全」,「⑶一人一人のキャリア形成と自己実現」の三つに分類されている。高等学校のホームルーム活動の内容も同様の内容で分類されている。また，それぞれの内容の項目は，その項目においてどのような過程を通して活動するのかを端的に示している。

　なお，学級活動・ホームルーム活動の内容はすべての学年で指導するものであるが，項目については発達段階や学校・学級の実態に即して，学級経営と密接に関連させながら，統合したり，重点化したりして指導しなければならない。特に小学校での指導に当たっては，低学年，中学年，高学年に分けた適切な配慮が必要である。

（1）　学級や学校における生活づくりへの参画

　この活動は「活動内容⑴」と言われる。この活動は，学級の全児童生徒がよりよい学級や学校の生活を築くために，協働して，自発的，自治的🔟に計画・運営していく活動である。そのため，教師の適切な指導の下，児童生徒が提案する議題について提案理由を基に話合いをし，合意形成を図って集団決定し，決定したことを協働して実践していく必要がある。一般的には，学級活動委員や議長グループが放課後や休み時間に議題の選定や話合いの計画を立て，学級活動の時間に学級活動委員や議長グループの運営によって話合いを進め，合意形成を図る活動形態になる。そして，取り上げる議題は，学校や学級の生活上の諸問題の解決，生活を維持・向上させていくための組織づくり，児童会・生徒会活動や学校行事への参加・協力の仕方などが考えられる。こうした「話合い活動」以外に,小学校では,「係活動」と「集会活動」を活動の形態としている。

【活動内容(1)の内容項目】

---

(1) 学級や学校における生活づくりへの参画

ア 学級や学校における生活上の諸問題の解決

　　学級や学校における生活をよりよくするための課題を見いだし，解決するために話し合い，合意形成を図り，実践すること。

イ 学級内の組織づくりや役割の自覚

　　学級生活の充実や向上のため，児童（生徒）が主体的に組織をつくり，役割を自覚しながら仕事を分担して，協力し合い実践すること。

ウ 学校における多様な集団の生活の向上

　　児童会（生徒会）など学級の枠を超えた多様な集団における活動や学校行事を通して学校生活の向上を図るため，学級としての提案や取組を話し合って決めること。

※（ ）は中学校

---

(2) 日常の生活や学習への適応と自己の成長及び健康安全

　この活動は「活動内容(2)」と言われる。この活動は，児童生徒の日常の生活や学習への適応及び健康安全に関する問題や課題を児童生徒一人一人が理解と自覚をもって集団思考を通して個人内思考を深め，意思決定・自己決定をして実践していく活動である。各教科担任や専門教職員及び家庭・地域との連携・協力を図り，担任教師が学級経営，道徳教育，生徒指導，健康安全・防災教育 ❸ などとの関連を考慮した題材を意図的，計画的に設定し取り組む活動である。

　活動の過程の基本は活動内容(1)と変わらないが，一般的には，題材に基づいた資料やアンケート結果から問題や課題の意識化と共通化を図り，解決や改善への意欲や可能性を醸成し，解決策や改善策を探求・分析し，児童生徒一人一人が意思決定をして実践し，実践を振り返ってさらなる充実・向上に取り組んでいく活動の過程となる。

【活動内容(2)の内容項目】

(2) 日常の生活や学習への適応と自己の成長及び健康安全	
小学校	中学校
ア 基本的な生活習慣の形成 　　身の回りの整理や挨拶などの基本的な生活習慣を身に付け，節度ある生活にすること。	ア 自他の個性の理解と尊重，よりよい人間関係の形成 　　自他の個性を理解して尊重し，互いのよさや可能性を発揮しながらよ

イ よりよい人間関係の形成

　学級や学校の生活において互いのよさを見付け，違いを尊重し合い，仲よくしたり信頼し合ったりして生活すること。

ウ 心身ともに健康で安全な生活態度の形成

　現在及び生涯にわたって心身の健康を保持増進することや，事件や事故，災害等から身を守り安全に行動すること。

エ 食育の観点を踏まえた学校給食と望ましい食習慣の形成

　給食の時間を中心としながら，健康によい食事のとり方など，望ましい食習慣の形成を図るとともに，食事を通して人間関係をよりよくすること。

りよい集団生活をつくること。

イ 男女相互の理解と協力

　男女相互について理解するとともに，共に協力し尊重し合い，充実した生活づくりに参画すること。

ウ 思春期の不安や悩みの解決，性的な発達への対応

　心や体に関する正しい理解を基に，適切な行動をとり，悩みや不安に向き合い乗り越えようとすること。

エ 心身ともに健康で安全な生活態度や習慣の形成

　節度ある生活を送るなど現在及び生涯にわたって心身の健康を保持増進することや，事件や事故，災害等から身を守り安全に行動すること。

オ 食育の観点を踏まえた学校給食と望ましい食習慣の形成

　給食の時間を中心としながら，成長や健康管理を意識するなど，望ましい食習慣の形成を図るとともに，食事を通して人間関係をよりよくすること。

（3）一人一人のキャリア形成と自己実現

　この活動は「活動内容(3)」と言われる。この活動は，児童生徒一人一人の自己実現[*]に関わる活動であり，一人一人の主体的な意思決定に基づく実践活動である。児童生徒が現在及び将来に夢や希望を抱き，その実現を目指して物事に取り組み，将来直面する様々な課題に適切に対応できるように学ぶこと，働くこと，生きることについて考え，実践する活動である。この活動内容(3)は，学校の教育活動全体を通して行うキャリア教育[*]や個に応じた指導や支援と密接に関連を図って指導する活動でもある。

　活動の過程は，活動内容(2)と同様に教師の計画する題材について，集団思考を通して，その意義や価値を理解し，原因や問題を解明し，解決策や改善策を探求し，

吟味し，個人内思考を深めて意思決定をして実践することが基本となる。

【活動内容(3)の内容項目】

(3)　一人一人のキャリア形成と自己実現	
小学校	中学校
ア　現在や将来に希望や目標をもって生きる意欲や態度の形成 　　学級や学校での生活づくりに主体的に関わり，自己を生かそうとするとともに，希望や目標をもち，その実現に向けて日常の生活をよりよくしようとすること。 イ　社会参画意識の醸成や働くことの意義の理解 　　清掃などの当番活動や係活動等の自己の役割を自覚して協働することの意義を理解し，社会の一員として役割を果たすために必要となることについて主体的に考えて行動すること。 ウ　主体的な学習態度の形成と学校図書館等の活用 　　学ぶことの意義や現在及び将来の学習と自己実現とのつながりを考えたり，自主的に学習する場としての学校図書館等を活用したりしながら，学習の見通しを立て，振り返ること。	ア　社会生活，職業生活との接続を踏まえた主体的な学習態度の形成と学校図書館等の活用 　　現在及び将来の学習と自己実現とのつながりを考えたり，自主的に学習する場としての学校図書館等を活用したりしながら，学ぶことと働くことの意義を意識して学習の見通しを立て，振り返ること。 イ　社会参画意識の醸成や勤労観・職業観の形成 　　社会の一員としての自覚や責任を持ち，社会生活を営む上で必要なマナーやルール，働くことや社会に貢献することについて考えて行動すること。 ウ　主体的な進路の選択と将来設計 　　目標をもって，生き方や進路に関する適切な情報を収集・整理し，自己の個性や興味・関心と照らして考えること。

3　学級活動・ホームルーム活動の指導計画

（1）学校としての年間指導計画（pp.102 ～ 103，4 の(1)(2)を参照）

　これは，学校としての学級活動の全体計画でもある。学校として年間を通して学級活動をどのような目的で，どのようなことを，どのように指導していくかを示したものである。学級活動の目標，当該年度の重点目標，各学年の目標，基本的な指導方針や指導上の配慮事項，学校として共通して取り扱う内容や題材と時間数及び時期などを，特別活動の全体計画に沿って定めた，学校としての学級活動の基本方針である。

　学級活動は，学級担任が学級の児童生徒の実態や発達段階を踏まえて，生徒指導や道徳科の指導との関連を図りながら，学級経営と密接に関連付けて創意工夫をして指導していくものである。学校としての年間指導計画は，学級担任が学校として，学年として調和のとれた創意工夫された指導を行うための指針となるものである。

（2）学年・学級の年間指導計画（pp.104 ～ 105，4 の(3)を参照）

　これは，学級の児童生徒の実態や発達段階及び学校歴に応じて学級担任が年間を通して取り上げる内容を時系列に配列したものである。学校として，学年として共通して取り上げる内容をいつ指導するか，また学級としてどのような内容を取り上げ，いつ指導するかを明らかにしたものである。活動内容(1)については児童生徒が議題を選定して取り組んでいくものであるが，学級担任として学級経営の視点からあらかじめ児童生徒に取り組ませたい議題を想定しておく必要がある。ただし，担任教師が計画した内容に固執せず，児童生徒が自発的，自治的に選定した議題は尊重して柔軟に対応することが必要である。

（3）1 単位時間の指導計画（pp.106 ～ 107，4 の(4)(5)を参照）

　学級活動の時間に取り上げる議題や題材について，その指導過程と児童生徒の活動過程を明らかにしたものが 1 単位時間の指導計画である。この指導計画を一般的には学級活動指導案という。取り上げる議題や題材の意義，設定理由，指導のねらい，展開の過程，事前と事後の指導，評価の観点などを示したものである。

　なお，主として合意形成や集団決定を活動の過程として展開する活動内容(1)と，主として意思決定や自己決定を活動の過程として展開する活動内容(2)，(3)とでは作成する指導案の展開や書式は異なる。

　さらに，学級活動の特質から担任教師が作成する指導案に基づいて，児童生徒が自分たちの活動として自分たちで活動計画を作成して取り組むように指導することが望まれる。

4　学級活動の指導計画例

（1）学校としての年間指導計画例

令和〇〇年度　　　　　　　　　　　　　　　　　　　　　　　　　　　　　　〇〇〇中学校

学級活動年間指導計画

1　目標

　　学級と学校の生活の充実と向上を目指すとともに，自己の適応と自己実現を図る自主的，実践的な態度や資質を育む。

2　重点目標

（1）よりよい人間関係を形成し，個性を発揮し，充実した学級や学校の生活を築く態度や資質を育成する。

（2）自他の尊重や自他との共生の意義を実感させ，健全な社会人として社会参画ができる基礎的・基本的な態度や資質を育成する。

（3）現在及び将来の自己の生き方についての認識を深め，自己実現のための実践力を育成する。

3　指導の重点

学年	重点
第1学年	自他が共に，希望と意欲をもって中学校生活を送ることができるよう問題や課題を発見し，その解決に向かって積極的に取り組む態度や資質を育成する。
第2学年	よりよい人間関係を形成し，個性を発揮して充実した学級や学校生活を築こうとする態度や資質を育成する。
第3学年	自他が共に健全で充実した生き方ができ，生活づくりに進んで取り組もうとする態度や資質を育成する。

4　指導内容と指導時数

活動内容	1年	2年	3年
（1）学級や学校における生活づくりへの参画	16	10	9
（2）日常の生活や学習への適応と自己の成長及び健康安全	11	13	11
（3）一人一人のキャリア形成と自己実現	8	12	15

5　時間割への位置づけ

　　全学年　毎週木曜日・第6時間目

6　学校として共通して取り扱う内容

　　別紙の「活動内容（議題・題材）一覧」による。

7　指導上の留意事項

（1）学校生活の基盤として，教師と生徒の信頼関係と生徒相互のよりよい人間関係を育てる学級経営の充実を図る中核的な時間として学級活動の指導に当たる。

（2）いじめの未然防止と道徳教育の実践との関連を図って学級活動を推進する。

（3）学級活動を通して，生徒の主体的・対話的で深い学びの実現を目指した自発的，自治的な活動を助長する。

（4）学年別年間指導計画に基づいて，各学級の実態に応じた学級年間指導計画を作成して実施する。

令和○○年度　学級活動内容一覧　○○中学校

題材	1年	2年	3年
（1）　学級や学校における生活づくりへの参画			
ア　学級や学校における生活上の諸問題の解決			
・中学生になって	◎		
・中堅学年，どこでがんばるか		◎	
・最終学年としてどう一年を過ごすか			◎
・今学期の計画を立てよう			
・みんなが楽しく過ごせる学級は		○	
・学級の問題や課題に目を向けよう	◎	◎	◎
・学級の十大ニュースを決めよう			
・学級のお別れ会を開こう			○
・今学期を振り返って	◎	◎	◎
イ　学級内の組織づくりや役割の自覚			
・学級目標をつくろう	◎	◎	◎
・学級の組織をつくろう	◎	◎	◎
・朝の会や帰りの会の進め方を決めよう	◎	◎	◎
・当番活動（日直・清掃・給食）の分担	◎	◎	◎
・係活動を活性化させよう			
・清掃活動を見直そう			
・学級文集をつくろう			
ウ　学校における多様な集団の生活の向上			
・集団生活のルールやマナーを考えよう	◎	◎	◎
・上級生，下級生としてどう振る舞うか			○
・生徒会活動への参加や協力			
・合唱祭必勝法を考えよう			
・遠足を成功させよう	○		
・部活動の意義や目的と期待を語ろう		○	
（2）　日常の生活や学習への適応と自己の成長及び健康安全			
ア　自他の個性の理解と尊重，よりよい人間関係の形成			
・個性と特性について考えてみよう	◎	◎	◎
・よいところ探しの取組を考えよう			
・自分のよさと友だちのよさを知ろう			
・言葉で築く人間関係（ロールプレイング）	◎	◎	◎
・友だちを大切にする秘訣を考えよう			
・友だちとのけんかを避ける方法を考えよう		○	
・心が安らいだ友だちの一言を語り合おう	◎	◎	◎
イ　男女相互の理解と協力			
・男女の協力とは何かを考えよう	◎	◎	◎
・男女の特性について考えてみよう			
・男女共同参画社会と自分の生き方			
ウ　思春期の不安や悩みの解決，性的な発達への対応			
・悩みや不安について語り合おう			
・悩みや不安を受けとめる秘訣を語り合おう	◎	◎	◎
・友だちのカウンセラーになろう			
・性に関する興味と行動について語ろう			○
・愛することとはどういうことか語り合おう			
・家族愛と異性愛の違うところは何か			

題材	1年	2年	3年
エ　心身ともに健康で安全な生活態度や習慣の形成			
・ストレスを避ける方法を語り合おう			
・通学路の交通安全を確認しよう	◎	◎	◎
・校内で発生する事故の傾向を調べよう			
・喫煙や薬物の恐ろしさを知ろう			○
・喫煙や薬物の誘惑から身を守ろう			
オ　食育の観点を踏まえた学校給食と望ましい食習慣の形成			
・給食の時間を豊かな時間にしよう	◎	◎	◎
・楽しく食べる場づくりを工夫しよう			
・心をリフレッシュする食事法			
・給食のマナーとルールを確認しよう	◎	◎	◎
・人を不愉快にさせない食事			○
・衛生的で素早い給食の準備と片付け	○		
（3）　一人一人のキャリア形成と自己実現			
ア　社会生活，職業生活との接続を踏まえた主体的な学習態度の形成と学校図書館等の活用			
・働く人の講話とインタビュー			
・人はなんのために学ぶのか	◎	◎	◎
・職場体験の質問を考えよう	○		
・私のお薦め勉強法			
・学習の不安や悩みを解消するためには			
・定期テストの学習計画を立てよう	◎	◎	◎
・力を伸ばす参考書や問題集の活用法			
・教科別で考える予習法と復習法			
・自分の力に合った入試勉強の計画			○
・読書の秋の取組を考えよう	◎	◎	◎
・学校図書館で見つけた素晴らしい本	○		
イ　社会参画意識の醸成や勤労観・職業観の形成			
・個性を生かした職業選択			
・中学卒業後の学ぶ機会や制度を調べよう	○		
・高校見学や説明会への参加計画を立てよう		○	
・学ぶための制度と機会を調べよう		○	
・先輩たちに学ぶ			○
・人はなぜ働くのかを考えてみよう			○
・職業の価値に差はあるのか			○
・家族の職業について詳しく調べよう			
・職業体験での感想を語り合おう			
・身近な人の生き甲斐について考えよう			
ウ　主体的な進路の選択と将来設計			
・中学卒業後の夢を描こう			○
・将来の夢を語り合おう	○		
・自分の夢をかなえる人生設計を立てよう		○	
・中学卒業後の進路希望を語ろう			

	1年	2年	3年
◎学校としての重点題材	20	20	20
○学年としての共通題材	8	6	8
学級で選択・設定	7	9	7
計	35	35	35

（1）取り扱う議題・題材は学級の実態に応じて表現をかえてもよい。

（2）学級の実態に応じて取り扱う議題・題材は本表以外のものでもよい。
　　ただし，いずれかの内容項目に配列できるものとする。

（3）取り扱う時期やねらい及び主たる内容は年間指導計画による。

（4）議題や題材は，他の内容項目と関連づけたり，重点化や統合化を図ったりする。

（3）学年・学級の年間指導計画例

令和○○年度　△△中学校第1学年○組　学級活動年間指導計画

月	時数	題材	活動内容 (1)	(2)	(3)	指導のねらい	主な活動のポイント
4月	5	中学生になって	ア			中学生活の概要を知り，中学生としての自覚を高めることができるようにする。	学年ガイダンスでは知り得なかったことを再度，担任に聞き，中学生になっての決意を発表する。
		仲間づくりをしよう		ア		交流活動を通して，自他を尊重する態度を育てることができるようにする。	望ましい人間関係づくりのための構成的グループエンカウンターを行う。
		学級目標をつくろう	イ			学級生活への願いや思いを発表し合い，学級としての目標をつくり，学級生活の向上を図ることができるようにする。	年間を通して，どのような学級を皆で築き上げていくかを話し合い，個々の願いや希望を聞きながら集団決定する。
		学級の組織をつくろう	イ			学級目標実現に向けた組織をつくり，自らの仕事を通して学級生活をよりよくしようとする意欲を高めることができるようにする。	係や当番の意義を理解した上で，学級に必要な仕事を話し合い，集団決定して分担する。自らの役割の目標を自己決定する。
		夢のある教室掲示をつくろう	イウ			生活に彩りを与え，落ち着いて学習できる環境づくりを通して，学級の文化醸成を図ることができるようにする。	教室に必要な掲示コーナーや学級として統一したイメージを何にするか等を話し合い，集団決定する。
5月	3	○組の学習環境を整えよう	ウ		ア	整理整頓の他，学習規律を自主的に守り，不安なく授業に取り組める雰囲気を醸成することができるようにする。	学習面における学級の実態を洗い出し，その解決のための具体的方策や心構えを集団決定，自己決定する。
		遠足を成功させよう	ウ			遠足の意義やねらいを明確にするとともに，事前の準備活動への意欲を高めることができるようにする。	思い出深い遠足になるよう，学級の目標や活動内容，学級として準備しておくことを話し合う。
		男女相互の理解と協力		イ		男女の特性を考え，関心から理解へ，さらには協力へと発展して共同生活を豊かにできるようにする。	男女の長所や，異性間での学級生活上の諸課題を話し合うことで，それぞれの特性を理解し合う。
6月	3	係活動を活性化させよう	イ			係活動に必要な計画性，実行力，評価する力等を身に付けることができるようにする。	係活動の現状の課題を洗い出し，活動が活性化するよう，課題解決のための具体的方策をアドバイスし合う。
		給食の時間を豊かな時間にしよう	イ	オ		食事を通しての好ましい人間関係の育成やマナーを守った食事ができるようにする。	準備から片づけまでの全過程において，より豊かで楽しい食事の時間にするための具体的方策を集団決定する。
		「クリーン大作戦」を成功させよう	ウ		イ	生徒会活動，学校行事として行われる奉仕的行事に参画し，ボランティア活動の意義を理解できるようにする。	既に体験している上級生による講話を聞くことで，奉仕的活動の意義を理解する。
7月	3	○組としてボランティア活動に取り組もう	ウ		イ	「クリーン大作戦」で学んだボランティア活動の意義や方法を基に，学級独自での取組ができるようにする。	自主的な活動によるボランティア活動として，心構えや期間（期日），活動内容を話し合い，集団決定する。
		清掃活動を見直そう	イ		イ	「クリーン大作戦」を日常の清掃活動で生かそうとする意欲をもつことができるようにする。	「クリーン大作戦」「○組のボランティア活動」で学んだ自主性を日常の清掃活動でどう生かしていくか話し合う。
		今学期を振り返って	ア			個人として学級として1学期の生活を振り返り，来学期の課題と目標を明確にすることができるようにする。	入学当時と比較し，自分や学級がどう変化したかを明らかにして，具体的な改善策を話し合い，集団決定や自己決定をする。
9月	4	働く人の講話とインタビュー			アイイ	望ましい勤労観や職業観を形成し，自分の将来について考えることができるようにする。職場体験の事前指導の一環。	直接，社会人から働くことの喜びや苦労を聞き取り，さらに質問していく。
		職場体験活動の全職場共通で聞いてくること，調べてくること	ウ		イ	職場体験の事前の活動として，意欲を高め，しっかりとした職場体験ができるようにする。	実社会で働く人々に職業を超えて聞き取ってくる質問や調べてくる内容を話し合い，集団決定する。事後の発表会で交流する。
		合唱祭必勝法を考えよう	アウ			クラス対抗の行事を通して，学級の凝集性を高めることができる。	事前の練習計画や練習の内容について話し合い，集団決定する。
		生徒総会で○組からの提案をしよう	ウ			生徒総会の意義を理解した上で，生徒会活動へ積極的に参加しようとする態度を高めることができる。	生徒総会の意義や内容を理解し，学級として学校生活に提案すべき議案を話し合い，集団決定する。

月		題材				ねらい	活動内容
10月	3	学級レクリエーションをしよう	ウ			学級の凝集性を高めるとともに，学級の親睦を深めることができる。	実施するレクと，そのために必要な係や準備するものを話し合い，集団決定する。
		学級の組織をつくろう	イ			前期の学級を振り返り，学級目標実現に向けた組織をつくり，自らの仕事を通して学級生活をよりよくしようとする意欲を高めることができるようにする。	係や当番の意義を理解した上で，学級に必要な仕事を話し合い，集団決定して分担する。自らの役割の目標を自己決定する。
		人は何のために学ぶのか			イ	学ぶことの大切さを，自己の向上や将来の生き方と関連して理解し，主体的に学ぶ意欲を高めることができるようにする。	「○○のために学ぶ」という異なる意見をパネルディスカッションにより話し合う。
11月	4	読書の秋の取組を考えよう	ウ		ア	図書委員会の活動へ参加や協力をするとともに，学校図書館の活用等について理解することができる。	学校図書館の貸し出し数を増やしたり，より多くの図書を読むための方策を話し合い，集団決定や自己決定をする。
		28歳の私			ウ	将来の自分について考え，夢の実現に向けて，今何をするべきかを考えることができるようにする。	自己実現を果たす年齢を28歳に設定し，その実現のための，現在や今後の努力目標を決めて進路計画を立てる。
		私のお薦め勉強法			ア	具体的な学習方法を知り，それを自分の自主的な学習に生かすことができる。	小グループで効果的な勉強方法を調べ，それを発表し，その内容を受けて，自分の学習方法に生かす。
		よいところ探しの取組を考えよう	ア		ウ	他者の長所を見出す姿勢をもち，それを言語化して他者に伝える方法を考えることができる。	「今週のＭＶＰ」や「ここがあなたのよいところカード」など，学級としての具体的な取組を話し合い，集団決定する。
12月	2	学級の課題を解決しよう	ア			学級の諸課題を解決し，よりよい学級生活づくりに取り組めるようにする。	学級の諸課題を多面的に洗い出し，学級目標の具体化に向けて，具体的な方策や心構えを集団決定する。
		学級の十大ニュースを決めよう	ア			今までの学級の出来事を振り返り，学級集団の凝集性を高め，よりよい学級づくりに役立てることができるようにする。	2学期までの成果や反省点を学級の出来事にからめてアンケート調査し，出された出来事を十大ニュースにまとめる。
1月	3	不安や悩みを解消するために		ウ		学習に関する悩みをはじめ個々が抱える悩みを共有することで，孤独感を解消し，学級として共に考えようとする雰囲気をつくることができるようにする。	学習，生活，部活動などの学校生活の場面における悩みを出し合い，そのアドバイスをし合う。悩み相談箱の設置など，今後も学級で励まし合える取組を話し合い，集団決定する。
		言葉で築く人間関係		ア ウ		好ましい人間関係を形成しようとする際に，言葉のやりとりの重要性に気付くことができる。	アサーショントレーニングにより，自分も他者も心地よくなる言葉づかいについて体験的に学習する。
		学級文集をつくろう	ア イ			協力して，思い出の文集づくりに取り組み，学級集団の凝集性を高めることができる。	仕事分担を明確にし，全員協力による学級文集完成までの手順を決め，役割分担を話し合う。
2月	3	情報化社会におけるモラル	ア イ			情報化社会におけるインターネットの正しい利用の仕方と使用する際のルールやモラルを身に付けることができるようにする。	インターネットによる被害や裏サイトなどに書き込まれる誹謗中傷などの事例を踏まえ，どのように使用すべきか考える。
		心身ともに健康な体づくり		エ		心身の発達に伴う不安や悩みを解決できるようにする。	養護教諭をゲストティーチャーとして招き，ストレスや性感染症等について話を聞いた後，不安や悩みの解消について話し合う。
		リーダーシップとフォロアーシップ		ア ウ	イ	様々な学校行事や生活の中でお互いの立場を尊重し，協力する大切さを認識できるようにする。	リーダーが困っている時に支えるフォロアー，また逆に立場を変えてロールプレイングを行う。
3月	2	中堅学年になる前に	ア			一年間を振り返り，成果と課題を見つめながら新しい学年への展望と意欲をもつことができるようにする。	一年間の学級の足跡を振り返り，中堅学年の在り方を話し合う。現2年生の話を聞き，中堅学年になるための心構えをもつ。
		学級のお別れ会を開こう	イ			共に協力し合い，よりよい学級を築いてきた充実感や所属感を味わうことができるようにする。	互いの個性を尊重しながら，親睦を深められるような会のもち方を話し合い，集団決定する。
	35						

※ 学期の初めや終わり，または学校行事の前後などに学校として学級活動の時間を特設することがある。

（4）1単位時間の指導計画（学習指導案）例

A例

A例は，合意形成をねらいとして展開する主として内容(1)に関わる題材（議題）の例

第○学年○組　学級活動指導案
○月○日（○）第○校時　○時○○分
指導者　○○　○○印

1　議題　　　　　※議題名を書く。
2　議題設定の理由
　　※現在までの指導の経過や生徒の実態から，この議題がもつ意味を中心に設定した理由を書く。
3　本時のねらい
　　※本時における指導のねらいの要点を書く。
4　評価規準

観点	よりよい生活を築くための知識・技能	集団や社会の形成者としての思考・判断・表現	主体的に生活や人間関係をよりよくしようとする態度
評価規準	学級活動(1)の評価規準を示す。		

5　展開の過程
（1）事前の指導と活動
　　※本時までの予想される学級活動委員会の自発的，自治的な諸活動の計画，その際に必要とされる指導，援助の内容を書く。
　　※活動する日時，場所を書く。
（2）本時の議題
　　※活動を展開する過程において生徒自身が取り組む活動を書く。1議題が複数の時間に計画されたり，1議題の中に話合いの柱が複数設定されることもある。
（3）本時の展開
　　※児童生徒の作成する活動計画と連動させて書く。

	活動の内容	指導上の留意点	目指す生徒の姿と評価方法	資料
活動の開始	1　開会の言葉 2　学級活動委員の紹介 3　議題の発表 4　提案理由の説明	※意欲的に活動が始められるようにする手立てを書く。		※資料や用具等の利用の計画を書く
活動の展開	5　話合い 6　話合いの結果の発表	※議題について学級の全員が共通理解を図れるようにするための手立てを書く。 ※自発的，自治的な話合い活動を促すための手立てを書く。 ※児童生徒が中心となって進めていく上で気をつけなければならないことを書く。	※目指す生徒の姿と観点，評価方法を書く。	
活動のまとめ	7　感想発表 8　先生の話 9　閉会の言葉	※決定事項に基づいて一人一人が意欲的に取り組むことができる手立てを書く。		

（4）事後の指導と生徒の活動
　　※決定事項を実践するために予想される生徒の活動とその指導・援助について書く。

B例

B例は，意思決定をねらいとして展開する主として内容(2)，(3)に関わる題材の例

第○学年○組　学級活動指導案
○月○日（○）第○校時　○時○○分
指導者　○○　○○印

1　題材　　　　　※題材名を書く。
2　題材設定の理由
　　※A例に同じ
3　指導のねらい
　　※この題材の事前から事後に至るまでの一連の指導のねらいを端的に書く。
4　評価規準

観点	よりよい生活を築くための知識・技能	集団や社会の形成者としての思考・判断・表現	主体的に生活や人間関係をよりよくしようとする態度
評価規準	学級活動(2)，(3)の評価規準を示す。		

5　展開の過程
（1）事前の指導と活動
　　※学級活動委員会の活動の計画とその際の指導・援助の内容を書く。
　　※本時の展開に必要な資料の準備や活動について書く。
　　※活動する日時，場所を書く。
（2）本時の活動テーマ
　　※具体的な題材を児童生徒の側に立って選び，活動の内容やねらいがわかりやすい本時の活動テーマを書く。
（3）本時のねらい
　　※本時の活動における指導のねらいの要点を書く。
（4）本時の展開

	活動の内容	指導上の留意点	目指す生徒の姿と評価方法	資料
活動の開始	1　問題の意識化や学習課題を把握させるための活動計画を書く。	※学級成員共通の問題を自分の問題として受け止めさせる留意点を書く。	※A例に準ずる。	※A例に準ずる
活動の展開	2　問題や課題の分析，対応の仕方，課題解決の方法，実践への手立てなどの集団思考を深める活動の計画を書く。 3　一人一人が自分の考え，具体的な実践事項，実践方法などをまとめて決定する活動の計画を書く。	※資料の読み取りやまとめ，知識や情報の収集などを通して集団思考を深める配慮点を書く。 ※児童生徒が主体となって活動できるような配慮点を書く。 ※適切な選択や自己決定ができるような配慮点を書く。		
活動のまとめ	4　一人一人の自己決定に基づく実践への意欲を高める活動の計画を書く。	※実践への意欲付けの配慮点を書く。		

（5）事後の指導と生徒の活動
　　※個別指導などの計画を書く。

（5）学習指導案例

2年1組　学級活動指導案

11月8日（木）第6校時
指導者　日本　太郎　印

1　議題　　係活動を見直そう　活動内容(1)イ
2　議題設定理由
　　体育祭，文化祭で連帯感が高まったこの時期，学級活動委員会は学級生活の問題解決に取り組み始めた。その中で，当番活動は行われているが，係活動はまったく行われていないという問題が上がった。2学期当初に学級組織の見直しを行い，1学期の反省を踏まえて係活動は再編をした。しかし，学校行事に目を奪われて活動されていない現状がある。そこで，学級生活をより向上させる視点から，奉仕の喜びや義務遂行の大切さに気づかせ，係活動が自発的に実践できるようこの題材を設定した。
3　指導のねらい
　（1）係活動が停滞している原因や理由を解明し，活動の意義を再認識して学級をよりよくしていこうとする態度を育てる。
　（2）互いにまずかった点を認め合い，協力して改善していこうとする望ましい人間関係を育てる。
4　学級活動(1)の評価規準　（略）
5　展開の過程
　（1）事前の指導と生徒の活動
　　①　11月1日（水）学活委（放課後）　問題の発見と取組の決定
　　②　11月2日（木）朝の会　　　　　係活動見直しの提案
　　③　　　　　　　　学活委（放課後）活動計画の立案
　　④　11月5日（月）帰りの会　　　　各係で計画通り実践した活動，実践できなかった活動，その原因や理由などを話し合い，まとめる。
　　⑤　11月7日（水）学活委（放課後）各係の話合いの結果を整理して資料として印刷する。学級活動の進め方と役割を確認する。
　（2）本時のねらい
　　①　係活動の意義や目的を再確認することができる。
　　②　係活動が停滞する原因から改善策や解決策を決定することができる。
　（3）本時の展開

過程	活動の内容	指導上の留意点	備考
はじめの活動	1　開会の言葉 2　議長の話（目的や進め方） 3　先生の話（活動への期待と補足）	・簡潔明瞭に説明できるよう掲示物を用意させておく。 ・活動意欲を喚起するよう期待感を込めて補足する。	活動計画 短冊
中心的な活動	4　各係の発表（各係3分程度） 5　話合い ・停滞する原因について意見交換する。 ・原因を整理し，解決策を各係で考える。 ・各係で決定した解決策を発表し合う。	・資料を基に観点に沿って発表できるよう発表者に指示しておく。 ・各係が掲示する短冊は，はる場所を指示しておく。 ・計画の有無，計画の妥当性，役割分担，責任感や意欲，人間関係，時間や場，用具など，原因を整理できるよう学活委に指導しておく。	資料プリント 模造紙 短冊
まとめの活動	6　活動のまとめ ・各係の決定事項を確認する。 ・議長から活動の感想を聞く。 7　先生の話 ・活動について評価し，事後の活動の計画を聞く。 8　閉会の言葉	・決定事項を実践できるよう具体的な助言を行う。 ・決定事項に基づいて具体的な実施計画を立てるコツを示唆する。	まとめ用プリント

　（4）事後の指導と生徒の活動
　　①　各係は解決策に基づいた活動計画を作成して掲示板に掲示する。
　　②　必要に応じて個人指導を行う。
　（5）道徳教育との関連
　　　道徳の内容Aの[真理の探究，創造]，Cの[よりよい学校生活，集団生活の充実]との関連を図る。
6　評価（観点・目指す生徒の姿・評価方法）
　（1）【知識・技能】
　　　係活動の意義を理解し，課題解決の手順や方法を身に付けている。(観察・学級会ノート)
　（2）【思考・判断・表現】
　　　係活動の課題を見いだし，話し合い，協働して合意形成を図っている。(観察・学級会ノート)
　（3）【主体的に取り組む態度】
　　　係活動の改善を通して，人間関係をよりよく形成し，他者と協働しながら学級生活の向上を図ろうとしている。(観察・学級会ノート・振り返りカード)

※指導案の書き方や表記にはいくつかのパターンがあります。

5　学習指導案の作成【演習】

（1）指導案の構成

　取り扱う議題・題材を,「事前の指導と活動」,「本時の展開」,「事後の指導と活動」に分ける。学級活動の多くの内容は,学級活動の時間で決めたことを日常の生活で実践できることをねらいとしている。したがって,「事後の指導と活動」のために「本時の展開」があり,「本時の展開」を効果的にするために「事前の指導と活動」がある。

（2）本時の展開の構成

　本時の展開は,「はじめの活動」,「中心的な活動」,「まとめの活動」で構成する。「はじめの活動」は,本時のねらいや展開を知り,活動への興味・関心や意欲を高める活動を行う。「中心的な活動」は,ねらいを達成するための最も重要な活動となる。ここでは,多くの活動をせずに2～3程度の活動が適切である。「まとめの活動」は,事後の実践への意欲付けをするため教師の賞賛と激励が必要となる。授業時間がないからといって簡単に終わらせてしまうことは厳禁である。

（3）指導案を構想する手順

　この手順を踏んで学級活動の指導構想を練ってから,学習指導案の書式例に従って,清書していく。学習指導案の書式で授業を創るのではなく,創った授業を学習指導案に書き表していくということである。

段階	項目	内　　容
第1段階	議題・題材について考える	1　児童生徒にとって直面する問題や課題は何かを考える。 2　その問題や課題は,どのような意味をもっているかを考える。 3　児童生徒が問題や課題を解決・改善するには,どのような資質・能力が必要か,それをどのように育ててあげたいかを考える。 4　児童生徒がわかりやすい議題名・題材名を考える。 ※　教師が児童生徒への温かい思いやりや願いを抱くことによって本時のねらい,議題観や題材観が決まってくる。
第2段階	本時の終わり方を考える	1　育てたい資質・能力を身に付けさせるために,本時の終わりは児童生徒にどのような合意形成や意思決定をさせるかを考える。 2　活動内容(1)は,主として合意形成による集団決定で終わらせる。 　解決・改善するための具体的な取組を,全員で話し合って,全員で決めて,全員で実践する。 3　活動内容(2),(3)は,主として意思決定による自己決定で終わらせる。 　解決・改善の具体的な取組を,全員の話合いによる集団思考によって自己の考えを深め,広めた後,個人内思考によって意思決定をして個々に実践していく。 4　合意形成や意思決定をどのようにさせるか,その方法を考える。 ※　このことによって,事後の指導と活動が決まってくる。

第3段階	活動の過程を組み立てる	1　前段階を踏まえて，活動の過程を組み立てる。 （1）問題の意識化，共有化を図る。 　　この問題の大切さをどのようにして認識させるか。この問題が自分自身に関わりがあるとどのように意識させるかを考える。 （2）問題の実態や現状を把握させる。 　　この問題の正確な実態や現状，影響をどのように把握させるかを考える。 （3）問題の重要性や課題を理解させる。 　　この問題の重要性をどのようにして理解させるかを考える。 ※　このことによって，事前の指導と活動が決まってくる。 （4）具体的な解決策や改善策を探求させる。 　　解決策や改善策の出し合い，吟味，比較検討などを児童生徒に行わせるのに効果的な方法を考える。 　　学級全員で話し合って考えを深め，広めていくことが原則であるが，グループに分かれての話合いも効果的である。 （5）前段階で構想した集団思考による合意形成，または，個人内思考による意思決定に結びついたかを確認する。 　　結びついていない場合は，前へ戻って再検討する。
第4段階	授業展開を組み立てる	1　活動の過程を見通して，どこに指導の重点を置くかを考える。 2　これまでに構想した活動の過程を指導案の構成に従って割り振る。 （1）事前の指導と活動 （2）本時の展開 　①　はじめの活動 　②　中心の活動 　③　まとめの活動 （3）事後の指導と活動 ※　指導の重点を踏まえて，構想した活動の過程のどこを，どこで，どのくらいの時間行うかを計画する。
第5段階	指導の整理	1　これまで計画したことが実践可能かどうかチェックする。 2　これまで計画したことより効果的な内容や方法がないか再吟味する。 3　指導や活動をよりよいものにする資料や教材，教具を検討する。 ※　教師の経験と研鑽で良否が決まる。最も大切なことは，教師の人間性と情熱以外にない。児童生徒への思いや願いに尽きる。

第2節　児童会活動・生徒会活動の実践

　児童会活動・生徒会活動は，全校の児童生徒をもって組織する児童会・生徒会において，学校生活を楽しく豊かにするために，学校生活の充実・発展や学校生活の改善・向上を目指して，学年・学級を超えた児童生徒同士が，教師の適切な指導の下に，活動の計画を立てて，それぞれの役割と責任を分担し，自発的，自治的🔟に展開する活動である。

1　児童会活動・生徒会活動の目標

　児童会・生徒会活動のねらいや意義を明確にするため，児童会・生徒会活動の目標として小学校学習指導要領及び中学校学習指導要領では，次のように示している。

> 　異年齢の児童（生徒）同士で協力し，学校生活の充実と向上を図るための諸問題の解決に向けて，計画を立て役割を分担し，協力して運営することに自主的，実践的に取り組むことを通して，第1の目標に掲げる資質・能力を育成することを目指す。
> 　　　　　　　　　　　　　　　　　　　　　　　　　　　※（生徒）は中学校

　ここでは，児童会・生徒会活動の基本的な学習過程として，学校全体の生活を共に楽しく豊かにするという目標の実現を目指し，集団生活等における諸問題から課題を見つけ，その解決に向けて役割等を分担して協力して取り組むことを示している。また，児童会・生徒会活動は，全校の児童生徒が参加するため，活動の形態は多様であり，児童生徒の学びや体験も様々であるが，児童会・生徒会活動で育成される資質・能力は，「問題の発見・確認」→「解決に向けた話合い」→「合意形成による解決方法の決定」→「決めたことの実践」→「振り返り」→「次の課題解決」という一連の学習過程ではぐくまれることが基本となる。

　この目標を達成するためには，活動のための場や機会を計画的に確保するなど，学校の一貫した指導体制，全教職員の共通理解と協力が必要である。年間指導計画の作成においては全教職員が参加するとともに，児童生徒が自ら活動計画を立案し，目的に応じて役割を分担し，協力して集団活動が展開されるよう配慮する。

2　児童会活動・生徒会活動の意義や役割

　児童会・生徒会活動の意義や役割は，次のように整理できる。
　ア　自治的な活動に必要なことを理解し，行動の仕方を身に付ける。
　イ　話合いによる合意形成や意思決定により，人間関係をよりよく形成する。
　ウ　多様な他者と協働し，よりよい学校や地域社会を築こうとする態度を養う。
　実際の活動に当たっては，次の点に配慮する。

（1）自治的能力の育成

　学校生活を自分たちの手でつくっていく活動が児童会・生徒会活動であり，そうした活動を通して「自治的能力」を育成する。学校や教師が提供した活動に漫然と「参加」するのでは，自分たちで企画し，運営する自治的な活動とはならない。自分たちの問題を見つけ，解決のために計画を立て，役割を分担し合うなど，積極的に「参画」できるように指導し，自分たちのことは自分たちで考え，実行するという社会生活に必要な公民としての資質や能力を養う。

（2）望ましい人間関係の形成

　児童会・生徒会活動では，いじめの撲滅や学校秩序の改善など，学校生活の充実や改善に関する多様な話合い活動を通して，児童生徒の意見発表力などを養い，実践力の育成を図ることが大切である。また，集団における実際の活動を通して児童会・生徒会の組織の一員としての自覚と責任をもち，話合い活動により総意の下に共に協力して取り組み，学年や学級の枠を超えて信頼し，支え合おうとする「望ましい人間関係」を形成する態度を育成する。

（3）社会性の育成

　集団生活の規律を遵守する活動を通して規範意識の向上を図り，組織的な活動や話合い活動等を通して，民主的なルールを学ぶ機会となる。様々な年齢，経験，環境にいる児童生徒が存在する児童会・生徒会活動では，様々な問題が生じ，その問題を解決する経験の積み重ねが重要である。形式的な話合いではなく，現実の子どもの社会で起こる様々な問題を皆で真剣に考え，対応することを通して，人との関わり方などの「社会性」を育成する。

（4）自主的，実践的な態度の育成

　児童生徒が主体的に考え，判断し，自主的に実践し，活動の達成感や成就感等を味わうことを通して，進んで社会や公共のために尽くそうとする「自主的，実践的な態度」を養う。そのためには，教師が児童生徒の活動状況について適切に評価するとともに，各学級や児童生徒一人一人のもつ意見や問題等が活動に十分反映されることが大切である。

（5）学校の特色づくり

　愛校心や学校への所属意識を高め，よりよい校風の確立と学校の伝統を継承し，それをさらに発展させようとすることで，学校の特色づくりにつながる。また，集会活動や学校行事などの企画・運営に関する活動を通して，児童会・生徒会それぞれの組織におけるリーダーの資質や能力を伸長し，フォロアーを育成することが期待できる。

3　児童会活動の内容と組織

（1）児童会活動の内容

　小学校学習指導要領では「学校の全児童をもって組織する児童会において，次の各活動を通して，それぞれの活動の意義及び活動を行う上で必要となることについて理解し，主体的に考えて実践できるよう指導する。」として，以下の三つが示されている。いずれの活動も，児童の自発的，自治的な活動が展開されるよう，組織を編成し，学級活動や学校行事との関連を図ることが大切である。

① 　児童会の組織づくりと児童会活動の計画や運営

　具体的には，代表委員会や各委員会における年間や学期，月ごとの活動計画を立てる，活動に必要な組織を設置する，役割を分担する，児童会役員や児童会計画委員を選出するなどの活動である。こうした活動の計画や運営は，代表委員会や各委員会だけで実践するのではなく，各学級においても，学校生活の課題を見出し，解決するために話し合い，合意形成を図り，自分たちで決めたことに協力するよう指導し，学級活動と児童会活動を連携させることが大切である。これらの経験が自己有用感を高め，主権者として進んで社会参加するための資質・能力を育成することにつながる。

② 　異年齢集団による交流

　児童会が計画や運営を行う集会等の活動において，学年や学級の異なる児童と楽しくふれあい，協力して活動するなどの交流を図る。異年齢集団による活動では，上級生が下級生に教えながら自分たちで活動できるような環境を整える。上級生のリーダー経験は，自信や自覚を高めることにつながる。下級生にとっては，上級生に対する親しみや憧れ，尊敬の気持ちにつながり，自分もそうなりたいという思いや願いが学校生活の目標や希望となる。

③ 　学校行事への協力

　学校行事の内容や特質に応じて，児童会としてどのような協力が行事の充実につながるかを考え，児童会の組織の活用や，計画の一部を担当し学校行事の運営に協力するものである。学芸会や運動会，遠足や集団宿泊的行事に，児童の発意・発想を生かした計画・実施，各委員会の活動内容を生かした活動を通して，よりよい学校づくり，児童相互の連帯感が深まることなどが期待できる。

（2）児童会活動の組織と役割

　小学校学習指導要領では「児童会の計画や運営は，主として高学年の児童が行うこと。その際，学校の全児童が主体的に活動に参加できるものとなるよう配慮すること。」と示している。主として集団活動の経験を積んできた高学年が計画や運営をリードするが，全児童が主体的に参加できるように工夫する必要がある。

児童会の一般的な組織としては，次の三つに大別できる。

ア　代表委員会

　主として高学年の学級代表，各委員会の代表，必要に応じてクラブ代表などが参加し，学校生活を共に楽しく豊かにするための集団生活や人間関係などの問題について話し合い，解決を図るために活動する。代表委員会で話し合う議題は，児童会が主催する集会の計画，全校に関わる生活をよりよくするための約束や，「１年生を迎える会を開こう」「雨の日の過ごし方を決めよう」「６年生を送る会を開こう」などが考えられる。代表委員会における話合いの計画や運営する組織として「児童会計画委員会」(運営委員会) の設置も工夫できる。

　低学年は学級代表が参加しないため，代表委員会の活動内容が伝わり，低学年の意見も児童会に反映されるよう，低学年の学級と代表委員会の連携を密にすることが必要である。

イ　各委員会

　主として高学年の児童が委員会に分かれて，学校生活を楽しく豊かにするために，また全校の仕事を分担処理するために活動する。各委員会が，それぞれの活動計画に基づいて創意工夫した自発的，自治的な活動が展開される。委員会は，学校の規模や地域の実態に応じて設置されるが，集会，新聞，放送，図書，環境美化，飼育栽培，健康，福祉ボランティア等が考えられる。各委員会は委員によって互選された委員長，副委員長，書記などを中心にして運営されるが，小規模校の場合は，中学年の児童の参加も考えられる。

　委員会活動の指導に当たっては，各委員会から代表委員会に議題を提案したり，児童会集会で委員会からのお知らせを行うなど，代表委員会や児童会集会との関連を図ることが大切である。

ウ　児童会集会

　児童会が主催する集会活動で，全校児童で行う，複数学年の児童で行う，同一学年の児童で行うなどの形態が考えられる。活動内容も，学校生活の充実を目指す活動，好ましい人間関係を深める活動，環境の保全や美化を図る活動など，学校の特色ある活動が行われる。具体的には，あいさつ運動や子どもの日や開校記念日などに全校で行う異年齢集団活動やクイズ，ゲームなどの活動のほか，児童会活動で取り組むいじめ防止に資するキャンペーンや意見募集，標語やポスターの掲出など，多様な活動が考えられる。

　運営は，代表委員会や集会委員会が中心となるが，内容によっては実行委員会が組織される場合もある。いずれも児童の自発的，自治的な活動として行われるもので，教師が計画して実施する学校行事とは異なることに留意する。

4 生徒会活動の内容と組織

（1）生徒会活動の内容

　中学校学習指導要領では「学校の全生徒をもって組織する生徒会において，次の各活動を通して，それぞれの活動の意義及び活動を行う上で必要となることについて理解し，主体的に考えて実践できるよう指導する。」として，以下の三つが示されている。

　いずれの活動も教師の適切な指導のもと，生徒の自発的，自治的な活動が効果的に展開されるようにする。その際，民主的な手続きとしての話合い活動により集団の意見をまとめること，学校生活に必要なきまりを自分たちでつくって守ること，他の学年や学校外の人との関わりを通して，よりよい人間関係づくりを形成することなどに配慮するとともに，学級活動や学校行事との関連を図るようにする。

① 　生徒会の組織づくりと生徒会活動の計画や運営

　生徒会活動には生徒会行事などの生徒会による直接的な活動の企画・立案，実施（運営），生徒会規則や組織の改廃，役員を含む各種の委員の選出，実施の中心となる各種の委員会活動などがある。生徒会活動において，学校生活の改善を図り，継続的に取り組む主な活動としては，次のような活動が考えられる。

　　○ 　学校生活における規律とよき文化・校風の発展に関わる活動
　　　　生徒集会（朝会），あいさつ運動，部活動紹介や成果報告など
　　○ 　環境の保全や美化のための活動
　　　　校内の美化活動，地域清掃，緑化運動，リサイクル運動など
　　○ 　生徒の教養や情操の向上のための活動
　　　　学校新聞や生徒会誌の編集発行，音楽鑑賞会，各種の文化的発表会など
　　○ 　よりよい人間関係を形成するための活動
　　　　新入生歓迎会，3年生を送る会，校内球技大会，校内コンクールなど
　　○ 　身近な課題等の解決を図る活動
　　　　通学マナー向上運動，いじめ防止につながるキャンペーンや意見募集など

　その他，生徒の諸活動の連絡・調整として，生徒会行事との関わりにおける各学級との連絡・調整，部活動の活動計画，利用する施設設備や時間の調整なども含まれる。

② 　学校行事への協力

　文化祭や体育祭，合唱コンクールなど，各種の学校行事に向けて，その内容や特質に応じた実行委員会等を組織して，話し合い，協力して実践する。また，委員会活動へそれぞれの行事の内容に応じて，計画や実施に積極的に協力し，参加するよう指導する。

こうした活動は，学校内外の広範囲な活動となるため，地域における大人や幼児，高齢者，障がいのある人々など，多様な他者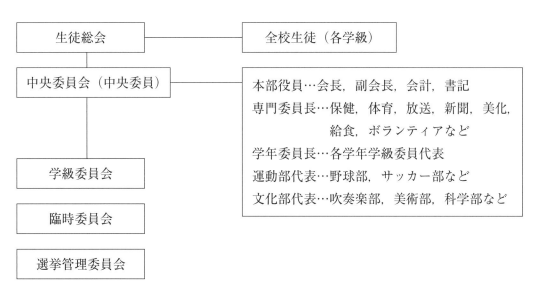との人間関係を形成する態度やコミュニケーション能力の育成，障がい者理解や社会的なルールやマナーを学ぶ機会となり，豊かな社会性の育成が期待できる。

③　ボランティア活動などの社会参画

　学校内外のボランティア活動や社会的活動（地域の文化・スポーツ行事，防災や防犯，交通安全活動），地域の人々との交流，協働学習などの社会貢献や社会参画に関する活動は，生徒の自己有用感や学習意欲の向上が期待できるだけでなく，地域社会の形成者であるという自覚と役割意識を深め，豊かな人間性を培い，自己実現に向かって人生を切り拓く力をはぐくむことが期待できる。

　こうした多様な学校内外の活動には，学校の教職員の共通理解と指導とともに，家庭や地域との連携が不可欠である。また，生徒会活動は学校教育の一環であるため政治的中立が求められることに留意する。

（２）生徒会活動の組織と役割

　生徒会活動においては，小学校の児童会活動で身に付けた資質・能力を基礎にし，生徒の自発的，自治的に活動する態度や能力を高めることが求められる。

　生徒会活動は，各学校の実情に即して組織されるが，一般的には次のような組織が考えられる。

図５−１　生徒会組織図例

ア　生徒総会

　生徒総会は，全校生徒による生徒会の最高審議機関であり，年間の活動計画や予算の決定，活動結果及び決算の報告や承認，生徒会規約の改廃などを全校生徒が参加して審議する。

イ　中央委員会（生徒評議会など）

　中央委員会は，生徒総会に次ぐ審議機関であり，生徒会役員のほか，学級や各種の委員会の代表が参加し，生徒会の提出する議案の審議，学級や各種の委員会から出される諸問題の解決，学級活動や部活動等に関する連絡調整など，生徒会活動に関わる種々の計画や実施について審議する。

ウ　生徒会役員会（本部役員会・執行部など）

　生徒会役員会は，全校生徒による選挙により選出された生徒会長，副会長，書記，会計等から構成されるのが一般的である。年間の活動計画の企画・立案，審議議案の作成・提出，各種の委員会の招集など，生徒会全体の運営や執行に当たるだけでなく，あいさつ運動や地域清掃などの様々な取組の推進的役割や生徒の活動の様子を情報発信する活動などを担う。

エ　各種委員会

　各種委員会には常設の委員会と臨時的に設ける特別委員会がある。例えば，生活規律に関する委員会（生活委員会など），健康・安全や学校給食に関する委員会（体育委員会，保健委員会，給食委員会など），環境美化に関する委員会（整美委員会など）などのほか，体育祭や文化祭，合唱コンクールなどの実行委員会などがあり，生徒会活動における実践的活動の推進などを担う。

（3）生徒会活動の活性化

　例年と同じ活動の繰り返しや不十分な話合いのまま議案が決められていくといったマンネリ化や停滞を防ぎ，全校生徒の生徒会に対する関心を高め，意欲的に活動できるよう，学級活動と連携して生徒会活動の活性化を図ることが必要である。

　そのためには，委員会活動の指導計画の作成に当たり，個々の生徒の考えや発想が十分に反映されるよう配慮し，学校や地域の実態を踏まえた上で，中央委員会活動，役員会の活動，学校行事，部活動などとの関連を図って作成する。また，生徒の自主的，実践的な活動を助長するためには，生徒自身が活動の計画を立てて実践することが大切であることから，各学級の意見などを取り入れた活動計画を作成する。各委員会等の活動内容は，具体的で分かりやすいこと，継続して実践できること，創意工夫されていること，などに留意する。また，生徒会活動の活性化のためには，生徒会から学校に対して提案し，それが実現できるように配慮することも大切である。

活気ある明るい学校をつくるためには，次のような点から生徒会活動を見直して
みることも必要である。

- ☐ 学級における委員の選出の仕方に問題はないか。
- ☐ 全校生徒の意見が反映される組織になっているか。
- ☐ 定例の委員会活動が活動計画に沿って適切に運営されているか。
- ☐ 担当教員の委員会活動に対する姿勢に問題はないか。
- ☐ 活動内容・成果に関する広報活動が適切に行われているか。

5 指導計画と指導上の配慮事項

　児童会・生徒会活動は，それぞれの学習指導要領に基づいて，①学校の創意工夫
を生かす，②学校，地域の実態や児童生徒の発達の段階を考慮する，③児童生徒に
よる自主的，実践的な活動を助長する，などの点に配慮して，指導計画を作成する
ことが求められる。

（1）児童会・生徒会活動の授業時数

　指導計画の作成に当たっては，はじめに必要な授業時数を設定することが必要で
ある。

　児童会・生徒会活動の授業時数については，小学校，中学校の学習指導要領総則
の〔授業時数等の取扱い〕において，「内容に応じ，年間，学期ごと，月ごとなどに
適切な授業時数を充てるものとする。」と示されており，各学校の実態に即して適
切な授業時数を設定することになる。

　学校によっては，時間確保が難しい状況もみられるが，委員会活動の話合いの時
間を放課後や昼休みに設定するなど，それぞれの活動に必要な時間や機会・場の確
保ならびに準備に充てる時間について工夫することが大切である。また，社会参画
に必要な態度，資質・能力を育成する主権者教育③の観点から，児童会・生徒会の
役員選挙は重要な機会となるため，選挙規則の周知，立候補等の方法，選挙活動，
立会演説会，投開票などについて，児童生徒の発達段階を踏まえた事前指導等に必
要な時間を充てるよう配慮する。

　学校の創意工夫によって，児童生徒にとってゆとりのある活動，年間を通した計
画的な活動が展開され，児童会・生徒会活動の活性化にもつながる。

（2）指導計画と活動計画

　児童会・生徒会活動の指導計画には，一般的に次のような形態がある。

- ア　年間にわたる学校全体の計画（全体計画）
- イ　全体計画に基づき内容や学年ごとに調整される学期や月ごとの計画
- ウ　1単位時間または活動単位ごとの計画

表5－1　全体計画例

月	生徒会関係行事	生徒会役員	生徒評議会	各種の委員会	指導上の留意点	学級との関係
4	新入生歓迎会	○役員組織の確認 ・運営役割の確認 ・生徒会組織の説明 ・各種委員会の説明 ・部活動説明会 等 ・総会原案作成 ・総会資料準備 ○離任式の準備	○生徒総会準備	○組織づくり ○正副委員長選出 ○活動計画と予算案の作成 ○生徒総会準備	※生徒の企画・運営を支える。 ※委員長等の選出は安易にならないように指導する。 ※活動を確かなものとするため自己評価カード等を準備する。	○新入生歓迎メッセージの作成 ○新入生の教室整備 ○生徒総会議案書の精読 ○生徒総会質問事項の提出
5	生徒総会	○生徒総会の運営 ○生徒総会の反省 ○生徒集会	○生徒総会 ○各種委員会の連絡調整 ○月例評議会	○生徒総会 ○活動計画の実施	※総会審議の意義を理解させて準備を進めさせる。	○生徒総会
6	壮行会	○壮行会の準備 ○生徒集会	○月例評議会 ○生徒集会参画	○生徒集会参画	※壮行会で各部長が決意表明できるよう各顧問が指導に当たる。 ※生徒集会で各委員会が報告や提案を主体的にできるよう指導する。	○壮行会参加
	クリーン作戦	○クリーン作戦補助		○クリーン作戦の計画と実施	※担当専門委員会が連携してクリーン作戦の準備と運営ができるよう指導する。	○クリーン作戦への参加

　一方，活動計画は児童生徒による企画に基づき，児童生徒の自主的，実践的な活動を助長するものであるから，児童会・生徒会活動の運営に当たっては，児童生徒による活動計画の立案を促すことが大切になる。その際，指導計画の内容を児童生徒に示すが，例えば，大枠として示したり，参考として示したり，部分的協力や選択をさせるといった多様な示し方が考えられる。また，児童生徒が企画・立案した活動計画を全校の児童生徒に周知する機会や方法についても配慮する必要がある。

　いずれにせよ，児童生徒の側にも活動の企画・計画があることを教師の指導計画に位置付けることが通常の教科の指導とは異なる。

（3）指導上の留意点

　児童会・生徒会活動の指導に当たっては，以下のような点に配慮する。

①　教師の適切な指導

　児童生徒が希望する活動内容などをくみ取り，児童生徒の活動意欲を高め，自主的態度を育成するよう心掛けることが大切である。しかし，いくら児童生徒の自発的，自治的な活動だからといって，すべてを児童生徒に任せたり，教師による強制や過剰な指導であっては，児童生徒の望ましい成長は期待できない。児童会・生徒会活動も各教科と同様に学習活動である以上，教師の適切な指導の下で活動が展開

されなければならない。あわせて，児童会・生徒会活動には一定の制限や範囲があることを理解させて活動することが大切である。

教師が指導すべき内容としては，以下のようなことが考えられる。

○活動計画立案の支援

各活動の意義や役割の理解を図るため，次の観点から検討するよう指導すると効果的である。

・Why：【目的】何のために行うのか
・When：【日程】いつ行うのか
・Where：【場所】どこで行うのか
・What：【内容】何を行うのか
・Who：【活動主体や役割分担】誰が（と）行うのか
・How：【方法】どのように行うのか

○学校内外の関係機関との連携

校内の教職員だけでなく，日頃から地域の関係機関や団体等との情報交換や連絡調整に努め，場合によっては事前に活動の了解を得るようにする。

○活動に必要な条件の整備

活動に必要な情報を提供したり，機材や資料等を確保したりして条件を整える。学校等から借用する場合は教員が責任者となる。

○事故防止と緊急時の対応

校外で活動する場合は，事前の点検や下見，活動中の監督と指導，緊急時の対応など，事故防止と対応に万全を期す。

○活動記録の保管

児童生徒の企画の段階から記録を残し，評価や反省の材料として活用する。記録は教師だけでなく，児童生徒も見ることができるようにし，事後の評価が次の計画の改善に反映されるようにする。

② 事前指導と事後指導

ア 事前指導

活動に当たって必要とされる知識や技能を身に付けたり，ボランティア活動のように人間を対象とする活動では，特に事前指導が必要である。

例えば，ボランティア活動では，ノーマライゼーションの考え方や人権尊重の精神を培うなど，障がい者理解及び人間理解を深めさせることがポイントとなる。その際，視聴覚機器を活用したり，関係者による講話・講演を用いて，頭で理解するのではなく，目や肌で理解するような工夫も考えられる。車椅子の扱い方，視覚障がい者の誘導，高齢者とのコミュニケーションの取り方といった，相

手との接触の仕方を指導する必要がある。

　また，児童会・生徒会活動では民主的な手続きによる話合い活動が重要であるため，活動のはじめに話合い活動の意義や内容，方法，手順などを共通に理解できるような指導も大切となる。児童会・生徒会の役員，各種の委員会の委員長等がリーダーシップを発揮して話合い活動が進められるよう，リーダー研修や会議運営の講習等の実施といった指導も考えられる。

　イ　事後指導

　事後指導は，事前指導に比べ軽視されがちだが，活動を児童生徒が振り返り，自身で評価することを通して次の活動の意欲・改善につなげるようにする。また，児童生徒の活動成果の発表の機会を設け，それぞれの活動を通して得た成果を他の児童生徒と共有することで，活動が定着し，充実・発展することが期待できる。

　例えば評価表などを用いて失敗や問題点などを反省すると同時に，よかった点にも気付かせ，次の活動に活かすよう指導する。また学校全体や学年・学級でのグループや個人による活動報告，成果発表や情報交換の開催も工夫できる。活動後の学校外の協力者，施設や機関に対する礼状などの指導も必要である。

③　主権者教育の充実

　平成28年8月の中央教育審議会の「次期学習指導要領等に向けたこれまでの審議のまとめ」によれば，次代の社会を形成することに向けた現代的な諸課題に対応して求められる資質・能力の一つに「主権者として求められる力」が考えられるとされ，小・中学校の学習指導要領では，主権者教育の充実が重要事項として挙げられている。

　日本国民は，満18歳になった時に選挙権を有し，政治参加の担い手となる。こうしたことを踏まえ，児童会・生徒会の役員等の選出に当たって，実際の選挙で使用する記載台や投票箱を使って選挙を体験する取組も行われている。しかし，主権者教育は，単に選挙における投票方法や政治の知識を学ぶだけではなく，児童生徒が参画や自治を体験しながら学ぶ仕組みが必要である。政治を身近なものにするためにも，自分たちの実生活の中で問題解決に取り組み，自らの問題とすることが大切であり，児童生徒がそれを体験するには，学校生活の改善・向上を目指して，自分たちで解決策やルールを考える児童会・生徒会活動は絶好の機会となる。

　主権者教育の充実に向けて，狭義の政治について教えることだけではなく，児童生徒がそれぞれの教室内外にある身近なテーマで「意思決定への参加」体験を重ねることが大切である。

児童会・生徒会活動の実践

Q 委員会を担当する教員として一つ選び，指導（活動）計画を立ててみよう。

校種（ 小学校 ・ 中学校 ・ 高等学校 ） 委員会名（　　　　　　　　　　　　　）	指導（活動）目標・方針

	時期	指導（活動）内容	手順・方法
具体的な指導（活動）及び手順・方法			

第3節　クラブ活動の実践

　クラブ活動は，主として第4学年以上の児童同士が共通の興味・関心を追求する活動であり，その運営は児童の自発的，自治的🔲な活動を通して行われるようにすることが大切である。教師には，学習過程を通して適切な指導が求められる。

1　クラブ活動の目標と内容
（1）クラブ活動の目標
　クラブ活動の目標は，小学校学習指導要領に次のように示されている。

> 　異年齢の児童同士で協力し，共通の興味・関心を追求する集団活動の計画を立てて運営することに自主的，実践的に取り組むことを通して，個性の伸長を図りながら，第1の目標に掲げる資質・能力を育成することを目指す。

　クラブ活動の目標の特質は，「異年齢の児童で協力する」こと，「共通の興味・関心を追求する集団活動の計画を立てて運営することに自主的，実践的🔲に取り組む」こと，「個性の伸長を図る」こと，「第1の目標に掲げる資質・能力を育成する」ことである。
　特に，「個性の伸長を図る」ことは，自己の興味・関心を自覚し，そのよさや可能性を将来にわたって追求しようとする態度を助長することなので，重視したい。
　また，クラブ活動において，「第1の目標に掲げる資質・能力を育成する」ためには，例えば次のような資質・能力の育成を目指すことが重要であると，学習指導要領解説に示されているので，その意味を理解して取り組んでいきたい。

○　同好の仲間で行う集団活動を通して興味・関心を追求することのよさや意義について理解するとともに，活動に必要なことを理解し活動の仕方を身に付けるようにする。

○　共通の興味・関心を追求する活動を楽しく豊かにするための課題を見いだし，解決するために話し合い，合意形成を図ったり，意思決定したり，人間関係をよりよく形成したりすることができるようにする。

○　クラブ活動を通して身に付けたことを生かして，協力して目標を達成しようとしたり，現在や将来の生活に自分のよさや可能性を生かそうとしたりする態度を養う。

　これらの資質・能力をクラブ活動ではぐくむことが，第1の目標に掲げる資質・能力の育成へとつながるのである。

（2）クラブ活動の教育的意義

　クラブ活動には，次のような教育的意義があると考えられる。

①　学級，学年を離れて興味・関心を追求し，それをさらに伸ばす。

②　個性を発見し，それをさらに伸ばす。

③　教師と児童及び児童相互が人間的にふれあい，人間関係を育てる。

④　個々人の基本的な要求を充足させる過程で，自発的，自治的な態度や能力，自主的，実践的な態度や能力を育てる。

⑤　心身の健康を増進させる。

⑥　公正心，責任感，連帯感，秩序ある態度などを育てる。

　これらの教育的意義ついては，中学校及び高等学校の教育課程外で行われる部活動と変わりはない。どちらも学校における重要な教育活動である。

　クラブ活動で，興味・関心を追求する活動に取り組み，自己理解🔟を深めることで，中学校に進学した後に，興味・関心を生かして部活動や地域の活動に積極的に参加し，将来的には進路選択などにもつながることが期待できる。

　ここで，クラブ活動と部活動の主な違いについて簡単にまとめておく。

①　クラブ活動は教育課程内の活動であるが，部活動は教育課程外の活動である。

②　クラブ活動は対象となる児童が全員参加するが，部活動は希望制である。

③　クラブ活動は成績評価の対象となるが，部活動はならない。

④　部活動は対外的な活動が行われるものがある。

⑤　部活動は公費以外でまかなわれることがある。

⑥　部活動では特技が重視される。

（3）クラブ活動の内容

　クラブ活動の内容については，学習指導要領に「1の資質・能力を育成するため，主として第4学年以上の同好の児童をもって組織するクラブにおいて，次の各活動を通して，それぞれの活動の意義及び活動を行う上で必要となることについて理解し，主体的に考えて実践できるようにする」として，次の3点が示されている。

①　クラブの組織づくりとクラブ活動の計画や運営

　教師の適切な指導の下，自発的，自治的に運営していくためには，所属するクラブ員全員で，クラブの目標や活動計画を立て，役割を分担して協力して活動する。

②　クラブを楽しむ活動

　クラブ員と協力して，創意工夫を生かしながら，共通の興味・関心を追求し，楽しむ活動である。クラブ活動のほとんどの時間がこの活動である。

③　クラブの成果の発表

　クラブの成果を，全校児童や地域の人々に発表する活動である。

2　クラブ活動の指導計画の作成と内容の取扱い

（1）指導計画の作成

　指導計画には，クラブ活動の年間指導計画，クラブごとの年間指導計画，クラブごとの年間活動計画，1単位時間の指導計画，1単位時間の活動計画などがある。

① 　学校が作成するクラブ活動の年間指導計画

　この年間指導計画は，校務分掌で位置付けられた特別活動（クラブ活動）の担当教師が中心となり，全教職員が関わって作成する。クラブ活動で育成を目指す資質・能力については，全教職員で共通理解を図り，指導に当たることが大切である。

ア　年間指導計画作成上の主な留意点

○　学級や学校の実態や児童の発達の段階などを考慮し，児童による自主的，実践的な活動が助長されるようにすること。

○　内容相互，各教科，道徳科，外国語活動及び総合的な学習の時間などの指導との関連を図ること。

○　家庭や地域の人々との連携，社会教育施設等の活用を工夫すること。

イ　年間指導計画に示す内容

○　学校におけるクラブ活動の目標，指導の方針

○　クラブの組織と構成

○　活動時間の設定

○　年間に予想される主な活動

○　活動に必要な備品，消耗品

○　活動場所

○　指導上の留意点

○　クラブを指導する教師の指導体制

○　評価の観点と方法　など

② 　クラブごとの年間指導計画

　この年間指導計画は，クラブを担当する教師が，クラブ活動の年間指導計画を踏まえて，児童の活動希望を取り入れながら作成する。指導目標の達成を目指して，年間を見通して，活動内容，指導上の留意点，評価等を明示しておきたい。

　この年間指導計画を作成する際には，以下の点に留意したい。

○　活動の内容は，児童の希望を可能な限り受け入れること。

○　児童の自発的，自治的な活動を育てるということを踏まえること。

○　児童が作成する年間活動計画の基盤になるということを踏まえること。

③ 　クラブごとの年間活動計画

　この年間活動計画は，教師の指導の下，児童が作成することになる。

年間活動計画に示す内容には，例えば，次のようなものが考えられる。

○　活動の目標

○　学期ごと，あるいは月ごとの活動内容

○　役割分担

○　準備するもの　など

④　1単位時間の指導計画と1単位時間の活動計画

　1単位時間の指導計画は，年間指導計画を踏まえてクラブを担当する教師が作成する。内容としては，活動名，活動設定の理由，指導のねらい，評価規準，事前の活動，当日の活動，事後の活動などを示すことになるが，当日の活動には，児童の活動と指導上の留意点，目指す児童の姿（評価規準）などを明示したい。少なくとも本時の活動を行う前には，指導のねらい，活動内容，目指す児童の姿を明確にして授業に臨みたい。

　1単位時間の活動計画は，年間活動計画を基に，クラブの役員が中心になり作成されることになるが，本時の活動の目標，活動内容を明確にしておきたい。

⑤　クラブ活動の授業時数

　クラブ活動の授業時数については，クラブ活動の特質である「児童の自発的，自治的な活動」を効果的に展開するために，各学校が必要と思われる授業時数を「年間，学期ごと，月ごとなどに適切に設定する」と，学習指導要領解説に示されているが，平成27年度の「公立小・中学校における教育課程の編成・実施状況調査（小学校数19,985校　文部科学省）」によると，クラブ活動の授業時数は，小学校5年で，6〜10時間が40.4％，11〜15時間が35.2％と，あまりにも少ない。

　クラブ活動の授業時数は，児童会活動，学校行事の授業時数と同様に，標準授業時数の枠外で設定しなければならないので，各学校においては，それぞれの授業時数が適切に配当されているか見直す必要がある。

（2）内容の取扱い

　クラブ活動の内容の取扱いについては，以下の点に留意して活動を充実させたい。

①　児童の自発的，自治的な活動が効果的に展開できるようにする

　クラブ活動を効果的に展開するためには，指導体制の確立，クラブの児童への積極的な関わり，児童主体の楽しいクラブづくりへの援助，6年生児童と下級生児童への配慮，自治的な活動として任せきれない条件の明示など，工夫していきたい。

②　内容相互の関連を図るよう工夫する

　クラブ活動においては，学級活動や児童会活動と関連させて，自発的，自治的な活動が，一層効果的に展開できるように指導することが望まれる。また，各教科等の学びを生かしたり，自主的，実践的な学びを各教科等で生かすことも大切である。

3 クラブ活動の学習過程と年間指導計画

以下に，クラブ活動の学習過程（例）と，学校が作成する年間指導計画（例）を示す。

（1）クラブ活動の学習過程（例）

① 年間を通した一連の学習過程

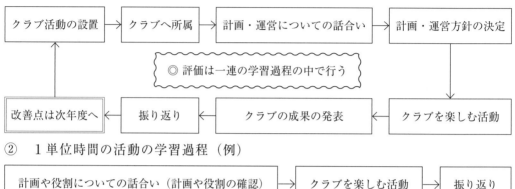

② 1単位時間の活動の学習過程（例）

◎ 評価は一連の学習過程の中で行う

（2）学校が作成するクラブ活動の年間指導計画（例）

本校のクラブ活動の目標	異年齢の児童同士で協力し，共通の興味・関心を追求する中で，個性の伸長を図り，自発的，自治的な態度や自主的，実践的な態度を育てる。	
クラブ活動で育成を目指す資質・能力	○興味・関心を追求するよさを理解し，活動方法を身に付けるようにする。 ○課題を見いだし，合意形成したり意思決定したりできるようにする。 ○協力したり，自分のよさや可能性を生かそうとしたりする態度を養う。	

学期	予想される主な活動内容	指導上の留意事項
1	○自己紹介と役員の選出　☆評価規準に基づく評価 ○年間活動計画の作成 ○活動の実施 ○1学期のまとめと反省	・6年生にリーダーシップを発揮して下級生をまとめるよう指導する。 ・活動の内容，きまりなどについて，よく話し合うよう指導する。
2	○活動計画の確認 ○活動の実施 ○2学期のまとめと反省	・年間，学期ごとの活動計画を立てるとともに，1単位時間の活動内容についても確認するようにする。
3	○活動計画の確認 ○活動の実施 ○クラブ発表会の準備，クラブ発表会 ○1年間のまとめと反省	・各自めあてをもって活動できるようにする。 ・児童一人一人の楽しんでいる姿，努力している姿を積極的に評価する。

クラブ名	予想される主な活動	活動場所	備品・消耗品等
演劇	クラブ発表会に向けて計画的に練習する。	体育館（ステージ）	演劇の台本，小道具
ソフトボール	ルールを決め，楽しく活動する。	校庭東側	バット，グローブ，ボール
科学	様々な観察や実験をする。	理科室	観察用具，実験器具

Q 担当したいクラブを決め，年間指導計画を作成してみよう。

（　　　　　　　　）クラブ年間指導計画		活動場所（　　　　　）		クラブ員（　　）名	
指導のねらい					

学期	回数 （月／日）	予想される活動	指導上の留意事項	備品等	目指す児童の姿 （観点）［評価方法］

127

第**4**節　学校行事の実践

　学校行事は人々が学校生活を振り返るとき，最も印象に残り，思い出深い教育活動である。それぞれの学校は，児童生徒や学校，地域の実態に応じた特色ある教育活動として学校行事を創り上げる。それには，児童生徒の学校生活を豊かにしたり，校風や伝統として持続的な文化や人間関係を築いたり，地域と学校の交流を広げたりする教育的意義がある。

1　学校行事の目標と内容
（1）学校行事の目標

　学校行事のねらいや意義を明確にするため，学校行事の目標は小・中学校学習指導要領に次のように示されている。

> 　全校又は学年の児童※で協力し，よりよい学校生活を築くための体験的な活動を通して，集団への所属感や連帯感を深め，公共の精神を養いながら，第1の目標に掲げる資質・能力を育成することを目指す。
>
> 　　　　　※中学校は「生徒」，高校は「全校若しくは学年又はそれらに準ずる集団」

　学校行事は，全校や学年という大きな集団を単位として，多様な体験的活動を行う教育活動である。学年を超えた異年齢集団である全校の児童生徒や学級の枠を超えた同じ学年の児童生徒が，事前準備から当日の実施までの長期間にわたり，それぞれの役割を果たし，目標達成に向けて一体となって取り組み，充実感や達成感を味わい，集団の一員としての「所属感と連帯感を深め」ていくのである。

　また，学校行事の活動は，学校内にとどまらず地域・社会との関連を図りながら実施されることが多く，公共の場において，社会の一員としての自覚に基づいた規律ある行動が求められるので，このことを通して「公共の精神を養う」ことにつながる。

　学校行事への取組は，「よりよい学校生活を築くための体験的な活動」であり，集団の規模や活動内容から，活動そのものが学校教育の姿であり，児童生徒はその体験を通して，よりよい学校を築くための行動の仕方や態度を学ぶのである。

　学校行事の特質及び教育的意義を整理すると以下のようなことが挙げられる。

① 　多彩な内容をもつ総合的，体験的な教育活動である。

・各学校の実態に即した特色ある活動であること，各教科等の学習成果を生かし総合的に発展させる活動であること，自然体験や社会体験など多彩な活動であることなど

② 学校生活をより豊かで充実したものにし，学校への愛着をはぐくむ教育活動である。

・学校生活に変化と色彩を与え，折り目を付け，生活をより豊かで充実したものにすること，校風や伝統づくりなどを通して学校や地域への愛着をはぐくむことなど

③ より大きな集団で幅広い人間関係を通して学ぶ活動である。

・幅広い児童間・生徒間の交流や人間関係を経験し，集団への所属感・連帯感を培うこと，地域の人々や社会との交流や活動を通した人間関係づくりや社会性の育成を図ることなど

④ 学校行事への参加を通して行われる自主的，実践的な教育活動である。

・児童生徒による自発的な活動を取り入れることにより，積極的な参加を促し，協力的な態度を養うことなど

（2）学校行事において育成される資質・能力

学校行事の実施に当たっては，児童生徒の積極的な参画を促し，活動を通して児童生徒に次のような資質・能力を身に付けさせていくことが大切である。

○各学校行事の意義について理解するとともに，行事における活動のために必要なことを理解し規律ある行動の仕方や習慣を身に付けるようにする。

○学校行事を通して集団や自己の生活上の課題を結び付け，人間としての生き方について考えを深め，場面に応じた適切な判断をしたり，人間関係や集団をよりよくしたりすることができるようにする。

○学校行事を通して身に付けたことを生かして，集団や社会の形成者としての自覚を持って多様な他者を尊重しながら協働し，公共の精神を養い，よりよい生活をつくろうとする態度を養う。

『中学校学習指導要領解説　特別活動編』(文部科学省　平成29年)

（3）学校行事の内容

学校行事には，教育的意義と内容から，①儀式的行事　②文化的行事　③健康安全・体育的行事　④遠足（旅行）・集団宿泊的行事　⑤勤労生産・奉仕的行事の5種類がある。

[各学校行事のねらいと内容]

それぞれの種類の学校行事のねらいや内容，実施上の留意点は次のとおりである。

① 儀式的行事

　学校生活に有意義な変化や折り目を付け，厳粛で清新な気分を味わい，新しい生活の展開への動機付けとなるようにすること。

［行事例］

入学式，卒業式，始業式，終業式，
修了式，立志式，開校記念に関する儀式，
新任式，離任式，新入生と対面式，朝会など

［卒業式］
厳粛な雰囲気を大切にし，感謝と前途を祝う学校生活の有終を飾る学校行事

［指導上の留意点］

・個々の行事のねらいや意義を十分に理解させる。
・できる限り児童生徒に役割を分担し，使命感や責任感の重要さを自覚させる。
・いたずらに形式に流されたり，厳粛な雰囲気を損なうことのないようにする。
・儀式の種類により，学校や地域社会の一員としての連帯感，国民としての自覚，国際理解や人類愛の精神などを涵養する。
・入学式や卒業式などにおいては，国旗を掲揚し，国歌を斉唱する。　など

② 文化的行事

　平素の学習活動の成果を発表し，自己の向上の意欲を一層高めたり，文化や芸術に親しんだりするようにすること。

［行事例］

学習や活動の成果の発表：学芸会，展覧会，
クラブ（部活動）発表会，文化祭，学習発表会，音楽会（合唱祭），作品展示会など
作品や催し物の鑑賞：音楽鑑賞会，映画や演劇の鑑賞会，伝統芸能等の鑑賞会や講演会，美術館見学など

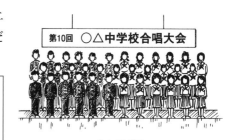

［合唱祭］
児童生徒の主体的な運営を援助し，日常の学習や活動の成果を生かすとともに，学級の団結をはぐくむ学校行事

［指導上の留意点］

・日頃の学習成果の発表を通して，習得した知識や技能を深める。
・発表力を高めるとともに，他者の発表等を聞く際などの望ましい態度を養う。
・目標を協力してやり遂げるなどの成就感や連帯感，責任感と協力の態度を養う。
・本物の文化や芸術に直接触れる体験を通し，情操や教養を高める。
・児童生徒の希望や意見を生かし，計画の立案など意欲的な活動を援助する。など

③　健康安全・体育的行事

　心身の健全な発達や健康の保持増進，事件や事故，災害等から身を守る安全な行動や規律ある集団行動の体得，運動に親しむ態度の育成，責任感や連帯感の涵養，体力の向上などに資するようにすること。

［運動会］
児童生徒一人一人が役割をもって，運営に参加し，集団のすばらしさを実感する学校全体が充実感・達成感あふれる学校行事

［行事例］
健康診断，薬物乱用防止指導，防犯指導，交通安全指導，避難訓練や防災訓練，健康・安全や学校給食に関する意識や実践意欲を高める行事，運動会（体育祭），競技会，球技会など

［指導上の留意点］
・健康・安全に関する行事への参加に当たっては，健康な生活，生命の尊さなどに関する理解を深め，関心をもたせるようにする。
・安全に関する行事については，事故防止の知識や態度を体得させ，災害や犯罪などに対処する能力，自他の安全を確保する能力を身に付けさせる。
・体育に関する行事については，運動に親しみながら体力を向上させるようにするとともに，日頃の学習の成果を公開し，家庭や地域との交流を図る。　など

④　遠足（旅行）・集団宿泊的行事

　平素と異なる生活環境にあって，見聞を広め，自然や文化などに親しむとともに，よりよい人間関係を築くなどの集団生活の在り方や公衆道徳などについての体験を積むことができるようにすること。

［修学旅行］
目的や課題を理解した事前学習が現地の学習をより有意義なものにする学校行事

［行事例］
遠足，修学旅行，移動教室，集団宿泊，野外活動など

［指導上の留意点］
・児童生徒の自主的な活動の場や機会を考慮し，児童生徒の役割分担，児童生徒相互の協力，きまりや約束の遵守，人間関係を深める活動などの充実を図る。
・単なる物見遊山に終わることのないように，他の教育活動との関連を図り，指

導計画の作成や実施に留意する。
・事前学習や，事後のまとめや発表などを工夫し，体験したことが深まるような
　活動にする。
・事故発生時の対応などを含め，事故防止のための万全な配慮を行う。　　など
⑤　勤労生産・奉仕的行事
　勤労の尊さや生産の喜びを体得し，職場体験
活動などの勤労観・職業観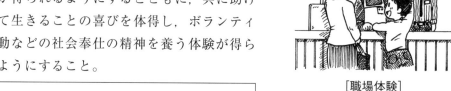に関わる啓発的な
体験が得られるようにするとともに，共に助け
合って生きることの喜びを体得し，ボランティ
ア活動などの社会奉仕の精神を養う体験が得ら
れるようにすること。

[職場体験]
働く人との交流や職業体験を通して，
職業観や勤労観をはぐくむ学校行事

> ［行事例］
> 飼育栽培活動，職場体験活動，各種の生産
> 活動，上級学校や職場の訪問・見学，全校美
> 化の行事，地域や公共施設等の清掃活動，地
> 域社会への協力や学校内外のボランティア活
> 動，福祉施設との交流など

［指導上の留意点］
・行事の目的やねらいを明確にし，学校教育全体の位置付けを図って実施する。
・事前の学習や，事後のまとめや発表などを工夫し，体験したことが深まるよう
　な活動にする。
・職場体験は，学校教育全体として行うキャリア教育の一環として位置付け，
　自己の能力・適性等についての理解を深め，職業や進路，生き方にかかわる啓
　発的な体験が行われるようにする。
・家庭や地域の人々，関係機関，事業所や企業，ボランティア関係団体，社会教
　育施設，自治会等との連携を深め，豊かな教育活動を進める。
・学級活動・ホームルーム活動や児童会・生徒会活動として行うボランティア活
　動との関連を図り，児童生徒の自主性・主体性が発揮されるように工夫する。
　など

（4）学校行事における学習過程

　学校行事は，学校が計画し実施するものであるとともに，各種類の行事に児童生徒が積極的に参画し協力することによって充実する教育活動である。したがって，学校行事を実施する一連の過程のなかで，教師の適切な指導の下で，学級活動・ホームルーム活動や児童会・生徒会活動などの活動との関連を図り，児童生徒の自主的な活動を助長することが大切である。児童生徒一人一人が全校または学年の児童生徒と協力しながら，様々な学校行事を通して，充実したよりよい学校生活を送るとともに，学校行事の目標とする資質・能力を身に付けさせていくために，次のような学習過程が考えられる。

表5－1　学校行事における学習過程（例）

学習過程	活動内容	具体的な活動例
①行事の意義の理解	・各行事の意義の理解。行事の現状を把握し課題を確認し，目標の設定を行う。	（学級活動）担任教師から自校の学校行事の紹介や意義などを説明する。また，経験してきた行事についての感想や希望を発表させる。
②計画や目標についての話合い	・各行事についての活動目標，計画，内容，役割分担などについて話し合う。	（学級活動・生徒会活動）学校行事を通しての学級や学校の目標を考え，内容の提案や委員会等の役割分担について話し合う。
③活動目標や活動内容の決定	・活動目標や計画，内容について「合意形成」や「意思決定」を図る。	（学級活動・生徒会活動）学校行事における学級や委員会の目標や活動への取組を話し合い決定する。
④体験的な活動の実践	・他者と力を合わせて実践する。※行事により，生徒会活動と連携を図るなど自主的に運営する。	（生徒会活動）執行部や各種委員会が積極的に運営や役割分担を行い，教職員と共に，充実した活動ができるようにする。
⑤振り返り	・活動を振り返り，まとめたり発表し合ったりする。実践の継続や新たな課題の発見につなげる。結果を分析し，次の行事や次年度の行事に生かす。	（学級活動・生徒会活動）事後指導として，実施後にアンケート調査を実施し結果を分析したり，成果や課題について話合いを行い，改善に向けた提案を行う。
⑥次の活動や課題解決へ　→①行事の意義の理解へ		

（『中学校学習指導要領解説　特別活動編』を参考に作成）

学校行事の教育的意義と内容

Q1 あなたの中学校（高校）時代で思い出に残っている学校行事を二つ挙げよう。その理由も書こう。

行事名	思い出に残っている理由

Q2 運動会（体育祭）や文化祭などの行事で，取り上げてほしい内容や種目など，どのようなことが考えられるか，グループで話し合ってみよう。

Q3 地域の人々が参加できるような行事の工夫を考えよう。

調べてみよう

◆ 遠足の「実踏（実地踏査）」とは，何をすることだろうか。

◆ 学校行事で行う「ボランティア活動」には，どのような活動があるだろうか。

2　学校行事の指導計画の作成と内容の取扱い

（1）学校行事の指導計画の作成

① 学校行事の指導計画の作成と配慮事項

　学校行事は，児童生徒や教職員，学校の施設設備，地域などの実態に応じて，目標や行事の種類，活動内容などを各学校が計画し，実施する教育活動である。したがって，各学校においては，学校行事の目標や各行事の意義，育成を目指す資質・能力などを全教職員が検討し，自校の誇れる特色ある教育活動としての学校行事を創り上げていくことが必要である。

　学校行事の指導計画の作成に当たって基本となる事項については，中学校学習指導要領第5章特別活動の第3の1の⑵に次のように示されている。

> ⑵各学校においては特別活動の全体計画や各活動及び学校行事の年間指導計画を作成すること。その際，学校の創意工夫を生かし，学級や学校，地域の実態，生徒の発達の段階などを考慮するとともに，第2に示す内容相互及び各教科，道徳科，総合的な学習の時間などの指導との関連を図り，生徒による自主的，実践的な活動が助長されるようにすること。また，家庭や地域の人々との連携，社会教育施設等の活用などを工夫すること。

　学校行事の指導計画は，特別活動の全体計画に基づき，各種類の学校行事の特質を踏まえ，以下の事項に配慮しながら作成する必要がある。

ア　学校の創意工夫を生かすとともに，学校の実態や児童生徒の発達の段階などを考慮し，児童生徒による自主的，実践的な活動が助長されるようにする。

イ　児童生徒による自主的，実践的な活動が助長されるようにする。

ウ　内容相互及び各教科，道徳科及び総合的な学習（探究）の時間などの指導との関連を図る。

エ　家庭や地域の人々との連携，社会教育施設等の活用などを工夫する。

オ　生徒指導の機能を生かす。(個々の児童生徒についての理解，教師と児童生徒，児童生徒相互の信頼関係づくり，学級経営の充実など)

② 年間指導計画の作成

　学校行事の指導計画には，年間の学校行事全体にわたる年間指導計画と個々の行事についてのより具体的な個別の行事指導計画がある。

○年間指導計画

　学期ごと，月ごとなどに，実施予定の行事名，指導時数，参加の対象，目標，実施の内容，他の教育活動との関連を取り上げる。この他に，行事全体の実施に要する経費，学校の施設・設備の活用の計画や危機管理，評価の観点などが必要である。

○個別の行事指導計画

　個々の学校行事ごとに，ねらい，内容（事前，当日，事後），実施の時期，場所，時間，指導上の留意事項，評価の観点などを取り上げる。このほか，所要経費や準備日程，役割分担などを具体的に明記する。

③　学校行事に充てる授業時数

　各学校が，学校行事に充てる授業時数については，「それらの内容に応じ，年間，学期ごと，月ごとなどに適切な授業時数を充てるものとする。」（中学校学習指導要領第1章総則第2の3の(2)）となっていることから，各学校は，児童生徒の安全の確保等にも十分配慮しつつ，各学校行事のねらいが実現できるように各教科等との関連も図りつつ，創意工夫して適切な授業時数を充てることが必要である。

　なお，勤労生産・奉仕的行事や遠足（旅行）・集団宿泊的行事などの学校行事のように，各教科や総合的な学習の時間（高等学校は総合的な探究の時間）などとの関連を図って実施されている場合もあることから，教育活動の全体像を踏まえて，授業時数の配当なども考慮していく必要がある。

（2）学校行事の内容の取扱い

　学校行事については，各学校が実態に応じて行事を選び，授業時数を割り当て実施することになるが，各教科等や行事間の関連，統合などによる精選を図ることなど学校の教育活動全体から内容の取扱いについて留意しておかなければならない。

　学校行事の内容の取扱いについては，中学校学習指導要領第5章特別活動の第2の〔学校行事〕の3の(1)に次のように示されている。

---

(1)生徒や学校，地域の実態に応じて，2に示す行事の種類ごとに，行事及びその内容を重点化するとともに，各行事の趣旨を生かした上で，行事間の関連や統合を図るなど精選して実施すること。また，実施に当たっては，自然体験や社会体験などの体験活動を充実するとともに，体験活動を通して気付いたことなどを振り返り，まとめたり，発表し合ったりするなどの事後の活動を充実すること。

---

①　学校行事の内容の取扱いに関する留意事項

　学校行事の内容及び指導に際しては，次の事項に留意することが必要である。

ア　行事の種類ごとに，行事やその内容を重点化するとともに，行事間の関連や統合を図ること

　・学校行事の目的を達成するにふさわしい個々の行事を種類ごとに精選したり，各種類に教育上必要とされるものに精選したりする。

イ　体験活動を通して気付いたことなどを振り返り，まとめたり，発表し合ったりする活動を充実すること

・学校行事においては，その場限りの体験活動に終わらせることなく，活動の節目や事後に，話す，聞く，読む，書くなどの活動を取り入れ，言語能力⬛の育成や体験したことからより多くのことを体得させる指導が必要である。
② 異年齢集団による交流や幼児，高齢者，障がいのある人々などとのふれあいを充実する

中学校学習指導要領第5章特別活動の第3の2の(4)には，次のように示されている。

> (4)異年齢集団による交流を重視するとともに，幼児，高齢者，障害のある人々などとの交流や対話，障害のある幼児児童生徒との交流及び共同学習の機会を通して，協働することや，他者の役に立ったり社会に貢献したりすることの喜びを得られる活動を充実すること。

・校内における学年の枠を超えた異年齢集団の活動を通して，多くの人々と積極的に人間関係を築く態度を形成する。
・地域の幼児児童，高齢者，学校内外の障がいのある児童生徒や人々とふれあう活動を多く計画して，多くの人々と積極的に人間関係を築く態度を形成する。

（3）学校行事における指導上の留意点

学校行事における児童生徒の指導に当たっては，児童生徒の自主的，実践的な態度を育成し，充実した意義ある活動となるよう，次の事項について留意することが大切である。

ア 実施する行事のねらいを明確にし，その意義を理解させ，綿密な計画の下，積極的な参加意欲を高める。

イ 児童生徒一人一人が集団の中での人間的なふれあいを深め，個性を発揮して積極的に活動できるよう，活動の場や機会を豊富にする。

ウ 学校行事の各過程において，児童会・生徒会活動などとの関連を図りつつ，児童生徒にとって可能な範囲で自主的な活動を行わせ，個々の児童生徒に積極的な活動を促し，自主的な協力の気風を養う。

エ 教師の指導の下に，児童生徒の創意をできるだけ生かすとともに，秩序やルールを守り品位のある活動によって校風が高められるようにする。

オ 学校行事においては，児童生徒の健康や安全を考慮し，特に負担過重にならないようにする。

学校行事の年間指導計画を作成する

Q 学校行事（pp.129〜132参照）の中から各種類の学校行事を選び，年間を通して，バランスのよい指導計画を作成しよう。

（配慮事項）①行事は年1回とは限らない（毎月，毎学期など）。

②学年や特定の時期に偏りがないように配慮しながら月ごとの行事を配列する。

③学校行事は，行事名及び実施学年等を記入する。　※記入例：遠足（1）

A中学校　　　　　年度　　　学校行事年間指導計画

学期	月	①儀式的行事	②文化的行事	③健康安全・体育的行事	④旅行・集団宿泊的行事	⑤勤労生産・奉仕的行事
1学期	4					
	5					
	6					
	7					
2学期	9					
	10					
	11					
	12					
3学期	1					
	2					
	3					

学校行事「3年生を送る会」の実施計画案を作成する

Q 行事の実施条件を踏まえて，全校行事としての「3年生を送る会」を計画しよう。

①当日の時間設定は，開演から終了まで3時間程度。学級活動において事後指導(1時間)を行う。
　会場準備は前日に，片付けは当日放課後に行う。

②会場は，学校の体育館。

③1・2年は学年単位で参加。3年生は，学年で1演目出演する。演目内容は，学級・学年で決める。
　教職員の出演も可能としてプログラムを作成する。

B中学校　　　　　年度　　「3年生を送る会」実施指導計画案

行事名	3年生を送る会	期日	年　　月　　日	対象	全学年
時数	合計　　　時間	事前（　）実施（3）事後（　）		会場	体育館

ねらい	
事前活動	[指導上の留意点]
実施内容プログラム	[指導上の留意点]
事後活動	[指導上の留意点]

資料　学校行事の指導計画（中学校）

1　全体計画（例）

学期	月	儀式的行事 内容	1	2	3	文化的行事 内容	1	2	3	健康安全・体育的行事 内容	1	2	3	旅行・集団宿泊的行事 内容	1	2	3	勤労生産・奉仕的行事 内容	1	2	3
1	4	始業式 入学式 離任式	 2 1	1 2 1	1 2 1	新入生歓迎会	2	2	2	身体測定 健康診断 交通安全教室	1 2 2	1 2 2	1 2 2								
1	5																	校内緑化活動	1	1	1
1	6					音楽鑑賞教室		4		薬物乱用防止教室	1	1	1	修学旅行 遠足		6	17	地域クリーン作戦	1	1	1
1	7	終業式	1	1	1	進路講演会			2									校内美化コンクール	1	1	1
1	8													自然体験教室	22						
2	9	始業式	1	1	1					体育祭 防災訓練	6 1	6 1	6 1								
2	10					文化祭	2	2	2									地域クリーン作戦	1	1	1
2	11					合唱コンクール	4	4	4									ボランティア体験	2	2	2
2	12	終業式	1	1	1	ふれあい講演会	1	1	1	非行防止教室	1	1	1					大掃除	1	1	1
3	1	始業式	1	1	1	かるた大会 書初め会	1 1	1	1	避難訓練	1	1	1					職場体験活動	17		
3	2																				
3	3	卒業式 修了式	4 1	4	4 1	3年生を送る会	2	2	2	球技大会	4	4	4	校外学習	6	6		卒業ボランティア活動			6

2　年間指導計画（例）

月	行事名	目標	内容	指導上の留意点	評価　目指す生徒の姿（観点）	参加学年	時数
4	始業式	進級した意義を改めて考えさせ，新たなこれからの１年間の自分の取組に意欲をもたせる。	・開式の言葉 ・国歌斉唱 ・校長式辞 ・担任発表 ・校歌斉唱 ・閉式の言葉	・進級したことの意義やこれからの生活に可能性と意欲がもてるように励ましと期待を伝えられるように配慮する。	・始業式の意義や参加の仕方を理解している。（知識・技能） ・新しい学年生活への希望や意欲につなげるように考え，行動している。（思考・判断・表現） ・厳粛で清新な気分を味わい，これからの生活に臨もうとしている。（主体的に取り組む態度）	2・3年生	1
4	入学式	入学した感激を味わい，中学生としての自覚をもち，中学校生活への意欲を高める。	・開式の言葉 ・国歌斉唱 ・入学確認 ・校長式辞 ・教育委員会告示 ・来賓祝辞 ・歓迎の言葉 ・誓いの言葉 ・保護者代表あいさつ ・校歌斉唱 ・閉式の言葉	・新入生が中学校生活への希望と意欲をもつことができるよう和やかさの中にも厳粛な雰囲気で実施できるようにする。	・新入生として，また，在校生（上級生）として，入学式の意義や参加の仕方を理解している。（知識・技能） ・新入生は，新しい中学校生活への希望や意欲につなげるように考え，規則正しく行動することができている。（思考・判断・表現） ・新入生は，入学式を節目として，希望や意欲をもって，これからの生活に臨もうとしている。（主体的に取り組む態度）	全学年	2
4	身体測定・健康診断	生徒自らが心身の健康に関心をもち，健康状態を把握し，発達段階に応じた理解と健康管理ができるようにさせる。	・発育測定（身長，体重，座高），視力【担任】 　1限3年，2限2年，3限1年 ・聴力【養護教諭】 ・内科検診【学校医】 ・歯科検診【学校歯科医】 ・耳鼻科検診【学校医】 ・心臓検診【検査技士】 ・尿検査【担任】 ・眼科検診【学校医】	・各種検診の意義や意味を理解して臨めるよう事前指導を徹底する。 ・各種検診は養護教諭が記録をし，担任は生徒指導に当たる。	・心身の健全な発達や健康の保持増進の意義を理解し，必要な行動の仕方を身に付けている。（知識・技能） ・健康や体力の向上に関する課題と解決策について考え，適切に判断し行動している。（思考・判断・表現） ・生涯にわたって，心身ともに健康な生活を実践しようとしている。（主体的に取り組む態度）	全学年	3

3　学校行事ごとの指導計画（例）

（1）儀式的行事の指導計画例

行事名　卒業式

1　ねらい
　(1)　卒業式の意義や，その場にふさわしい参加の仕方について理解し，厳粛な場における礼儀やマナー等の規律や気品のある行動の仕方などを身に付けるようにする。
　(2)　卒業式という節目の場において先を見通したり，これまでの生活を振り返ったりしながら，新たな生活への自覚を深め，気品ある行動をとることができるようにする。
　(3)　厳粛で清新な気分を味わい，卒業式を節目としてこれまでの生活を振り返り，新たな生活への希望や意欲につなげようとする態度を養う。
2　実施計画
　(1)　期日・場所　　　令和○○年○月○日（○）　体育館
　(2)　実施学年　　　　全学年
　(3)　式次第
　　　　1　一同礼　　　　　1　校長式辞　　　　　1　卒業記念品贈呈　1　式歌斉唱
　　　　1　開式の言葉　　　1　教育委員会告示　　1　在校生送辞　　　1　校歌斉唱
　　　　1　国歌斉唱　　　　1　来賓祝辞　　　　　1　卒業生答辞　　　1　閉式の言葉
　　　　1　卒業証書授与　　1　来賓紹介，祝電披露　1　保護者代表謝辞　1　一同礼
　(4)　係分担（略）
　(5)　卒業生歓送（略）
3　実施上の留意点
　(1)　国旗は式場正面と掲揚塔に掲げる。
　(2)　式進行は生徒の体調に配慮して長時間とならないよう配慮する。
4　評価（目指す生徒の姿・観点）
　(1)　卒業式の意義や参加の仕方について理解し，規律や気品のある行動の仕方を身に付けている。(知識・技能)
　(2)　卒業式に参加して先を見通したり，生活を振り返ったりしながら，新たな生活への自覚を深め，気品ある行動をとることができている。(思考・判断・表現)
　(3)　卒業式を節目として，新たな生活への希望や意欲につなげようとしている。(主体的に取り組む態度)

（2）勤労生産・奉仕的行事の指導計画例

行事名　地域クリーン作戦

1　ねらい
　(1)　地域での清掃活動を通して，ボランティア活動の仕方について，知識・技能を身に付けるようにする。
　(2)　地域での清掃活動を通して，自分のできることを判断し，多様な他者と協力して実践することができるようにする。
　(3)　地域での清掃活動に積極的に取り組み，社会に貢献しようとする態度を養う。
2　実施計画
　(1)　期日　　　　　　令和○○年○月○日（○）第5・6校時
　(2)　場所　　　　　　別紙の学区内
　(3)　実施学年　　　　全学年
　(4)　活動内容
　　①　事前の活動
　　　ア　ボランティア委員会と生徒会役員会が合同で具体的な実施計画を作成する。
　　　　・清掃場所の割り振り　・回収の仕事分担　・出発式の運営　・渉外（環境センター，町会）
　　　イ　ボランティア委員を通して各学級で活動計画を説明し，学級内の役割分担をしておく。
　　②　当日
　　　ア　出発式
　　　　1　はじめの言葉　2　校長先生のお話　3　ボランティア委員長の話　4　活動の説明（ボランティア委員）分別方法，回収方法，事故防止用具の配布　5　おわりの言葉
　　　イ　学年・学級の分担場所へ移動して清掃活動を行う。
　　　ウ　生徒会役員とボランティア委員は分別・回収の準備をする。
　　　エ　各学級は予定の時間に活動を終了して帰校し，ごみを分別・回収し，用具を返却して教室へ戻る。
　　　オ　生徒会役員とボランティア委員は片付けと整理をして解散する。
　　③　事後
　　　ア　翌日の放課後，生徒会役員とボランティア委員は合同で反省会を行う。
　　　イ　翌日の朝の会で，各学級は反省・評価（自己評価カード）を行う。
3　実施上の留意点（略）
4　評価（目指す生徒の姿・観点）
　(1)　ボランティア活動の仕方についての知識・技能を身に付けている。(知識・技能)
　(2)　ボランティア活動で，自分のできることを判断し，多様な他者と協力して実践している。(思考・判断・表現)
　(3)　ボランティア活動に積極的に取り組み，社会に貢献しようとしている。(主体的に取り組む態度)

参考文献

1）『小学校学習指導要領解説　総則編』（文部科学省　平成29年）
2）『中学校学習指導要領解説　総則編』（文部科学省　平成29年）
3）『小学校学習指導要領解説　特別活動編』（文部科学省　平成29年）
4）『中学校学習指導要領解説　特別活動編』（文部科学省　平成29年）

第5章第1節

1）日本特別活動学会編『キーワードで拓く新しい特別活動』（東洋館出版　平成12年）

第5章第2節

1）『楽しく豊かな学級・学校生活をつくる特別活動（小学校編）』（文溪堂　平成26年）
2）『学級・学校文化を創る特別活動（中学校編）』（東京書籍　平成27年）
3）日本特別活動学会編『キーワードで拓く新しい特別活動』（東洋館出版　平成12年）

第5章3節

1）『心の教育を重視する学年・学級経営』（教育開発研究所　平成12年）
2）『特別活動実践指導全集理論編』（日本教育図書センター　平成12年）

第3部
資 料 編

1　学習指導要領

第1章　総　則

第1　小学校教育の基本と教育課程の役割

1　各学校においては，教育基本法及び学校教育法その他の法令並びにこの章以下に示すところに従い，児童の人間として調和のとれた育成を目指し，児童の心身の発達の段階や特性及び学校や地域の実態を十分考慮して，適切な教育課程を編成するものとし，これらに掲げる目標を達成するよう教育を行うものとする。

2　学校の教育活動を進めるに当たっては，各学校において，第3の1に示す主体的・対話的で深い学びの実現に向けた授業改善を通して，創意工夫を生かした特色ある教育活動を展開する中で，次の⑴から⑶までに掲げる事項の実現を図り，児童に生きる力を育むことを目指すものとする。

⑴　基礎的・基本的な知識及び技能を確実に習得させ，これらを活用して課題を解決するために必要な思考力，判断力，表現力等を育むとともに，主体的に学習に取り組む態度を養い，個性を生かし多様な人々との協働を促す教育の充実に努めること。その際，児童の発達の段階を考慮して，児童の言語活動など，学習の基盤をつくる活動を充実するとともに，家庭との連携を図りながら，児童の学習習慣が確立するよう配慮すること。

⑵　道徳教育や体験活動，多様な表現や鑑賞の活動等を通して，豊かな心や創造性の涵養を目指した教育の充実に努めること。

　学校における道徳教育は，特別の教科である道徳（以下「道徳科」という。）を要として学校の教育活動全体を通じて行うものであり，道徳科はもとより，各教科，外国語活動，総合的な学習の時間及び特別活動のそれぞれの特質に応じて，児童の発達の段階を考慮して，適切な指導を行うこと。

　道徳教育は，教育基本法及び学校教育法に定められた教育の根本精神に基づき，自己の生き方を考え，主体的な判断の下に行動し，自立した人間として他者と共によりよく生きるための基盤となる道徳性を養うことを目標とすること。

　道徳教育を進めるに当たっては，人間尊重の精神と生命に対する畏敬の念を家庭，学校，その他社会における具体的な生活の中に生かし，豊かな心をもち，伝統と文化を尊重し，それらを育んできた我が国と郷土を愛し，個性豊かな文化の創造を図るとともに，平和で民主的な国家及び社会の形成者として，公共の精神を尊び，社会及び国家の発展に努め，他国を尊重し，国際社会の平和と発展や環境の保全に貢献し未来を拓く主体性のある日本人の育成に資することとなるよう特に留意すること。

⑶　学校における体育・健康に関する指導を，児童の発達の段階を考慮して，学校の教育活動全体を通じて適切に行うことにより，健康で安全な生活と豊かなスポーツライフの実現を目指した教育の充実に努めること。特に，学校における食育の推進並びに体力の向上に関する指導，安全に関する指導及び心身の健康の保持増進に関する指導については，体育科，家庭科及び特別活動の時間はもとより，各教科，道徳科，外国語活動及び総合的な学習の時間などにおいてもそれぞれの特質に応じて適切に行うよう努めること。また，それらの指導を通して，家庭や地域社会との連携を図りながら，日常生活において適切な体育・健康に関する活動の実践を促し，生涯を通じて健康・安全で活力ある生活を送るための基礎が培われるよう配慮すること。

3　2の⑴から⑶までに掲げる事項の実現を図り，豊かな創造性を備え持続可能な社会の創り手となることが期待される児童に，生きる力を育むことを目指すに当たっては，学校教育全体並びに各教科，道徳科，外国語活動，総合的な学習の時間及び特別活動（以下「各教科等」という。）ただし，第2の3の⑵のア及びウにおいて，特別活動については学級活動（学校給食に係るものを除く。）に限る。）の指導を通してどのような資質・能力の育成を目指すのかを明確にしながら，教育活動の充実を図るものとする。その際，児童の発達の段階や特性等を踏まえつつ，次に掲げることが偏りなく実現できるようにするものとする。

⑴　知識及び技能が習得されるようにすること。

⑵　思考力，判断力，表現力等を育成すること。

⑶　学びに向かう力，人間性等を涵養すること。

4　各学校においては，児童や学校，地域の実態を適切に把握し，教育の目的や目標の実現に必要な教育の内容等を教科等横断的な視点で組み立てていくこと，教育課程の実施状況を評価してその改善を図っていくこと，教育課程の実施に必要な人的又は物的な体制を確保するとともにその改善を図っていくことなどを通して，教育課程に基づき組織的かつ計画的に各学校の教育活動の質の向上を図っていくこと（以下「カリキュラム・マネジメント」という。）に努めるものとする。

第2　教育課程の編成

1　各学校の教育目標と教育課程の編成

　教育課程の編成に当たっては，学校教育全体や各教科等における指導を通して育成を目指す資質・能力を踏まえつつ，各学校の教育目標を明確にするとともに，教育課程の編成についての基本的な方針が家庭や地域とも共有されるよう努めるものとする。その際，第5章総合的な学習の時間の第2の1に基づき定められる目標との関連を図るものとする。

2　教科等横断的な視点に立った資質・能力の育成

⑴　各学校においては，児童の発達の段階を考慮し，言語能力，情報活用能力（情報モラルを含む。），問題発見・解決能力等の学習の基盤となる資質・能力を育成していくことができるよう，各教科等の特質を生かし，教科等横断的な視点から教育課程の編成を図るものとする。

⑵　各学校においては，児童や学校，地域の実態及び児童の発達の段階を考慮し，豊かな人生の実現や災害等を乗り越えて次代の社会を形成することに向けた現代的な諸課題に対応して求められる資質・能力を，教科等横断的な視点で育成していくことができるよう，各学校の特色を生かした教育課程の編成を図るものとする。

3　教育課程の編成における共通的事項

⑴　内容等の取扱い

ア　第2章以下に示す各教科，道徳科，外国語活動及び特別活動の内容に関する事項は，特に示す場合を除き，いずれの学校においても取り扱わなければならない。

イ　学校において特に必要がある場合には，第2章以下に示していない内容を加えて指導することができる。また，第2章以下に示す内容の取扱いのうち内容の範囲や程度等を示す事項は，全ての児童に対して指導するものとする内容の範囲や程度等を示したものであり，学校において特に必要がある場合には，この事項にかかわらず加えて指導することができる。

ただし，これらの場合には，第2章以下に示す各教科，道徳科，外国語活動及び特別活動の目標や内容の趣旨を逸脱したり，児童の負担過重となったりすることのないようにしなければならない。

ウ　第2章以下に示す各教科，道徳科，外国語活動及び特別活動の内容に掲げる事項の順序は，特に示す場合を除き，指導の順序を示すものではないので，学校においては，その取扱いについて適切な工夫を加えるものとする。

エ　学年の内容を2学年まとめて示した教科及び外国語活動の内容は，2学年間かけて指導する事項を示したものである。各学校においては，これらの事項を児童や学校，地域の実態に応じ，2学年間を見通して計画的に指導することとし，特に示す場合を除き，いずれかの学年に分けて，又はいずれの学年においても指導するものとする。

オ　学校において2以上の学年の児童で編制する学級について特に必要がある場合には，各教科及び道徳科の目標の達成に支障のない範囲内で，各教科及び道徳科の目標及び内容について学年別の順序によらないことができる。

カ　道徳科を要として学校の教育活動全体を通じて行う道徳教育の内容は，第3章特別の教科道徳の第2に示す内容とし，その実施に当たっては，第6に示す道徳教育に関する配慮事項を踏まえるものとする。

(2)　授業時数等の取扱い

ア　各教科等の授業は，年間35週（第1学年については34週）以上にわたって行うよう計画し，週当たりの授業時数が児童の負担過重にならないようにするものとする。ただし，各教科等や学習活動の特質に応じ効果的な場合には，夏季，冬季，学年末等の休業日の期間に授業日を設定する場合を含め，これらの授業を特定の期間に行うことができる。

イ　特別活動の授業のうち，児童会活動，クラブ活動及び学校行事については，それらの内容に応じ，年間，学期ごと，月ごとなどに適切な授業時数を充てるものとする。

ウ　各学校の時間割については，次の事項を踏まえ適切に編成するものとする。

(ｱ)　各教科等のそれぞれの授業の1単位時間は，各学校において，各教科等の年間授業時数を確保しつつ，児童の発達の段階及び各教科等や学習活動の特質を考慮して適切に定めること。

(ｲ)　各教科等の特質に応じ，10分から15分程度の短い時間を活用して特定の教科等の指導を行う場合において，教師が，単元や題材など内容や時間のまとまりを見通した中で，その指導内容の決定や指導の成果の把握と活用等を責任を持って行う体制が整備されているときは，その時間を当該教科等の年間授業時数に含めることができること。

(ｳ)　給食，休憩などの時間については，各学校において工夫を加え，適切に定めること。

(ｴ)　各学校において，児童や学校，地域の実態，各教科等や学習活動の特質等に応じて，創意工夫を生かした時間割を弾力的に編成できること。

エ　総合的な学習の時間における学習活動により，特別活動の学校行事に掲げる各行事の実施と同様の成果が期待できる場合においては，総合的な学習の時間における学習活動をもって相当する特別活動の学校行事に掲げる各行事の実施に替えることができる。

(3)　指導計画の作成等に当たっての配慮事項

各学校においては，次の事項に配慮しながら，学校の創意工夫を生かし，全体として，調和のとれた具体的な指導計画を作成するものとする。

ア　各教科等の指導内容については，(1)のアを踏まえつつ，単元や題材など内容や時間のまとまりを見通しながら，そのまとめ方や重点の置き方に適切な工夫を加え，第3の1に示す主体的・対話的で深い学びの実現に向けた授業改善を通して資質・能力を育む効果的な指導ができるようにすること。

イ　各教科等及び各学年相互間の関連を図り，系統的，発展的な指導ができるようにすること。

ウ　学年の内容を2学年まとめて示した教科及び外国語活動については，当該学年間を見通して，児童や学校，地域の実態に応じ，児童の発達の段階を考慮しつつ，効果的，段階的に指導するようにすること。

エ　児童の実態等を考慮し，指導の効果を高めるため，児童の発達の段階や指導内容の関連性等を踏まえつつ，合科的・関連的な指導を進めること。

4　学校段階等間の接続

教育課程の編成に当たっては，次の事項に配慮しながら，学校段階等間の接続を図るものとする。

(1)　幼児期の終わりまでに育ってほしい姿を踏まえた指導を工夫することにより，幼稚園教育要領等に基づく幼児期の教育を通して育まれた資質・能力を踏まえて教育活動を実施し，児童が主体的に自己を発揮しながら学びに向かうことが可能となるようにすること。

また，低学年における教育全体において，例えば生活科において育成する自立し生活を豊かにしていくための資質・能力が，他教科等の学習においても生かされるようにするなど，教科等間の関連を積極的に図り，幼児期の教育及び中学年以降の教育との円滑な接続が図られるよう工夫すること。特に，小学校入学当初においては，幼児期において自発的な活動としての遊びを通して育まれてきたことが，各教科等における学習に円滑に接続されるよう，生活科を中心に，合科的・関連的な指導や弾力的な時間割の設定など，指導の工夫や指導計画の作成を行うこと。

(2)　中学校学習指導要領及び高等学校学習指導要領を踏まえ，中学校教育及びその後の教育との円滑な接続が図られるよう工夫すること。特に，義務教育学校，中学校連携型小学校及び中学校併設型小学校においては，義務教育9年間を見通した計画的かつ継続的な教育課程を編成すること。

第3　教育課程の実施と学習評価

1　主体的・対話的で深い学びの実現に向けた授業改善

各教科等の指導に当たっては，次の事項に配慮するものとする。

(1)　第1の3の(1)から(3)までに示すことが偏りなく実現されるよう，単元や題材など内容や時間のまとまりを見通しながら，児童の主体的・対話的で深い学びの実現に向けた授業改善を行うこと。

特に，各教科等において身に付けた知識及び技能を活用したり，思考力，判断力，表現力等や学びに向かう力，人間性等を発揮させたりして，学習の対象となる物事を捉え思考することにより，各教科等の特質に応じた物事を捉える視点や考え方（以下「見方・考え方」という。）が鍛えられていくことに留意し，児童が各教科等の特質に応じた見方・考え方を働かせながら，知識を相互に関連付けてより深く理解したり，情報を精査して

考えを形成したり，問題を見いだして解決策を考えたり，思いや考えを基に創造したりすることに向かう過程を重視した学習の充実を図ること。

(2) 第2の2の(1)に示す言語能力の育成を図るため，各学校において必要な言語環境を整えるとともに，国語科を要としつつ各教科等の特質に応じて，児童の言語活動を充実すること。あわせて，(7)に示すとおり読書活動を充実すること。

(3) 第2の2の(1)に示す情報活用能力の育成を図るため，各学校において，コンピュータや情報通信ネットワークなどの情報手段を活用するために必要な環境を整え，これらを適切に活用した学習活動の充実を図ること。また，各種の統計資料や新聞，視聴覚教材や教育機器などの教材・教具の適切な活用を図ること。
あわせて，各教科等の特質に応じて，次の学習活動を計画的に実施すること。
ア　児童がコンピュータで文字を入力するなどの学習の基盤として必要となる情報手段の基本的な操作を習得するための学習活動
イ　児童がプログラミングを体験しながら，コンピュータに意図した処理を行わせるために必要な論理的思考力を身に付けるための学習活動

(4) 児童が学習の見通しを立てたり学習したことを振り返ったりする活動を，計画的に取り入れるように工夫すること。

(5) 児童が生命の有限性や自然の大切さ，主体的に挑戦してみることや多様な他者と協働することの重要性などを実感しながら理解することができるよう，各教科等の特質に応じた体験活動を重視し，家庭や地域社会と連携しつつ体系的・継続的に実施できるよう工夫すること。

(6) 児童が自ら学習課題や学習活動を選択する機会を設けるなど，児童の興味・関心を生かした自主的，自発的な学習が促されるよう工夫すること。

(7) 学校図書館を計画的に利用しその機能の活用を図り，児童の主体的・対話的で深い学びの実現に向けた授業改善に生かすとともに，児童の自主的，自発的な学習活動や読書活動を充実すること。また，地域の図書館や博物館，美術館，劇場，音楽堂等の施設の活用を積極的に図り，資料を活用した情報の収集や鑑賞等の学習活動を充実すること。

2　学習評価の充実
学習評価の実施に当たっては，次の事項に配慮するものとする。

(1) 児童のよい点や進歩の状況などを積極的に評価し，学習したことの意義や価値を実感できるようにすること。また，各教科等の目標の実現に向けた学習状況を把握する観点から，単元や題材など内容や時間のまとまりを見通しながら評価の場面や方法を工夫して，学習の過程や成果を評価し，指導の改善や学習意欲の向上を図り，資質・能力の育成に生かすようにすること。

(2) 創意工夫の中で学習評価の妥当性や信頼性が高められるよう，組織的かつ計画的な取組を推進するとともに，学年や学校段階を越えて児童の学習の成果が円滑に接続されるように工夫すること。

第4　児童の発達の支援

1　児童の発達を支える指導の充実
教育課程の編成及び実施に当たっては，次の事項に配慮するものとする。

(1) 学習や生活の基盤として，教師と児童との信頼関係及び児童相互のよりよい人間関係を育てるため，日頃から学級経営の充実を図ること。また，主に集団の場面で必要な指導や援助を行うガイダンスと，個々の児童の多様な実態を踏まえ，一人一人が抱える課題に個別に対応した指導を行うカウンセリングの双方により，児童の発達を支援すること。
あわせて，小学校の低学年，中学年，高学年の学年の時期の特長を生かした指導の工夫を行うこと。

(2) 児童が，自己の存在感を実感しながら，よりよい人間関係を形成し，有意義で充実した学校生活を送る中で，現在及び将来における自己実現を図っていくことができるよう，児童理解を深め，学習指導と関連付けながら，生徒指導の充実を図ること。

(3) 児童が，学ぶことと自己の将来とのつながりを見通しながら，社会的・職業的自立に向けて必要な基盤となる資質・能力を身に付けていくことができるよう，特別活動を要としつつ各教科等の特質に応じて，キャリア教育の充実を図ること。

(4) 児童が，基礎的・基本的な知識及び技能の習得も含め，学習内容を確実に身に付けることができるよう，児童や学校の実態に応じ，個別学習やグループ別学習，繰り返し学習，学習内容の習熟の程度に応じた学習，児童の興味・関心等に応じた課題学習，補充的な学習や発展的な学習などの学習活動を取り入れることや，教師間の協力による指導体制を確保することなど，指導方法や指導体制の工夫改善により，個に応じた指導の充実を図ること。その際，第3の1の(3)に示す情報手段や教材・教具の活用を図ること。

2　特別な配慮を必要とする児童への指導

(1) 障害のある児童などへの指導
ア　障害のある児童などについては，特別支援学校等の助言又は援助を活用しつつ，個々の児童の障害の状態等に応じた指導内容や指導方法の工夫を組織的かつ計画的に行うものとする。
イ　特別支援学級において実施する特別の教育課程については，次のとおり編成するものとする。
　(ア)　障害による学習上又は生活上の困難を克服し自立を図るため，特別支援学校小学部・中学部学習指導要領第7章に示す自立活動を取り入れること。
　(イ)　児童の障害の程度や学級の実態等を考慮の上，各教科の目標や内容を下学年の教科の目標や内容に替えたり，各教科を，知的障害者である児童に対する教育を行う特別支援学校の各教科に替えたりするなどして，実態に応じた教育課程を編成すること。
ウ　障害のある児童に対して，通級による指導を行い，特別の教育課程を編成する場合には，特別支援学校小学部・中学部学習指導要領第7章に示す自立活動の内容を参考とし，具体的な目標や内容を定め，指導を行うものとする。その際，効果的な指導が行われるよう，各教科等と通級による指導との関連を図るなど，教師間の連携に努めるものとする。
エ　障害のある児童などについては，家庭，地域及び医療や福祉，保健，労働等の業務を行う関係機関との連携を図り，長期的な視点で児童への教育的支援を行うために，個別の教育支援計画を作成し活用することに努めるとともに，各教科等の指導に当たって，個々の児童の実態を的確に把握し，個別の指導計画を作成し活用することに努めるものとする。特に，特別支援学級に在籍する児童や通級による指導を受ける児童については，個々の児童の実態を的確に把握し，個別の教育支援計画や個別の指導計画を作成し，効果的に活用するもの

とする。

(2) 海外から帰国した児童などの学校生活への適応や，日本語の習得に困難のある児童に対する日本語指導

ア　海外から帰国した児童などについては，学校生活への適応を図るとともに，外国における生活経験を生かすなどの適切な指導を行うものとする。

イ　日本語の習得に困難のある児童については，個々の児童の実態に応じた指導内容や指導方法の工夫を組織的かつ計画的に行うものとする。特に，通級による日本語指導については，教師間の連携に努め，指導についての計画を個別に作成することなどにより，効果的な指導に努めるものとする。

(3) 不登校児童への配慮

ア　不登校児童については，保護者や関係機関と連携を図り，心理や福祉の専門家の助言又は援助を得ながら，社会的自立を目指す観点から，個々の児童の実態に応じた情報の提供その他の必要な支援を行うものとする。

イ　相当の期間小学校を欠席し引き続き欠席すると認められる児童を対象として，文部科学大臣が認める特別の教育課程を編成する場合には，児童の実態に配慮した教育課程を編成するとともに，個別学習やグループ別学習など指導方法や指導体制の工夫改善に努めるものとする。

第5　学校運営上の留意事項

1　教育課程の改善と学校評価等

ア　各学校においては，校長の方針の下に，校務分掌に基づき教職員が適切に役割を分担しつつ，相互に連携しながら，各学校の特色を生かしたカリキュラム・マネジメントを行うよう努めるものとする。また，各学校が行う学校評価については，教育課程の編成，実施，改善が教育活動や学校運営の中核となることを踏まえ，カリキュラム・マネジメントと関連付けながら実施するよう留意するものとする。

イ　教育課程の編成及び実施に当たっては，学校保健計画，学校安全計画，食に関する指導の全体計画，いじめの防止等のための対策に関する基本的な方針など，各分野における学校の全体計画等と関連付けながら，効果的な指導が行われるように留意するものとする。

2　家庭や地域社会との連携及び協働と学校間の連携

教育課程の編成及び実施に当たっては，次の事項に配慮するものとする。

ア　学校がその目的を達成するため，学校や地域の実態等に応じ，教育活動の実施に必要な人的又は物的な体制を家庭や地域の人々の協力を得ながら整えるなど，家庭や地域社会との連携及び協働を深めること。また，高齢者や異年齢の子供など，地域における世代を越えた交流の機会を設けること。

イ　他の小学校や，幼稚園，認定こども園，保育所，中学校，高等学校，特別支援学校などとの間の連携や交流を図るとともに，障害のある幼児児童生徒との交流及び共同学習の機会を設け，共に尊重し合いながら協働して生活していく態度を育むようにすること。

第6　道徳教育に関する配慮事項

道徳教育を進めるに当たっては，道徳教育の特質を踏まえ，前項までに示す事項に加え，次の事項に配慮するものとする。

1　各学校においては，第1の2の(2)に示す道徳教育の目標を踏まえ，道徳教育の全体計画を作成し，校長の方針の下に，道徳教育の推進を主に担当する教師（以下「道徳教育推進教師」という。）を中心に，全教師が協力して道徳教育を展開すること。なお，道徳教育の全体計画の作成に当たっては，児童や学校，地域の実態を考慮して，学校の道徳教育の重点目標を設定するとともに，道徳科の指導方針，第3章特別の教科道徳の第2に示す内容との関連を踏まえた各教科，外国語活動，総合的な学習の時間及び特別活動における指導の内容及び時期並びに家庭や地域社会との連携の方法を示すこと。

2　各学校においては，児童の発達の段階や特性等を踏まえ，指導内容の重点化を図ること。その際，各学年を通じて，自立心や自律性，生命を尊重する心や他者を思いやる心を育てることに留意すること。また，各学年段階においては，次の事項に留意すること。

(1) 第1学年及び第2学年においては，挨拶などの基本的な生活習慣を身に付けること，善悪を判断し，してはならないことをしないこと，社会生活上のきまりを守ること。

(2) 第3学年及び第4学年においては，善悪を判断し，正しいと判断したことを行うこと，身近な人々と協力し助け合うこと，集団や社会のきまりを守ること。

(3) 第5学年及び第6学年においては，相手の考え方や立場を理解して支え合うこと，法やきまりの意義を理解して進んで守ること，集団生活の充実に努めること，伝統と文化を尊重し，それらを育んできた我が国と郷土を愛するとともに，他国を尊重すること。

3　学校や学級内の人間関係や環境を整えるとともに，集団宿泊活動やボランティア活動，自然体験活動，地域の行事への参加などの豊かな体験を充実すること。また，道徳教育の指導内容が，児童の日常生活に生かされるようにすること。その際，いじめの防止や安全の確保等にも資することとなるよう留意すること。

4　学校の道徳教育の全体計画や道徳教育に関する諸活動などの情報を積極的に公表したり，道徳教育の充実のために家庭や地域の人々の積極的な参加や協力を得たりするなど，家庭や地域社会との共通理解を深め，相互の連携を図ること。

第6章　特別活動

第1　目　標

集団や社会の形成者としての見方・考え方を働かせ，様々な集団活動に自主的，実践的に取り組み，互いのよさや可能性を発揮しながら集団や自己の生活上の課題を解決することを通して，次のとおり資質・能力を育成することを目指す。

(1) 多様な他者と協働する様々な集団活動の意義や活動を行う上で必要となることについて理解し，行動の仕方を身に付けるようにする。

(2) 集団や自己の生活，人間関係の課題を見いだし，解決するために話し合い，合意形成を図ったり，意思決定したりすることができるようにする。

(3) 自主的，実践的な集団活動を通して身に付けたことを生かして，集団や社会における生活及び人間関係をよりよく形成するとともに，自己の生き方についての考えを深め，自己実現を図ろうとする態度を養う。

第2　各活動・学校行事の目標及び内容

〔学級活動〕

1　目　標

学級や学校での生活をよりよくするための課題を見いだし，解

決するために話し合い，合意形成し，役割を分担して協力して実践したり，学級での話合いを生かして自己の課題の解決及び将来の生き方を描くために意思決定して実践したりすることに，自主的，実践的に取り組むことを通して，第1の目標に掲げる資質・能力を育成することを目指す。

2　内　容

1の資質・能力を育成するため，全ての学年において，次の各活動を通して，それぞれの活動の意義及び活動を行う上で必要となることについて理解し，主体的に考えて実践できるよう指導する。

(1)　学級や学校における生活づくりへの参画

ア　学級や学校における生活上の諸問題の解決

学級や学校における生活をよりよくするための課題を見いだし，解決するために話し合い，合意形成を図り，実践すること。

イ　学級内の組織づくりや役割の自覚

学級生活の充実や向上のため，児童が主体的に組織をつくり，役割を自覚しながら仕事を分担して，協力し合い実践すること。

ウ　学校における多様な集団の生活の向上

児童会など学級の枠を超えた多様な集団における活動や学校行事を通して学校生活の向上を図るため，学級としての提案や取組を話し合って決めること。

(2)　日常の生活や学習への適応と自己の成長及び健康安全

ア　基本的な生活習慣の形成

身の回りの整理や挨拶などの基本的な生活習慣を身に付け，節度ある生活にすること。

イ　よりよい人間関係の形成

学級や学校の生活において互いのよさを見付け，違いを尊重し合い，仲よくしたり信頼し合ったりして生活すること。

ウ　心身ともに健康で安全な生活態度の形成

現在及び生涯にわたって心身の健康を保持増進することや，事件や事故，災害等から身を守り安全に行動すること。

エ　食育の観点を踏まえた学校給食と望ましい食習慣の形成

給食の時間を中心としながら，健康によい食事のとり方など，望ましい食習慣の形成を図るとともに，食事を通して人間関係をよりよくすること。

(3)　一人一人のキャリア形成と自己実現

ア　現在や将来に希望や目標をもって生きる意欲や態度の形成

学級や学校での生活づくりに主体的に関わり，自己を生かそうとするとともに，希望や目標をもち，その実現に向けて日常の生活をよりよくしようとすること。

イ　社会参画意識の醸成や働くことの意義の理解

清掃などの当番活動や係活動等の自己の役割を自覚して協働することの意義を理解し，社会の一員として役割を果たすために必要となることについて主体的に考えて行動すること。

ウ　主体的な学習態度の形成と学校図書館等の活用

学ぶことの意義や現在及び将来の学習と自己実現とのつながりを考えたり，自主的に学習する場としての学校図書館等を活用したりしながら，学習の見通しを立て，振り返ること。

3　内容の取扱い

(1)　指導に当たっては，各学年段階で特に次の事項に配慮すること。

〔第1学年及び第2学年〕

話合いの進め方に沿って，自分の意見を発表したり，他者の意見をよく聞いたりして，合意形成して実践することのよさを理解すること。基本的な生活習慣や，約束やきまりを守ることの大切さを理解して行動し，生活をよくするための目標を決めて実行すること。

〔第3学年及び第4学年〕

理由を明確にして考えを伝えたり，自分と異なる意見も受け入れたりしながら，集団としての目標や活動内容について合意形成を図り，実践すること。自分のよさや役割を自覚し，よく考えて行動するなど節度ある生活を送ること。

〔第5学年及び第6学年〕

相手の思いを受け止めて聞いたり，相手の立場や考え方を理解したりして，多様な意見のよさを積極的に生かして合意形成を図り，実践すること。高い目標をもって粘り強く努力し，自他のよさを伸ばし合うようにすること。

(2)　2の(3)の指導に当たっては，学校，家庭及び地域における学習や生活の見通しを立て，学んだことを振り返りながら，新たな学習や生活への意欲につなげたり，将来の生き方を考えたりする活動を行うこと。その際，児童が活動を記録し蓄積する教材等を活用すること。

〔児童会活動〕

1　目　標

異年齢の児童同士で協力し，学校生活の充実と向上を図るための諸問題の解決に向けて，計画を立て役割を分担し，協力して運営することに自主的，実践的に取り組むことを通して，第1の目標に掲げる資質・能力を育成することを目指す。

2　内　容

1の資質・能力を育成するため，学校の全児童をもって組織する児童会において，次の各活動を通して，それぞれの活動の意義及び活動を行う上で必要となることについて理解し，主体的に考えて実践できるよう指導する。

(1)　児童会の組織づくりと児童会活動の計画や運営

児童が主体的に組織をつくり，役割を分担し，計画を立て，学校生活の課題を見いだし解決するために話し合い，合意形成を図り実践すること。

(2)　異年齢集団による交流

児童会が計画や運営を行う集会等の活動において，学年や学級が異なる児童と共に楽しく触れ合い，交流を図ること。

(3)　学校行事への協力

学校行事の特質に応じて，児童会の組織を活用して，計画の一部を担当したり，運営に協力したりすること。

3　内容の取扱い

(1)　児童会の計画や運営は，主として高学年の児童が行うこと。その際，学校の全児童が主体的に活動に参加できるものとなるよう配慮すること。

〔クラブ活動〕

1　目　標

異年齢の児童同士で協力し，共通の興味・関心を追求する集団活動の計画を立てて運営することに自主的，実践的に取り組むことを通して，個性の伸長を図りながら，第1の目標に掲げる資質・能力を育成することを目指す。

2　内　容

1の資質・能力を育成するため，主として第4学年以上の同好の児童をもって組織するクラブにおいて，次の各活動を通して，

それぞれの活動の意義及び活動を行う上で必要となることについて理解し，主体的に考えて実践できるよう指導する。
(1) クラブの組織づくりとクラブ活動の計画や運営
　　児童が活動計画を立て，役割を分担し，協力して運営に当たること。
(2) クラブを楽しむ活動
　　異なる学年の児童と協力し，創意工夫を生かしながら共通の興味・関心を追求すること。
(3) クラブの成果の発表
　　活動の成果について，クラブの成員の発意・発想を生かし，協力して全校の児童や地域の人々に発表すること。

〔学校行事〕
1　目　標
　　全校又は学年の児童で協力し，よりよい学校生活を築くための体験的な活動を通して，集団への所属感や連帯感を深め，公共の精神を養いながら，第1の目標に掲げる資質・能力を育成することを目指す。
2　内　容
　　1の資質・能力を育成するため，全ての学年において，全校又は学年を単位として，次の各行事において，学校生活に秩序と変化を与え，学校生活の充実と発展に資する体験的な活動を行うことを通して，それぞれの学校行事の意義及び活動を行う上で必要となることについて理解し，主体的に考えて実践できるよう指導する。
(1) 儀式的行事
　　学校生活に有意義な変化や折り目を付け，厳粛で清新な気分を味わい，新しい生活の展開への動機付けとなるようにすること。
(2) 文化的行事
　　平素の学習活動の成果を発表し，自己の向上の意欲を一層高めたり，文化や芸術に親しんだりするようにすること。
(3) 健康安全・体育的行事
　　心身の健全な発達や健康の保持増進，事件や事故，災害等から身を守る安全な行動や規律ある集団行動の体得，運動に親しむ態度の育成，責任感や連帯感の涵養，体力の向上などに資するようにすること。
(4) 遠足・集団宿泊的行事
　　自然の中での集団宿泊活動などの平素と異なる生活環境にあって，見聞を広め，自然や文化などに親しむとともに，よりよい人間関係を築くなどの集団生活の在り方や公衆道徳などについての体験を積むことができるようにすること。
(5) 勤労生産・奉仕的行事
　　勤労の尊さや生産の喜びを体得するとともに，ボランティア活動などの社会奉仕の精神を養う体験が得られるようにすること。
3　内容の取扱い
(1) 児童や学校，地域の実態に応じて，2に示す行事の種類ごとに，行事及びその内容を重点化するとともに，各行事の趣旨を生かした上で，行事間の関連や統合を図るなど精選して実施すること。また，実施に当たっては，自然体験や社会体験などの体験活動を充実するとともに，体験活動を通して気付いたことなどを振り返り，まとめたり，発表し合ったりするなどの事後の活動を充実すること。

第3　指導計画の作成と内容の取扱い
1　指導計画の作成に当たっては，次の事項に配慮するものとする。
(1) 特別活動の各活動及び学校行事を見通して，その中で育む資質・能力の育成に向けて，児童の主体的・対話的で深い学びの実現を図るようにすること。その際，よりよい人間関係の形成，よりよい集団生活の構築や社会への参画及び自己実現に資するよう，児童が集団や社会の形成者としての見方・考え方を働かせ，様々な集団活動に自主的，実践的に取り組む中で，互いのよさや個性，多様な考えを認め合い，等しく合意形成に関わり役割を担うようにすることを重視すること。
(2) 各学校においては特別活動の全体計画や各活動及び学校行事の年間指導計画を作成すること。その際，学校の創意工夫を生かし，学級や学校，地域の実態，児童の発達の段階などを考慮するとともに，第2に示す内容相互及び各教科，道徳科，外国語活動，総合的な学習の時間などの指導との関連を図り，児童による自主的，実践的な活動が助長されるようにすること。また，家庭や地域の人々との連携，社会教育施設等の活用などを工夫すること。
(3) 学級活動における児童の自発的，自治的な活動を中心として，各活動と学校行事を相互に関連付けながら，個々の児童についての理解を深め，教師と児童，児童相互の信頼関係を育み，学級経営の充実を図ること。その際，特に，いじめの未然防止等を含めた生徒指導との関連を図るようにすること。
(4) 低学年においては，第1章総則の第2の4の(1)を踏まえ，他教科等との関連を積極的に図り，指導の効果を高めるようにするとともに，幼稚園教育要領等に示す幼児期の終わりまでに育ってほしい姿との関連を考慮すること。特に，小学校入学当初においては，生活科を中心とした関連的な指導や，弾力的な時間割の設定を行うなどの工夫をすること。
(5) 障害のある児童などについては，学習活動を行う場合に生じる困難さに応じた指導内容や指導方法の工夫を計画的，組織的に行うこと。
(6) 第1章総則の第1の2の(2)に示す道徳教育の目標に基づき，道徳科などとの関連を考慮しながら，第3章特別の教科道徳の第2に示す内容について，特別活動の特質に応じて適切な指導をすること。
2　第2の内容の取扱いについては，次の事項に配慮するものとする。
(1) 学級活動，児童会活動及びクラブ活動の指導については，指導内容の特質に応じて，教師の適切な指導の下に，児童の自発的，自治的な活動が効果的に展開されるようにすること。その際，よりよい生活を築くために自分たちできまりをつくって守る活動などを充実するよう工夫すること。
(2) 児童及び学校の実態並びに第1章総則の第6の2に示す道徳教育の重点などを踏まえ，各学年において取り上げる指導内容の重点化を図るとともに，必要に応じて，内容間の関連や統合を図ったり，他の内容を加えたりすることができること。
(3) 学校生活への適応や人間関係の形成などについては，主に集団の場面で必要な指導や援助を行うガイダンスと，個々の児童の多様な実態を踏まえ，一人一人が抱える課題に個別に対応した指導を行うカウンセリング（教育相談を含む。）の双方の趣旨を踏まえて指導を行うこと。特に入学当初や各学年のはじめにおいては，個々の児童が学校生活に適応するとともに，希望や目標をもって生活できるよう工夫すること。あわせて，児童の家庭との連絡を密にすること。
(4) 異年齢集団による交流を重視するとともに，幼児，高齢者，

障害のある人々などとの交流や対話，障害のある幼児児童生徒
との交流及び共同学習の機会を通して，協働することや，他者
の役に立ったり社会に貢献したりすることの喜びを得られる活
動を充実すること。
3　入学式や卒業式などにおいては，その意義を踏まえ，国旗を掲
揚するとともに，国歌を斉唱するよう指導するものとする。

第1章　総　則

第1　中学校教育の基本と教育課程の役割

1　各学校においては，教育基本法及び学校教育法その他の法令並
びにこの章以下に示すところに従い，生徒の人間として調和のと
れた育成を目指し，生徒の心身の発達の段階や特性及び学校や地
域の実態を十分考慮して，適切な教育課程を編成するものとし，
これらに掲げる目標を達成するよう教育を行うものとする。
2　学校の教育活動を進めるに当たっては，各学校において，第3
の1に示す主体的・対話的で深い学びの実現に向けた授業改善を
通して，創意工夫を生かした特色ある教育活動を展開する中で，
次の(1)から(3)までに掲げる事項の実現を図り，生徒に生きる力を
育むことを目指すものとする。
(1)　基礎的・基本的な知識及び技能を確実に習得させ，これらを
活用して課題を解決するために必要な思考力，判断力，表現力
等を育むとともに，主体的に学習に取り組む態度を養い，個性
を生かし多様な人々との協働を促す教育の充実に努めること。
その際，生徒の発達の段階を考慮して，生徒の言語活動など，
学習の基盤をつくる活動を充実するとともに，家庭との連携を
図りながら，生徒の学習習慣が確立するよう配慮すること。
(2)　道徳教育や体験活動，多様な表現や鑑賞の活動等を通して，
豊かな心や創造性の涵養を目指した教育の充実に努めること。
学校における道徳教育は，特別の教科である道徳（以下「道
徳科」という。）を要として学校の教育活動全体を通じて行うも
のであり，道徳科はもとより，各教科，総合的な学習の時間及
び特別活動のそれぞれの特質に応じて，生徒の発達の段階を考
慮して，適切な指導を行うこと。
道徳教育は，教育基本法及び学校教育法に定められた教育の
根本精神に基づき，人間としての生き方を考え，主体的な判断
の下に行動し，自立した人間として他者と共によりよく生きる
ための基盤となる道徳性を養うことを目標とすること。
道徳教育を進めるに当たっては，人間尊重の精神と生命に対
する畏敬の念を家庭，学校，その他社会における具体的な生活
の中に生かし，豊かな心をもち，伝統と文化を尊重し，それら
を育んできた我が国と郷土を愛し，個性豊かな文化の創造を図
るとともに，平和で民主的な国家及び社会の形成者として，公
共の精神を尊び，社会及び国家の発展に努め，他国を尊重し，
国際社会の平和と発展や環境の保全に貢献し未来を拓く主体性
のある日本人の育成に資することとなるよう特に留意すること。
(3)　学校における体育・健康に関する指導を，生徒の発達の段階
を考慮して，学校の教育活動全体を通じて適切に行うことによ
り，健康で安全な生活と豊かなスポーツライフの実現を目指し
た教育の充実に努めること。特に，学校における食育の推進並
びに体力の向上に関する指導，安全に関する指導及び心身の健
康の保持増進に関する指導については，保健体育科，技術・家

庭科及び特別活動の時間はもとより，各教科，道徳科及び総合
的な学習の時間などにおいてもそれぞれの特質に応じて適切に
行うよう努めること。また，それらの指導を通して，家庭や地
域社会との連携を図りながら，日常生活において適切な体育・
健康に関する活動の実践を促し，生涯を通じて健康・安全で活
力ある生活を送るための基礎が培われるよう配慮すること。
3　2の(1)から(3)までに掲げる事項の実現を図り，豊かな創造性を
備え持続可能な社会の創り手となることが期待される生徒に，生
きる力を育むことを目指すに当たっては，学校教育全体並びに各
教科，道徳科，総合的な学習の時間及び特別活動（以下「各教科等」
という。ただし，第2の3の(2)のア及びウにおいて，特別活動に
ついては学級活動（学校給食に係るものを除く。）に限る。）の指導
を通してどのような資質・能力の育成を目指すのかを明確にしな
がら，教育活動の充実を図るものとする。その際，生徒の発達の
段階や特性等を踏まえつつ，次に掲げることが偏りなく実現でき
るようにするものとする。
(1)　知識及び技能が習得されるようにすること。
(2)　思考力，判断力，表現力等を育成すること。
(3)　学びに向かう力，人間性等を涵養すること。
4　各学校においては，生徒や学校，地域の実態を適切に把握し，
教育の目的や目標の実現に必要な教育の内容等を教科等横断的な
視点で組み立てていくこと，教育課程の実施状況を評価してその
改善を図っていくこと，教育課程の実施に必要な人的又は物的な
体制を確保するとともにその改善を図っていくことなどを通して，
教育課程に基づき組織的かつ計画的に各学校の教育活動の質の向
上を図っていくこと（以下「カリキュラム・マネジメント」という。）
に努めるものとする。

第2　教育課程の編成

1　各学校の教育目標と教育課程の編成
教育課程の編成に当たっては，学校教育全体や各教科等におけ
る指導を通して育成を目指す資質・能力を踏まえつつ，各学校の
教育目標を明確にするとともに，教育課程の編成についての基本
的な方針が家庭や地域とも共有されるよう努めるものとする。そ
の際，第4章総合的な学習の時間の第2の1に基づき定められる
目標との関連を図るものとする。
2　教科等横断的な視点に立った資質・能力の育成
(1)　各学校においては，生徒の発達の段階を考慮し，言語能力，
情報活用能力（情報モラルを含む。），問題発見・解決能力等の
学習の基盤となる資質・能力を育成していくことができるよう，
各教科等の特質を生かし，教科等横断的な視点から教育課程の
編成を図るものとする。
(2)　各学校においては，生徒や学校，地域の実態及び生徒の発達
の段階を考慮し，豊かな人生の実現や災害等を乗り越えて次代
の社会を形成することに向けた現代的な諸課題に対応して求め
られる資質・能力を，教科等横断的な視点で育成していくこと
ができるよう，各学校の特色を生かした教育課程の編成を図る
ものとする。
3　教育課程の編成における共通的事項
(1)　内容等の取扱い
ア　第2章以下に示す各教科，道徳科及び特別活動の内容に関
する事項は，特に示す場合を除き，いずれの学校においても
取り扱わなければならない。
イ　学校において特に必要がある場合には，第2章以下に示し
ていない内容を加えて指導することができる。また，第2章

以下に示す内容の取扱いのうち内容の範囲や程度等を示す事項は，全ての生徒に対して指導するものとする内容の範囲や程度等を示したものであり，学校において特に必要がある場合には，この事項にかかわらず加えて指導することができる。ただし，これらの場合には，第2章以下に示す各教科，道徳科及び特別活動の目標や内容の趣旨を逸脱したり，生徒の負担過重となったりすることのないようにしなければならない。

ウ　第2章以下に示す各教科，道徳科及び特別活動の内容に掲げる事項の順序は，特に示す場合を除き，指導の順序を示すものではないので，学校において，その取扱いについて適切な工夫を加えるものとする。

エ　学校において2以上の学年の生徒で編制する学級について特に必要がある場合には，各教科の目標の達成に支障のない範囲内で，各教科の目標及び内容について学年別の順序によらないことができる。

オ　各学校においては，生徒や学校，地域の実態を考慮して，生徒の特性等に応じた多様な学習活動が行えるよう，第2章に示す各教科や，特に必要な教科を，選択教科として開設し生徒に履修させることができる。その場合にあっては，全ての生徒に指導すべき内容との関連を図りつつ，選択教科の授業時数及び内容を適切に定め選択教科の指導計画を作成し，生徒の負担過重となることのないようにしなければならない。また，特に必要な教科の名称，目標，内容などについては，各学校が適切に定めるものとする。

カ　道徳科を要として学校の教育活動全体を通じて行う道徳教育の内容は，第3章特別の教科道徳の第2に示す内容とし，その実施に当たっては，第6に示す道徳教育に関する配慮事項を踏まえるものとする。

(2) 授業時数等の取扱い

ア　各教科等の授業は，年間35週以上にわたって行うよう計画し，週当たりの授業時数が生徒の負担過重にならないようにするものとする。ただし，各教科等や学習活動の特質に応じ効果的な場合には，夏季，冬季，学年末等の休業日の期間に授業日を設定する場合を含め，これらの授業を特定の期間に行うことができる。

イ　特別活動の授業のうち，生徒会活動及び学校行事については，それらの内容に応じ，年間，学期ごと，月ごとなどに適切な授業時数を充てるものとする。

ウ　各学校の時間割については，次の事項を踏まえ適切に編成するものとする。

(ア) 各教科等のそれぞれの授業の1単位時間は，各学校において，各教科等の年間授業時数を確保しつつ，生徒の発達の段階及び各教科等や学習活動の特質を考慮して適切に定めること。

(イ) 各教科等の特質に応じ，10分から15分程度の短い時間を活用して特定の教科等の指導を行う場合において，当該教科等を担当する教師が，単元や題材など内容や時間のまとまりを見通した中で，その指導内容の決定や指導の成果の把握と活用等を責任をもって行う体制が整備されているときは，その時間を当該教科等の年間授業時数に含めることができること。

(ウ) 給食，休憩などの時間については，各学校において工夫を加え，適切に定めること。

(エ) 各学校において，生徒や学校，地域の実態，各教科等や学習活動の特質等に応じて，創意工夫を生かした時間割を

弾力的に編成できること。

エ　総合的な学習の時間における学習活動により，特別活動の学校行事に掲げる各行事の実施と同様の成果が期待できる場合においては，総合的な学習の時間における学習活動をもって相当する特別活動の学校行事に掲げる各行事の実施に替えることができる。

(3) 指導計画の作成等に当たっての配慮事項

各学校においては，次の事項に配慮しながら，学校の創意工夫を生かし，全体として，調和のとれた具体的な指導計画を作成するものとする。

ア　各教科等の指導内容については，(1)のアを踏まえつつ，単元や題材など内容や時間のまとまりを見通しながら，そのまとめ方や重点の置き方に適切な工夫を加え，第3の1に示す主体的・対話的で深い学びの実現に向けた授業改善を通して資質・能力を育む効果的な指導ができるようにすること。

イ　各教科等及び各学年相互間の関連を図り，系統的，発展的な指導ができるようにすること。

4　学校段階間の接続

教育課程の編成に当たっては，次の事項に配慮しながら，学校段階間の接続を図るものとする。

(1) 小学校学習指導要領を踏まえ，小学校教育までの学習の成果が中学校教育に円滑に接続され，義務教育段階の終わりまでに育成することを目指す資質・能力を，生徒が確実に身に付けることができるよう工夫すること。特に，義務教育学校，小学校連携型中学校及び小学校併設型中学校においては，義務教育9年間を見通した計画的かつ継続的な教育課程を編成すること。

(2) 高等学校学習指導要領を踏まえ，高等学校教育及びその後の教育との円滑な接続が図られるよう工夫すること。特に，中等教育学校，連携型中学校及び併設型中学校においては，中等教育6年間を見通した計画的かつ継続的な教育課程を編成すること。

第3　教育課程の実施と学習評価

1　主体的・対話的で深い学びの実現に向けた授業改善

各教科等の指導に当たっては，次の事項に配慮するものとする。

(1) 第1の3の(1)から(3)までに示すことが偏りなく実現されるよう，単元や題材など内容や時間のまとまりを見通しながら，生徒の主体的・対話的で深い学びの実現に向けた授業改善を行うこと。

特に，各教科等において身に付けた知識及び技能を活用したり，思考力，判断力，表現力等や学びに向かう力，人間性等を発揮させたりして，学習の対象となる物事を捉え思考することにより，各教科等の特質に応じた物事を捉える視点や考え方（以下「見方・考え方」という。）が鍛えられていくことに留意し，生徒が各教科等の特質に応じた見方・考え方を働かせながら，知識を相互に関連付けてより深く理解したり，情報を精査して考えを形成したり，問題を見いだして解決策を考えたり，思いや考えを基に創造したりすることに向かう過程を重視した学習の充実を図ること。

(2) 第2の2の(1)に示す言語能力の育成を図るため，各学校において必要な言語環境を整えるとともに，国語科を要としつつ各教科等の特質に応じて，生徒の言語活動を充実すること。あわせて，(7)に示すとおり読書活動を充実すること。

(3) 第2の2の(1)に示す情報活用能力の育成を図るため，各学校において，コンピュータや情報通信ネットワークなどの情報手

151

段を活用するために必要な環境を整え，これらを適切に活用した学習活動の充実を図ること。また，各種の統計資料や新聞，視聴覚教材や教育機器などの教材・教具の適切な活用を図ること。

(4) 生徒が学習の見通しを立てたり学習したことを振り返ったりする活動を，計画的に取り入れるように工夫すること。

(5) 生徒が生命の有限性や自然の大切さ，主体的に挑戦してみることや多様な他者と協働することの重要性などを実感しながら理解することができるよう，各教科等の特質に応じた体験活動を重視し，家庭や地域社会と連携しつつ体系的・継続的に実施できるよう工夫すること。

(6) 生徒が自ら学習課題や学習活動を選択する機会を設けるなど，生徒の興味・関心を生かした自主的，自発的な学習が促されるよう工夫すること。

(7) 学校図書館を計画的に利用しその機能の活用を図り，生徒の主体的・対話的で深い学びの実現に向けた授業改善に生かすとともに，生徒の自主的，自発的な学習活動や読書活動を充実すること。また，地域の図書館や博物館，美術館，劇場，音楽堂等の施設の活用を積極的に図り，資料を活用した情報の収集や鑑賞等の学習活動を充実すること。

2 学習評価の充実
学習評価の実施に当たっては，次の事項に配慮するものとする。

(1) 生徒のよい点や進歩の状況などを積極的に評価し，学習したことの意義や価値を実感できるようにすること。また，各教科等の目標の実現に向けた学習状況を把握する観点から，単元や題材など内容や時間のまとまりを見通しながら評価の場面や方法を工夫して，学習の過程や成果を評価し，指導の改善や学習意欲の向上を図り，資質・能力の育成に生かすようにすること。

(2) 創意工夫の中で学習評価の妥当性や信頼性が高められるよう，組織的かつ計画的な取組を推進するとともに，学年や学校段階を越えて生徒の学習の成果が円滑に接続されるように工夫すること。

第4 生徒の発達の支援

1 生徒の発達を支える指導の充実
教育課程の編成及び実施に当たっては，次の事項に配慮するものとする。

(1) 学習や生活の基盤として，教師と生徒との信頼関係及び生徒相互のよりよい人間関係を育てるため，日頃から学級経営の充実を図ること。また，主に集団の場面で必要な指導や援助を行うガイダンスと，個々の生徒の多様な実態を踏まえ，一人一人が抱える課題に個別に対応した指導を行うカウンセリングの双方により，生徒の発達を支援すること。

(2) 生徒が，自己の存在感を実感しながら，よりよい人間関係を形成し，有意義で充実した学校生活を送る中で，現在及び将来における自己実現を図っていくことができるよう，生徒理解を深め，学習指導と関連付けながら，生徒指導の充実を図ること。

(3) 生徒が，学ぶことと自己の将来とのつながりを見通しながら，社会的・職業的自立に向けて必要な基盤となる資質・能力を身に付けていくことができるよう，特別活動を要としつつ各教科等の特質に応じて，キャリア教育の充実を図ること。その中で，生徒が自らの生き方を考え主体的に進路を選択することができるよう，学校の教育活動全体を通じ，組織的かつ計画的な進路指導を行うこと。

(4) 生徒が，基礎的・基本的な知識及び技能の習得も含め，学習

内容を確実に身に付けることができるよう，生徒や学校の実態に応じ，個別学習やグループ別学習，繰り返し学習，学習内容の習熟の程度に応じた学習，生徒の興味・関心等に応じた課題学習，補充的な学習や発展的な学習などの学習活動を取り入れることや，教師間の協力による指導体制を確保することなど，指導方法や指導体制の工夫改善により，個に応じた指導の充実を図ること。その際，第3の1の(3)に示す情報手段や教材・教具の活用を図ること。

2 特別な配慮を必要とする生徒への指導

(1) 障害のある生徒などへの指導

ア 障害のある生徒などについては，特別支援学校等の助言又は援助を活用しつつ，個々の生徒の障害の状態等に応じた指導内容や指導方法の工夫を組織的かつ計画的に行うものとする。

イ 特別支援学級において実施する特別の教育課程については，次のとおり編成するものとする。

(ｱ) 障害による学習上又は生活上の困難を克服し自立を図るため，特別支援学校小学部・中学部学習指導要領第7章に示す自立活動を取り入れること。

(ｲ) 生徒の障害の程度や学級の実態等を考慮の上，各教科の目標や内容を下学年の教科の目標や内容に替えたり，各教科を，知的障害者である生徒に対する教育を行う特別支援学校の各教科に替えたりするなどして，実態に応じた教育課程を編成すること。

ウ 障害のある生徒に対して，通級による指導を行い，特別の教育課程を編成する場合には，特別支援学校小学部・中学部学習指導要領第7章に示す自立活動の内容を参考とし，具体的な目標や内容を定め，指導を行うものとする。その際，効果的な指導が行われるよう，各教科等と通級による指導との関連を図るなど，教師間の連携に努めるものとする。

エ 障害のある生徒などについては，家庭，地域及び医療や福祉，保健，労働等の業務を行う関係機関との連携を図り，長期的な視点で生徒への教育的支援を行うために，個別の教育支援計画を作成し活用することに努めるとともに，各教科等の指導に当たって，個々の生徒の実態を的確に把握し，個別の指導計画を作成し活用することに努めるものとする。特に，特別支援学級に在籍する生徒や通級による指導を受ける生徒については，個々の生徒の実態を的確に把握し，個別の教育支援計画や個別の指導計画を作成し，効果的に活用するものとする。

(2) 海外から帰国した生徒などの学校生活への適応や，日本語の習得に困難のある生徒に対する日本語指導

ア 海外から帰国した生徒などについては，学校生活への適応を図るとともに，外国における生活経験を生かすなどの適切な指導を行うものとする。

イ 日本語の習得に困難のある生徒については，個々の生徒の実態に応じた指導内容や指導方法の工夫を組織的かつ計画的に行うものとする。特に，通級による日本語指導については，教師間の連携に努め，指導についての計画を個別に作成することなどにより，効果的な指導に努めるものとする。

(3) 不登校生徒への配慮

ア 不登校生徒については，保護者や関係機関と連携を図り，心理や福祉の専門家の助言又は援助を得ながら，社会的自立を目指す観点から，個々の生徒の実態に応じた情報の提供その他の必要な支援を行うものとする。

イ　相当の期間中学校を欠席し引き続き欠席すると認められる生徒を対象として，文部科学大臣が認める特別の教育課程を編成する場合には，生徒の実態に配慮した教育課程を編成するとともに，個別学習やグループ別学習など指導方法や指導体制の工夫改善に努めるものとする。
(4)　学齢を経過した者への配慮
　　ア　夜間その他の特別の時間に授業を行う課程において学齢を経過した者を対象として特別の教育課程を編成する場合には，学齢を経過した者の年齢，経験又は勤労状況その他の実情を踏まえ，中学校教育の目的及び目標並びに第2章以下に示す各教科等の目標に照らして，中学校教育を通じて育成を目指す資質・能力を身に付けることができるようにするものとする。
　　イ　学齢を経過した者を教育する場合には，個別学習やグループ別学習など指導方法や指導体制の工夫改善に努めるものとする。

第5　学校運営上の留意事項

1　教育課程の改善と学校評価，教育課程外の活動との連携等
　　ア　各学校においては，校長の方針の下に，校務分掌に基づき教職員が適切に役割を分担しつつ，相互に連携しながら，各学校の特色を生かしたカリキュラム・マネジメントを行うよう努めるものとする。また，各学校が行う学校評価については，教育課程の編成，実施，改善が教育活動や学校運営の中核となることを踏まえ，カリキュラム・マネジメントと関連付けながら実施するよう留意するものとする。
　　イ　教育課程の編成及び実施に当たっては，学校保健計画，学校安全計画，食に関する指導の全体計画，いじめの防止等のための対策に関する基本的な方針など，各分野における学校の全体計画等と関連付けながら，効果的な指導が行われるように留意するものとする。
　　ウ　教育課程外の学校教育活動と教育課程の関連が図られるように留意するものとする。特に，生徒の自主的，自発的な参加により行われる部活動については，スポーツや文化，科学等に親しませ，学習意欲の向上や責任感，連帯感の涵養等，学校教育が目指す資質・能力の育成に資するものであり，学校教育の一環として，教育課程との関連が図られるよう留意すること。その際，学校や地域の実態に応じ，地域の人々の協力，社会教育施設や社会教育関係団体等の各種団体との連携などの運営上の工夫を行い，持続可能な運営体制が整えられるようにするものとする。
2　家庭や地域社会との連携及び協働と学校間の連携
　　教育課程の編成及び実施に当たっては，次の事項に配慮するものとする。
　　ア　学校がその目的を達成するため，学校や地域の実態等に応じ，教育活動の実施に必要な人的又は物的な体制を家庭や地域の人々の協力を得ながら整えるなど，家庭や地域社会との連携及び協働を深めること。また，高齢者や異年齢の子供など，地域における世代を越えた交流の機会を設けること。
　　イ　他の中学校や，幼稚園，認定こども園，保育所，小学校，高等学校，特別支援学校などとの間の連携や交流を図るとともに，障害のある幼児児童生徒との交流及び共同学習の機会を設け，共に尊重し合いながら協働して生活していく態度を育むようにすること。

第6　道徳教育に関する配慮事項

　道徳教育を進めるに当たっては，道徳教育の特質を踏まえ，前項までに示す事項に加え，次の事項に配慮するものとする。
1　各学校においては，第1の2の(2)に示す道徳教育の目標を踏まえ，道徳教育の全体計画を作成し，校長の方針の下に，道徳教育の推進を主に担当する教師（以下「道徳教育推進教師」という。）を中心に，全教師が協力して道徳教育を展開すること。なお，道徳教育の全体計画の作成に当たっては，生徒や学校，地域の実態を考慮して，学校の道徳教育の重点目標を設定するとともに，道徳科の指導方針，第3章特別の教科道徳の第2に示す内容との関連を踏まえた各教科，総合的な学習の時間及び特別活動における指導の内容及び時期並びに家庭や地域社会との連携の方法を示すこと。
2　各学校においては，生徒の発達の段階や特性等を踏まえ，指導内容の重点化を図ること。その際，小学校における道徳教育の指導内容を更に発展させ，自立心や自律性を高め，規律ある生活をすること，生命を尊重する心や自らの弱さを克服して気高く生きようとする心を育てること，法やきまりの意義に関する理解を深めること，自らの将来の生き方を考え主体的に社会の形成に参画する意欲と態度を養うこと，伝統と文化を尊重し，それらを育んできた我が国と郷土を愛するとともに，他国を尊重すること，国際社会に生きる日本人としての自覚を身に付けることに留意すること。
3　学校や学級内の人間関係や環境を整えるとともに，職場体験活動やボランティア活動，自然体験活動，地域の行事への参加などの豊かな体験を充実すること。また，道徳教育の指導内容が，生徒の日常生活に生かされるようにすること。その際，いじめの防止や安全の確保等にも資することとなるよう留意すること。
4　学校の道徳教育の全体計画や道徳教育に関する諸活動などの情報を積極的に公表したり，道徳教育の充実のために家庭や地域の人々の積極的な参加や協力を得たりするなど，家庭や地域社会との共通理解を深め，相互の連携を図ること。

第5章　特別活動

第1　目標

　集団や社会の形成者としての見方・考え方を働かせ，様々な集団活動に自主的，実践的に取り組み，互いのよさや可能性を発揮しながら集団や自己の生活上の課題を解決することを通して，次のとおり資質・能力を育成することを目指す。
　(1)　多様な他者と協働する様々な集団活動の意義や活動を行う上で必要となることについて理解し，行動の仕方を身に付けるようにする。
　(2)　集団や自己の生活，人間関係の課題を見いだし，解決するために話し合い，合意形成を図ったり，意思決定したりすることができるようにする。
　(3)　自主的，実践的な集団活動を通して身に付けたことを生かして，集団や社会における生活及び人間関係をよりよく形成するとともに，人間としての生き方についての考えを深め，自己実現を図ろうとする態度を養う。

第2　各活動・学校行事の目標及び内容

〔学級活動〕
1　目標
　　学級や学校での生活をよりよくするための課題を見いだし，解

決するために話し合い，合意形成し，役割を分担して協力して実践したり，学級での話合いを生かして自己の課題の解決及び将来の生き方を描くために意思決定して実践したりすることに，自主的，実践的に取り組むことを通して，第1の目標に掲げる資質・能力を育成することを目指す。

2　内容
　　1の資質・能力を育成するため，全ての学年において，次の各活動を通して，それぞれの活動の意義及び活動を行う上で必要となることについて理解し，主体的に考えて実践できるよう指導する。
（1）学級や学校における生活づくりへの参画
　　ア　学級や学校における生活上の諸問題の解決
　　　　学級や学校における生活をよりよくするための課題を見いだし，解決するために話し合い，合意形成を図り，実践すること。
　　イ　学級内の組織づくりや役割の自覚
　　　　学級生活の充実や向上のため，生徒が主体的に組織をつくり，役割を自覚しながら仕事を分担して，協力し合い実践すること。
　　ウ　学校における多様な集団の生活の向上
　　　　生徒会など学級の枠を超えた多様な集団における活動や学校行事を通して学校生活の向上を図るため，学級としての提案や取組を話し合って決めること。
（2）日常の生活や学習への適応と自己の成長及び健康安全
　　ア　自他の個性の理解と尊重，よりよい人間関係の形成
　　　　自他の個性を理解して尊重し，互いのよさや可能性を発揮しながらよりよい集団生活をつくること。
　　イ　男女相互の理解と協力
　　　　男女相互について理解するとともに，共に協力し尊重し合い，充実した生活づくりに参画すること。
　　ウ　思春期の不安や悩みの解決，性的な発達への対応
　　　　心や体に関する正しい理解を基に，適切な行動をとり，悩みや不安に向き合い乗り越えようとすること。
　　エ　心身ともに健康で安全な生活態度や習慣の形成
　　　　節度ある生活を送るなど現在及び生涯にわたって心身の健康を保持増進することや，事件や事故，災害等から身を守り安全に行動すること。
　　オ　食育の観点を踏まえた学校給食と望ましい食習慣の形成
　　　　給食の時間を中心としながら，成長や健康管理を意識するなど，望ましい食習慣の形成を図るとともに，食事を通して人間関係をよりよくすること。
（3）一人一人のキャリア形成と自己実現
　　ア　社会生活，職業生活との接続を踏まえた主体的な学習態度の形成と学校図書館等の活用
　　　　現在及び将来の学習と自己実現とのつながりを考えたり，自主的に学習する場としての学校図書館等を活用したりしながら，学ぶことと働くことの意義を意識して学習の見通しを立て，振り返ること。
　　イ　社会参画意識の醸成や勤労観・職業観の形成
　　　　社会の一員としての自覚や責任を持ち，社会生活を営む上で必要なマナーやルール，働くことや社会に貢献することについて考えて行動すること。
　　ウ　主体的な進路の選択と将来設計
　　　　目標をもって，生き方や進路に関する適切な情報を収集・整理し，自己の個性や興味・関心と照らして考えること。

3　内容の取扱い
（1）2の(1)の指導に当たっては，集団としての意見をまとめる話し合い活動など小学校からの積み重ねや経験を生かし，それらを発展させることができるよう工夫すること。
（2）2の(3)の指導に当たっては，学校，家庭及び地域における学習や生活の見通しを立て，学んだことを振り返りながら，新たな学習や生活への意欲につなげたり，将来の生き方を考えたりする活動を行うこと。その際，生徒が活動を記録し蓄積する教材等を活用すること。

〔生徒会活動〕
1　目　標
　　異年齢の生徒同士で協力し，学校生活の充実と向上を図るための諸問題の解決に向けて，計画を立て役割を分担し，協力して運営することに自主的，実践的に取り組むことを通して，第1の目標に掲げる資質・能力を育成することを目指す。

2　内　容
　　1の資質・能力を育成するため，学校の全生徒をもって組織する生徒会において，次の各活動を通して，それぞれの活動の意義及び活動を行う上で必要となることについて理解し，主体的に考えて実践できるよう指導する。
（1）生徒会の組織づくりと生徒会活動の計画や運営
　　生徒が主体的に組織をつくり，役割を分担し，計画を立て，学校生活の課題を見いだし解決するために話し合い，合意形成を図り実践すること。
（2）学校行事への協力
　　学校行事の特質に応じて，生徒会の組織を活用して，計画の一部を担当したり，運営に主体的に協力したりすること。
（3）ボランティア活動などの社会参画
　　地域や社会の課題を見いだし，具体的な対策を考え，実践し，地域や社会に参画できるようにすること。

〔学校行事〕
1　目　標
　　全校又は学年の生徒で協力し，よりよい学校生活を築くための体験的な活動を通して，集団への所属感や連帯感を深め，公共の精神を養いながら，第1の目標に掲げる資質・能力を育成することを目指す。

2　内　容
　　1の資質・能力を育成するため，全ての学年において，全校又は学年を単位として，次の各行事において，学校生活に秩序と変化を与え，学校生活の充実と発展に資する体験的な活動を行うことを通して，それぞれの学校行事の意義及び活動を行う上で必要となることについて理解し，主体的に考えて実践できるよう指導する。
（1）儀式的行事
　　学校生活に有意義な変化や折り目を付け，厳粛で清新な気分を味わい，新しい生活の展開への動機付けとなるようにすること。
（2）文化的行事
　　平素の学習活動の成果を発表し，自己の向上の意欲を一層高めたり，文化や芸術に親しんだりするようにすること。
（3）健康安全・体育的行事
　　心身の健全な発達や健康の保持増進，事件や事故，災害等から身を守る安全な行動や規律ある集団行動の体得，運動に親し

む態度の育成，責任感や連帯感の涵養，体力の向上などに資するようにすること。

(4) 旅行・集団宿泊的行事

　　平素と異なる生活環境にあって，見聞を広め，自然や文化などに親しむとともに，よりよい人間関係を築くなどの集団生活の在り方や公衆道徳などについての体験を積むことができるようにすること。

(5) 勤労生産・奉仕的行事

　　勤労の尊さや生産の喜びを体得し，職場体験活動などの勤労観・職業観に関わる啓発的な体験が得られるようにするとともに，共に助け合って生きることの喜びを体得し，ボランティア活動などの社会奉仕の精神を養う体験が得られるようにすること。

3　内容の取扱い

(1) 生徒や学校，地域の実態に応じて，2に示す行事の種類ごとに，行事及びその内容を重点化するとともに，各行事の趣旨を生かした上で，行事間の関連や統合を図るなど精選して実施すること。また，実施に当たっては，自然体験や社会体験などの体験活動を充実するとともに，体験活動を通して気付いたことなどを振り返り，まとめたり，発表し合ったりするなどの事後の活動を充実すること。

第3　指導計画の作成と内容の取扱い

1　指導計画の作成に当たっては，次の事項に配慮するものとする。

(1) 特別活動の各活動及び学校行事を見通して，その中で育む資質・能力の育成に向けて，生徒の主体的・対話的で深い学びの実現を図るようにすること。その際，よりよい人間関係の形成，よりよい集団生活の構築や社会への参画及び自己実現に資するよう，生徒が集団や社会の形成者としての見方・考え方を働かせ，様々な集団活動に自主的，実践的に取り組む中で，互いのよさや個性，多様な考えを認め合い，等しく合意形成に関わり役割を担うようにすることを重視すること。

(2) 各学校においては特別活動の全体計画や各活動及び学校行事の年間指導計画を作成すること。その際，学校の創意工夫を生かし，学級や学校，地域の実態，生徒の発達の段階などを考慮するとともに，第2に示す内容相互及び各教科，道徳科，総合的な学習の時間などの指導との関連を図り，生徒による自主的，実践的な活動が助長されるようにすること。また，家庭や地域の人々との連携，社会教育施設等の活用などを工夫すること。

(3) 学級活動における生徒の自発的，自治的な活動を中心として，各活動と学校行事を相互に関連付けながら，個々の生徒についての理解を深め，教師と生徒，生徒相互の信頼関係を育み，学級経営の充実を図ること。その際，特に，いじめの未然防止等を含めた生徒指導との関連を図るようにすること。

(4) 障害のある生徒などについては，学習活動を行う場合に生じる困難さに応じた指導内容や指導方法の工夫を計画的，組織的に行うこと。

(5) 第1章総則の第1の2の(2)に示す道徳教育の目標に基づき，道徳科などとの関連を考慮しながら，第3章特別の教科道徳の第2に示す内容について，特別活動の特質に応じて適切な指導をすること。

2　第2の内容の取扱いについては，次の事項に配慮するものとする。

(1) 学級活動及び生徒会活動の指導については，指導内容の特質に応じて，教師の適切な指導の下に，生徒の自発的，自治的な活動が効果的に展開されるようにすること。その際，よりよい

生活を築くために自分たちできまりをつくって守る活動などを充実するよう工夫すること。

(2) 生徒及び学校の実態並びに第1章総則の第6の2に示す道徳教育の重点などを踏まえ，各学年において取り上げる指導内容の重点化を図るとともに，必要に応じて，内容間の関連や統合を図ったり，他の内容を加えたりすることができること。

(3) 学校生活への適応や人間関係の形成，進路の選択などについては，主に集団の場面で必要な指導や援助を行うガイダンスと，個々の生徒の多様な実態を踏まえ，一人一人が抱える課題に個別に対応した指導を行うカウンセリング(教育相談を含む。)の双方の趣旨を踏まえて指導を行うこと。特に入学当初においては，個々の生徒が学校生活に適応するとともに，希望や目標をもって生活をできるよう工夫すること。あわせて，生徒の家庭との連絡を密にすること。

(4) 異年齢集団による交流を重視するとともに，幼児，高齢者，障害のある人々などとの交流や対話，障害のある幼児児童生徒との交流及び共同学習の機会を通して，協働することや，他者の役に立ったり社会に貢献したりすることの喜びを得られる活動を充実すること。

3　入学式や卒業式などにおいては，その意義を踏まえ，国旗を掲揚するとともに，国歌を斉唱するよう指導するものとする。

学校教育法施行規則

平成二十九年三月三十一日公布(平成二十九年文部省令第二十号)改正(令和二年四月一日より施行)

別表第一(第五十一条関係)

区　　分		第1学年	第2学年	第3学年	第4学年	第5学年	第6学年
各教科の授業時数	国　　語	306	315	245	245	175	175
	社　　会			70	90	100	105
	算　　数	136	175	175	175	175	175
	理　　科			90	105	105	105
	生　　活	102	105				
	音　　楽	68	70	60	60	50	50
	図画工作	68	70	60	60	50	50
	家　　庭					60	55
	体　　育	102	105	105	105	90	90
	外 国 語					70	70
特別の教科である道徳の授業時数		34	35	35	35	35	35
外国語活動の授業時数				35	35		
総合的な学習の時間の授業時数				70	70	70	70
特別活動の授業時数		34	35	35	35	35	35
総授業時数		850	910	980	1015	1015	1015

備考
一　この表の授業時数の一単位時間は、四十五分とする。
二　特別活動の授業時数は，小学校学習指導要領で定める学級活動(学校給食に係るものを除く。)に充てるものとする。
三　第五十条第二項の場合において，特別の教科である道徳のほかに宗教を加えるときは，宗教の授業時数をもつてこの表の特別の教科である道徳の授業時数の一部に代えることができる。(別表第二及び別表第四の場合においても同様とする。)

別表第二(第七十三条関係)

区　　分		第1学年	第2学年	第3学年
各教科の授業時数	国　　語	140	140	105
	社　　会	105	105	140
	数　　学	140	105	140
	理　　科	105	140	140
	音　　楽	45	35	35
	美　　術	45	35	35
	保健体育	105	105	105
	技術・家庭	70	70	35
	外 国 語	140	140	140
特別の教科である道徳の授業時数		35	35	35
総合的な学習の時間の授業時数		50	70	70
特別活動の授業時数		35	35	35
総授業時数		1015	1015	1015

備考
一　この表の授業時数の一単位時間は，五十分とする。
二　特別活動の授業時数は，中学校学習指導要領で定める学級活動(学校給食に係るものを除く。)に充てるものとする。

高等学校の各学科に共通する各教科・科目及び総合的な探究の時間並びに標準単位数(平成30年の学習指導要領第1章総則の第2款より)

教科等	科　　目	標準単位数	教科等	科　　目	標準単位数	教科等	科　　目	標準単位数
国　語	現代の国語	2	理　科	科学と人間生活	2	芸　術	書　道 I	2
	言語文化	2		物理基礎	2		書　道 II	2
	論理国語	4		物　理	4		書　道 III	2
	文学国語	4		化学基礎	2	外国語	英語コミュニケーション I	3
	国語表現	4		化　学	4		英語コミュニケーション II	4
	古典探究	4		生物基礎	2		英語コミュニケーション III	4
地理歴史	地理総合	2		生　物	4		論理・表現 I	2
	地理探究	3		地学基礎	2		論理・表現 II	2
	歴史総合	2		地　学	4		論理・表現 III	2
	日本史探究	3	保健体育	体　育	7〜8	家　庭	家庭基礎	2
	世界史探究	3		保　健	2		家庭総合	4
公　民	公　共	2	芸　術	音　楽 I	2	情　報	情　報 I	2
	倫　理	2		音　楽 II	2		情　報 II	2
	政治・経済	2		音　楽 III	2	理　数	理数探究基礎	1
数　学	数　学 I	3		美　術 I	2		理数探究	2〜5
	数　学 II	4		美　術 II	2	総合的な探究の時間		3〜6
	数　学 III	3		美　術 III	2			
	数　学 A	2		工　芸 I	2			
	数　学 B	2		工　芸 II	2			
	数　学 C	2		工　芸 III	2			

※35単位時間の授業を1単位とする(標準)

高等学校の特別活動の授業時数(H30年の学習指導要領第1章総則の第2款3(3)より)
エ　ホームルーム活動の授業時数については，原則として，年間35単位時間以上とするものとする。
オ　生徒会活動及び学校行事については，学校の実態に応じて，それぞれ適切な授業時数を充てるものとする。

第1款　高等学校教育の基本と教育課程の役割

1　各学校においては，教育基本法及び学校教育法その他の法令並びにこの章以下に示すところに従い，生徒の人間として調和のとれた育成を目指し，生徒の心身の発達の段階や特性等，課程や学科の特色及び学校や地域の実態を十分考慮して，適切な教育課程を編成するものとし，これらに掲げる目標を達成するよう教育を行うものとする。

2　学校の教育活動を進めるに当たっては，各学校において，第3款の1に示す主体的・対話的で深い学びの実現に向けた授業改善を通して，創意工夫を生かした特色ある教育活動を展開する中で，次の(1)から(3)までに掲げる事項の実現を図り，生徒に生きる力を育むことを目指すものとする。

(1)　基礎的・基本的な知識及び技能を確実に習得させ，これらを活用して課題を解決するために必要な思考力，判断力，表現力等を育むとともに，主体的に学習に取り組む態度を養い，個性を生かし多様な人々との協働を促す教育の充実に努めること。その際，生徒の発達の段階を考慮して，生徒の言語活動など，学習の基盤をつくる活動を充実するとともに，家庭との連携を図りながら，生徒の学習習慣が確立するよう配慮すること。

(2)　道徳教育や体験活動，多様な表現や鑑賞の活動等を通して，豊かな心や創造性の涵養を目指した教育の充実に努めること。
　学校における道徳教育は，人間としての在り方生き方に関する教育を学校の教育活動全体を通じて行うことによりその充実を図るものとし，各教科に属する科目（以下「各教科・科目」という。），総合的な探究の時間及び特別活動（以下「各教科・科目等」という。）のそれぞれの特質に応じて，適切な指導を行うこと。
　道徳教育は，教育基本法及び学校教育法に定められた教育の根本精神に基づき，生徒が自己探求と自己実現に努め国家・社会の一員としての自覚に基づき行為しうる発達の段階にあることを考慮し，人間としての在り方生き方を考え，主体的な判断の下に行動し，自立した人間として他者と共によりよく生きるための基盤となる道徳性を養うことを目標とすること。
　道徳教育を進めるに当たっては，人間尊重の精神と生命に対する畏敬の念を家庭，学校，その他社会における具体的な生活の中に生かし，豊かな心をもち，伝統と文化を尊重し，それらを育んできた我が国と郷土を愛し，個性豊かな文化の創造を図るとともに，平和で民主的な国家及び社会の形成者として，公共の精神を尊び，社会及び国家の発展に努め，他国を尊重し，国際社会の平和と発展や環境の保全に貢献し未来を拓く主体性のある日本人の育成に資することとなるよう特に留意すること。

(3)　学校における体育・健康に関する指導を，生徒の発達の段階を考慮して，学校の教育活動全体を通じて適切に行うことにより，健康で安全な生活と豊かなスポーツライフの実現を目指した教育の充実に努めること。特に，学校における食育の推進並びに体力の向上に関する指導，安全に関する指導及び心身の健康の保持増進に関する指導については，保健体育科，家庭科及び特別活動の時間はもとより，各教科・科目及び総合的な探究の時間などにおいてもそれぞれの特質に応じて適切に行うよう努めること。また，それらの指導を通して，家庭や地域社会との連携を図りながら，日常生活において適切な体育・健康に関する活動の実践を促し，生涯を通じて健康・安全で活力ある生活を送るための基礎が培われるよう配慮すること。

3　2の(1)から(3)までに掲げる事項の実現を図り，豊かな創造性を備え持続可能な社会の創り手となることが期待される生徒に，生きる力を育むことを目指すに当たっては，学校教育全体及び各教科・科目等の指導を通してどのような資質・能力の育成を目指すのかを明確にしながら，教育活動の充実を図るものとする。その際，生徒の発達の段階や特性等を踏まえつつ，次に掲げることが偏りなく実現できるようにするものとする。

(1)　知識及び技能が習得されるようにすること。

(2)　思考力，判断力，表現力等を育成すること。

(3)　学びに向かう力，人間性等を涵養すること。

4　学校においては，地域や学校の実態等に応じて，就業やボランティアに関わる体験的な学習の指導を適切に行うようにし，勤労の尊さや創造することの喜びを体得させ，望ましい勤労観，職業観の育成や社会奉仕の精神の涵養に資するものとする。

5　各学校においては，生徒や学校，地域の実態を適切に把握し，教育の目的や目標の実現に必要な教育の内容等を教科等横断的な視点で組み立てていくこと，教育課程の実施状況を評価してその改善を図っていくこと，教育課程の実施に必要な人的又は物的な体制を確保するとともにその改善を図っていくことなどを通して，教育課程に基づき組織的かつ計画的に各学校の教育活動の質の向上を図っていくこと（以下「カリキュラム・マネジメント」という。）に努めるものとする。

第2款　教育課程の編成

3　教育課程の編成における共通的事項

(3)　各教科・科目等の授業時数等

ア　全日制の課程における各教科・科目及びホームルーム活動の授業は，年間35週行うことを標準とし，必要がある場合には，各教科・科目の授業を特定の学期又は特定の期間（夏季，冬季，学年末等の休業日の期間に授業日を設定する場合を含む。）に行うことができる。

イ　全日制の課程における週当たりの授業時数は，30単位時間を標準とする。ただし，必要がある場合には，これを増加することができる。

ウ　定時制の課程における授業日数の季節的配分又は週若しくは1日当たりの授業時数については，生徒の勤労状況と地域の諸事情等を考慮して，適切に定めるものとする。

エ　ホームルーム活動の授業時数については，原則として，年間35単位時間以上とするものとする。

オ　生徒会活動及び学校行事については，学校の実態に応じて，それぞれ適切な授業時数を充てるものとする。

カ　定時制の課程において，特別の事情がある場合には，ホームルーム活動の授業時数の一部を減じ，又はホームルーム活動及び生徒会活動の内容の一部を行わないものとすることができる。

キ　各教科・科目等のそれぞれの授業の1単位時間は，各学校において，各教科・科目等の授業時数を確保しつつ，生徒の実態及び各教科・科目等の特質を考慮して適切に定めるものとする。

ク　各教科・科目等の特質に応じ，10分から15分程度の短い時間を活用して特定の各教科・科目等の指導を行う場合において，当該各教科・科目等を担当する教師が単元や題材など内容や時間のまとまりを見通した中で，その指導内容の決定や指導の成果の把握と活用等を責任をもって行う体制が整備されているときは，その時間を当該各教科・科目等の授業時数に含めることができる。

ケ　総合的な探究の時間における学習活動により，特別活動の学校行事に掲げる各行事の実施と同様の成果が期待できる場合においては，総合的な探究の時間における学習活動をもって相当する特別活動の学校行事に掲げる各行事の実施に替えることができる。

コ　理数の「理数探究基礎」又は「理数探究」の履修により，総合的な探究の時間の履修と同様の成果が期待できる場合に

おいては，「理数探究基礎」又は「理数探究」の履修をもって総合的な探究の時間の履修の一部又は全部に替えることができる。

第5款　生徒の発達の支援

1　生徒の発達を支える指導の充実
　教育課程の編成及び実施に当たっては，次の事項に配慮するものとする。
（1）学習や生活の基盤として，教師と生徒との信頼関係及び生徒相互のよりよい人間関係を育てるため，日頃からホームルーム経営の充実を図ること。また，主に集団の場面で必要な指導や援助を行うガイダンスと，個々の生徒の多様な実態を踏まえ，一人一人が抱える課題に個別に対応した指導を行うカウンセリングの双方により，生徒の発達を支援すること。
（2）生徒が，自己の存在感を実感しながら，よりよい人間関係を形成し，有意義で充実した学校生活を送る中で，現在及び将来における自己実現を図っていくことができるよう，生徒理解を深め，学習指導と関連付けながら，生徒指導の充実を図ること。
（3）生徒が，学ぶことと自己の将来とのつながりを見通しながら，社会的・職業的自立に向けて必要な基盤となる資質・能力を身に付けていくことができるよう，特別活動を要としつつ各教科・科目等の特質に応じて，キャリア教育の充実を図ること。その中で，生徒が自己の在り方生き方を考え主体的に進路を選択することができるよう，学校の教育活動全体を通じ，組織的かつ計画的な進路指導を行うこと。
（4）学校の教育活動全体を通じて，個々の生徒の特性等の的確な把握に努め，その伸長を図ること。また，生徒が適切な各教科・科目や類型を選択し学校やホームルームでの生活によりよく適応するとともに，現在及び将来の生き方を考え行動する態度や能力を育成することができるようにすること。
（5）生徒が，基礎的・基本的な知識及び技能の習得も含め，学習内容を確実に身に付けることができるよう，生徒や学校の実態に応じ，個別学習やグループ別学習，繰り返し学習，学習内容の習熟の程度に応じた学習，生徒の興味・関心等に応じた課題学習，補充的な学習や発展的な学習などの学習活動を取り入れることや，教師間の協力による指導体制を確保することなど，指導方法や指導体制の工夫改善により，個に応じた指導の充実を図ること。その際，第3款の1の(3)に示す情報手段や教材・教具の活用を図ること。
（6）学習の遅れがちな生徒などについては，各教科・科目等の選択，その内容の取扱いなどについて必要な配慮を行い，生徒の実態に応じ，例えば義務教育段階の学習内容の確実な定着を図るための指導を適宜取り入れるなど，指導内容や指導方法を工夫すること。

2　特別な配慮を必要とする生徒への指導
（1）障害のある生徒などへの指導
　ア　障害のある生徒などについては，特別支援学校等の助言又は援助を活用しつつ，個々の生徒の障害の状態等に応じた指導内容や指導方法の工夫を組織的かつ計画的に行うものとする。
　イ　障害のある生徒に対して，学校教育法施行規則第140条の規定に基づき，特別の教育課程を編成し，障害に応じた特別の指導（以下「通級による指導」という。）を行う場合には，学校教育法施行規則第129条の規定により定める現行の特別支援学校高等部学習指導要領第6章に示す自立活動の内容を参考とし，具体的な目標や内容を定め，指導を行うものとする。その際，通級による指導が効果的に行われるよう，各教科・科目等と通級による指導との関連を図るなど，教師間の連携に努めるものとする。なお，通級による指導における単位の修得の認定については，次のとおりとする。

（ア）学校においては，生徒が学校の定める個別の指導計画に従って通級による指導を履修し，その成果が個別に設定された指導目標からみて満足できると認められる場合には，当該学校の単位を修得したことを認定しなければならない。
（イ）学校においては，生徒が通級による指導を2以上の年次にわたって履修したときは，各年次ごとに当該学校の単位を修得したことを認定することを原則とする。ただし，年度途中から通級による指導を開始するなど，特定の年度における授業時数が，1単位として計算する標準の単位時間に満たない場合は，次年度以降に通級による指導の時間を設定し，2以上の年次にわたる授業時数を合算して単位の修得の認定を行うことができる。また，単位の修得の認定を学期の区分ごとに行うことができる。
　ウ　障害のある生徒などについては，家庭，地域及び医療や福祉，保健，労働等の業務を行う関係機関との連携を図り，長期的な視点で生徒への教育的支援を行うために，個別の教育支援計画を作成し活用することに努めるとともに，各教科・科目等の指導に当たって，個々の生徒の実態を的確に把握し，個別の指導計画を作成し活用することに努めるものとする。特に，通級による指導を受ける生徒については，個々の生徒の障害の状態等の実態を的確に把握し，個別の教育支援計画や個別の指導計画を作成し，効果的に活用するものとする。
（2）海外から帰国した生徒などの学校生活への適応や，日本語の習得に困難のある生徒に対する日本語指導
　ア　海外から帰国した生徒などについては，学校生活への適応を図るとともに，外国における生活経験を生かすなどの適切な指導を行うものとする。
　イ　日本語の習得に困難のある生徒については，個々の生徒の実態に応じた指導内容や指導方法の工夫を組織的かつ計画的に行うものとする。
（3）不登校生徒への配慮
　ア　不登校生徒については，保護者や関係機関と連携を図り，心理や福祉の専門家の助言又は援助を得ながら，社会的自立を目指す観点から，個々の生徒の実態に応じた情報の提供その他の必要な支援を行うものとする。
　イ　相当の期間高等学校を欠席し引き続き欠席すると認められる生徒等を対象として，文部科学大臣が認める特別の教育課程を編成する場合には，生徒の実態に配慮した教育課程を編成するとともに，個別学習やグループ別学習など指導方法や指導体制の工夫改善に努めるものとする。

第6款　学校運営上の留意事項

1　教育課程の改善と学校評価，教育課程外の活動との連携等
　ア　各学校においては，校長の方針の下に，校務分掌に基づき教職員が適切に役割を分担しつつ，相互に連携しながら，各学校の特色を生かしたカリキュラム・マネジメントを行うよう努めるものとする。また，各学校が行う学校評価については，教育課程の編成，実施，改善が教育活動や学校運営の中核となることを踏まえ，カリキュラム・マネジメントと関連付けながら実施するよう留意するものとする。
　イ　教育課程の編成及び実施に当たっては，学校保健計画，学校安全計画，食に関する指導の全体計画，いじめの防止等のための対策に関する基本的な方針など，各分野における学校の全体計画等と関連付けながら，効果的な指導が行われるように留意するものとする。
　ウ　教育課程外の学校教育活動と教育課程の関連が図られるように留意するものとする。特に，生徒の自主的，自発的な参加により行われる部活動については，スポーツや文化，科学等に親しませ，学習意欲の向上や責任感，連帯感の涵養等，学校教育が目指す資質・能力の育成に資するものであり，学校教育の一

環として，教育課程との関連が図られるよう留意すること。その際，学校や地域の実態に応じ，地域の人々の協力，社会教育施設や社会教育関係団体等の各種団体との連携などの運営上の工夫を行い，持続可能な運営体制が整えられるようにするものとする。
2 家庭や地域社会との連携及び協働と学校間の連携教育課程の編成及び実施に当たっては，次の事項に配慮するものとする。
ア 学校がその目的を達成するため，学校や地域の実態等に応じ，教育活動の実施に必要な人的又は物的な体制を家庭や地域の人々の協力を得ながら整えるなど，家庭や地域社会との連携及び協働を深めること。また，高齢者や異年齢の子供など，地域における世代を越えた交流の機会を設けること。
イ 他の高等学校や，幼稚園，認定こども園，保育所，小学校，中学校，特別支援学校及び大学などとの間の連携や交流を図るとともに，障害のある幼児児童生徒との交流及び共同学習の機会を設け，共に尊重し合いながら協働して生活していく態度を育むようにすること。

第5章 特別活動

第1 目 標
集団や社会の形成者としての見方・考え方を働かせ，様々な集団活動に自主的，実践的に取り組み，互いのよさや可能性を発揮しながら集団や自己の生活上の課題を解決することを通して，次のとおり資質・能力を育成することを目指す。
(1) 多様な他者と協働する様々な集団活動の意義や活動を行う上で必要となることについて理解し，行動の仕方を身に付けるようにする。
(2) 集団や自己の生活，人間関係の課題を見いだし，解決するために話し合い，合意形成を図ったり，意思決定したりすることができるようにする。
(3) 自主的，実践的な集団活動を通して身に付けたことを生かして，主体的に集団や社会に参画し，生活及び人間関係をよりよく形成するとともに，人間としての在り方生き方についての自覚を深め，自己実現を図ろうとする態度を養う。

第2 各活動・学校行事の目標及び内容
〔ホームルーム活動〕
1 目 標
ホームルームや学校での生活をよりよくするための課題を見いだし，解決するために話し合い，合意形成し，役割を分担して協力して実践したり，ホームルームでの話合いを生かして自己の課題の解決及び将来の生き方を描くために意思決定して実践したりすることに，自主的，実践的に取り組むことを通して，第1の目標に掲げる資質・能力を育成することを目指す。
2 内 容
1の資質・能力を育成するため，全ての学年において，次の各活動を通して，それぞれの活動の意義及び活動を行う上で必要となることについて理解し，主体的に考えて実践できるよう指導する。
(1) ホームルームや学校における生活づくりへの参画
ア ホームルームや学校における生活上の諸問題の解決
ホームルームや学校における生活を向上・充実させるための課題を見いだし，解決するために話し合い，合意形成を図り，実践すること。
イ ホームルーム内の組織づくりや役割の自覚
ホームルーム生活の充実や向上のため，生徒が主体的に組織をつくり，役割を自覚しながら仕事を分担して，協力し合い実践すること。
ウ 学校における多様な集団の生活の向上

生徒会などホームルームの枠を超えた多様な集団における活動や学校行事を通して学校生活の向上を図るため，ホームルームとしての提案や取組を話し合って決めること。
(2) 日常の生活や学習への適応と自己の成長及び健康安全
ア 自他の個性の理解と尊重，よりよい人間関係の形成
自他の個性を理解して尊重し，互いのよさや可能性を発揮し，コミュニケーションを図りながらよりよい集団生活をつくること。
イ 男女相互の理解と協力
男女相互について理解するとともに，共に協力し尊重し合い，充実した生活づくりに参画すること。
ウ 国際理解と国際交流の推進
我が国と他国の文化や生活習慣などについて理解し，よりよい交流の在り方を考えるなど，共に尊重し合い，主体的に国際社会に生きる日本人としての在り方生き方を探求しようとすること。
エ 青年期の悩みや課題とその解決
心や体に関する正しい理解を基に，適切な行動をとり，悩みや不安に向き合い乗り越えようとすること。
オ 生命の尊重と心身ともに健康で安全な生活態度や規律ある習慣の確立
節度ある健全な生活を送るなど現在及び生涯にわたって心身の健康を保持増進することや，事件や事故，災害等から身を守り安全に行動すること。
(3) 一人一人のキャリア形成と自己実現
ア 学校生活と社会的・職業的自立の意義の理解
現在及び将来の生活や学習と自己実現とのつながりを考えたり，社会的・職業的自立の意義を意識したりしながら，学習の見通しを立て，振り返ること。
イ 主体的な学習態度の確立と学校図書館等の活用
自主的に学習する場としての学校図書館等を活用し，自分にふさわしい学習方法や学習習慣を身に付けること。
ウ 社会参画意識の醸成や勤労観・職業観の形成
社会の一員としての自覚や責任をもち，社会生活を営む上で必要なマナーやルール，働くことや社会に貢献することについて考えて行動すること。
エ 主体的な進路の選択決定と将来設計
適性やキャリア形成などを踏まえた教科・科目を選択することなどについて，目標をもって，在り方生き方や進路に関する適切な情報を収集・整理し，自己の個性や興味・関心と照らして考えること。
3 内容の取扱い
(1) 内容の(1)の指導に当たっては，集団としての意見をまとめる話合い活動など中学校の積み重ねや経験を生かし，それらを発展させることができるよう工夫すること。
(2) 内容の(3)の指導に当たっては，学校，家庭及び地域における学習や生活の見通しを立て，学んだことを振り返りながら，新たな学習や生活への意欲につなげたり，将来の在り方生き方を考えたりする活動を行うこと。その際，生徒が活動を記録し蓄積する教材等を活用すること。

〔生徒会活動〕
1 目 標
異年齢の生徒同士で協力し，学校生活の充実と向上を図るための諸問題の解決に向けて，計画を立て役割を分担し，協力して運営することに自主的，実践的に取り組むことを通して，第1の目標に掲げる資質・能力を育成することを目指す。
2 内 容
1の資質・能力を育成するため，学校の全生徒をもって組織する生徒会において，次の各活動を通して，それぞれの活動の意義及び活動を行う上で必要となることについて理解し，主体的に考

えて実践できるよう指導する。
(1) 生徒会の組織づくりと生徒会活動の計画や運営
    生徒が主体的に組織をつくり，役割を分担し，計画を立て，
    学校生活の課題を見いだし解決するために話し合い，合意形成
    を図り実践すること。
(2) 学校行事への協力
    学校行事の特質に応じて，生徒会の組織を活用して，計画の
    一部を担当したり，運営に主体的に協力したりすること。
(3) ボランティア活動などの社会参画
    地域や社会の課題を見いだし，具体的な対策を考え，実践し，
    地域や社会に参画できるようにすること。

〔学校行事〕
1 目 標
    全校若しくは学年又はそれらに準ずる集団で協力し，よりよい
学校生活を築くための体験的な活動を通して，集団への所属感や
連帯感を深め，公共の精神を養いながら，第1の目標に掲げる資
質・能力を育成することを目指す。
2 内 容
    1の資質・能力を育成するため，全校若しくは学年又はそれら
に準ずる集団を単位として，次の各行事において，学校生活に秩
序と変化を与え，学校生活の充実と発展に資する体験的な活動を
行うことを通して，それぞれの学校行事の意義及び活動を行う上
で必要となることについて理解し，主体的に考えて実践できるよ
う指導する。
(1) 儀式的行事
    学校生活に有意義な変化や折り目を付け，厳粛で清新な気分を
    味わい，新しい生活の展開への動機付けとなるようにすること。
(2) 文化的行事
    平素の学習活動の成果を発表し，自己の向上の意欲を一層高
    めたり，文化や芸術に親しんだりするようにすること。
(3) 健康安全・体育的行事
    心身の健全な発達や健康の保持増進，事件や事故，災害等か
    ら身を守る安全な行動や規律ある集団行動の体得，運動に親し
    む態度の育成，責任感や連帯感の涵養，体力の向上などに資す
    るようにすること。
(4) 旅行・集団宿泊的行事
    平素と異なる生活環境にあって，見聞を広め，自然や文化な
    どに親しむとともに，よりよい人間関係を築くなどの集団生活
    の在り方や公衆道徳などについての体験を積むことができるよ
    うにすること。
(5) 勤労生産・奉仕的行事
    勤労の尊さや創造することの喜びを体得し，就業体験活動な
    どの勤労観・職業観の形成や進路の選択決定などに資する体験
    が得られるようにするとともに，共に助け合って生きることの
    喜びを体得し，ボランティア活動などの社会奉仕の精神を養う
    体験が得られるようにすること。
3 内容の取扱い
(1) 生徒や学校，地域の実態に応じて，内容に示す行事の種類ご
    とに，行事及びその内容を重点化するとともに，各行事の趣旨
    を生かした上で，行事間の関連や統合を図るなど精選して実施
    すること。また，実施に当たっては，自然体験や社会体験など
    の体験活動を充実するとともに，体験活動を通して気付いたこ
    となどを振り返り，まとめたり，発表し合ったりするなどの事
    後の活動を充実すること。

第3 指導計画の作成と内容の取扱い
1 指導計画の作成に当たっては，次の事項に配慮するものとする。
(1) 特別活動の各活動及び学校行事を見通して，その中で育む資
    質・能力の育成に向けて，生徒の主体的・対話的で深い学びの
    実現を図るようにすること。その際，よりよい人間関係の形成，

よりよい集団生活の構築や社会への参画及び自己実現に資する
よう，生徒が集団や社会の形成者としての見方・考え方を働か
せ，様々な集団活動に自主的，実践的に取り組む中で，互いの
よさや個性，多様な考えを認め合い，等しく合意形成に関わり
役割を担うようにすることを重視すること。
(2) 各学校においては，次の事項を踏まえて特別活動の全体計画
    や各活動及び学校行事の年間指導計画を作成すること。
    ア 学校の創意工夫を生かし，ホームルームや学校，地域の実
        態，生徒の発達の段階などを考慮すること。
    イ 第2に示す内容相互及び各教科・科目，総合的な探究の時
        間などの指導との関連を図り，生徒による自主的，実践的な
        活動が助長されるようにすること。特に社会において自立的
        に生きることができるようにするため，社会の一員としての
        自己の生き方を探求するなど，人間としての在り方生き方の
        指導が行われるようにすること。
    ウ 家庭や地域の人々との連携，社会教育施設等の活用などを
        工夫すること。その際，ボランティア活動などの社会奉仕の
        精神を養う体験的な活動や就業体験活動などの勤労に関わる
        体験的な活動の機会をできるだけ取り入れること。
(3) ホームルーム活動における生徒の自発的，自治的な活動を中
    心として，各活動と学校行事を相互に関連付けながら，個々の
    生徒についての理解を深め，教師と生徒，生徒相互の信頼関係
    を育み，ホームルーム経営の充実を図ること。その際，特に，
    いじめの未然防止等を含めた生徒指導との関連を図るようにす
    ること。
(4) 障害のある生徒などについては，学習活動を行う場合に生じ
    る困難さに応じた指導内容や指導方法の工夫を計画的，組織的
    に行うこと。
(5) 第1章第1款の2の(2)に示す道徳教育の目標に基づき，特別
    活動の特質に応じて適切な指導をすること。
(6) ホームルーム活動については，主としてホームルームごとに
    ホームルーム担任の教師が指導することを原則とし，活動の内
    容によっては他の教師などの協力を得ること。
2 内容の取扱いに当たっては，次の事項に配慮するものとする。
(1) ホームルーム活動及び生徒会活動の指導については，指導内
    容の特質に応じて，教師の適切な指導の下に，生徒の自発的，
    自治的な活動が効果的に展開されるようにすること。その際，
    よりよい生活を築くために自分たちできまりをつくって守る活
    動などを充実するよう工夫すること。
(2) 生徒及び学校の実態並びに第1章第7款の1に示す道徳教育
    の重点などを踏まえ，各学年において取り上げる指導内容の重
    点化を図るとともに，必要に応じて，内容間の関連や統合を図っ
    たり，他の内容を加えたりすることができること。
(3) 学校生活への適応や人間関係の形成，教科・科目や進路の選
    択などについては，主に集団の場面で必要な指導や援助を行う
    ガイダンスと，個々の生徒の多様な実態を踏まえ，一人一人が
    抱える課題に個別に対応した指導を行うカウンセリング（教育
    相談を含む。）の双方の趣旨を踏まえて指導を行うこと。特に入
    学当初においては，個々の生徒が学校生活に適応するとともに，
    希望や目標をもって生活をできるよう工夫すること。あわせて，
    生徒の家庭との連絡を密にすること。
(4) 異年齢集団による交流を重視するとともに，幼児，高齢者，
    障害のある人々などとの交流や対話，障害のある幼児児童生徒
    との交流及び共同学習の機会を通して，協働することや，他者
    の役に立ったり社会に貢献したりすることの喜びを得られる活
    動を充実すること。
(5) 特別活動の一環として学校給食を実施する場合には，食育の
    観点を踏まえた適切な指導を行うこと。
3 入学式や卒業式などにおいては，その意義を踏まえ，国旗を掲
揚するとともに，国歌を斉唱するよう指導するものとする。

2　教育関係法規抄（令和2年3月30日現在）

日本国憲法

（昭和21年11月3日　公布）

〔基本的人権の享有と本質〕

第11条　国民は、すべての基本的人権の享有を妨げられない。この憲法が国民に保障する基本的人権は、侵すことのできない永久の権利として、現在及び将来の国民に与へられる。

〔法の下の平等〕

第14条　すべて国民は、法の下に平等であつて、人種、信条、性別、社会的身分又は門地により、政治的、経済的又は社会的関係において、差別されない。

〔教育を受ける権利、教育の義務〕

第26条　すべて国民は、法律の定めるところにより、その能力に応じて、ひとしく教育を受ける権利を有する。

②　すべて国民は、法律の定めるところにより、その保護する子女に普通教育を受けさせる義務を負ふ。義務教育は、これを無償とする。

教育基本法

（平成18年12月22日　法律第120号）

　我々日本国民は、たゆまぬ努力によって築いてきた民主的で文化的な国家を更に発展させるとともに、世界の平和と人類の福祉の向上に貢献することを願うものである。

　我々は、この理想を実現するため、個人の尊厳を重んじ、真理と正義を希求し、公共の精神を尊び、豊かな人間性と創造性を備えた人間の育成を期するとともに、伝統を継承し、新しい文化の創造を目指す教育を推進する。

　ここに、我々は、日本国憲法の精神にのっとり、我が国の未来を切り拓く教育の基本を確立し、その振興を図るため、この法律を制定する。

第1章　教育の目的及び理念

（教育の目的）

第1条　教育は、人格の完成を目指し、平和で民主的な国家及び社会の形成者として必要な資質を備えた心身ともに健康な国民の育成を期して行われなければならない。

（教育の目標）

第2条　教育は、その目的を実現するため、学問の自由を尊重しつつ、次に掲げる目標を達成するよう行われるものとする。

一　幅広い知識と教養を身に付け、真理を求める態度を養い、豊かな情操と道徳心を培うとともに、健やかな身体を養うこと。

二　個人の価値を尊重して、その能力を伸ばし、創造性を培い、自主及び自律の精神を養うとともに、職業及び生活との関連を重視し、勤労を重んずる態度を養うこと。

三　正義と責任、男女の平等、自他の敬愛と協力を重んずるとともに、公共の精神に基づき、主体的に社会の形成に参画し、その発展に寄与する態度を養うこと。

四　生命を尊び、自然を大切にし、環境の保全に寄与する態度を養うこと。

五　伝統と文化を尊重し、それらをはぐくんできた我が国と郷土を愛するとともに、他国を尊重し、国際社会の平和と発展に寄与する態度を養うこと。

（生涯学習の理念）

第3条　国民一人一人が、自己の人格を磨き、豊かな人生を送ることができるよう、その生涯にわたって、あらゆる機会に、あらゆる場所において学習することができ、その成果を適切に生かすことのできる社会の実現が図られなければならない。

（教育の機会均等）

第4条　すべて国民は、ひとしく、その能力に応じた教育を受ける機会を与えられなければならず、人種、信条、性別、社会的身分、経済的地位又は門地によって、教育上差別されない。

2　国及び地方公共団体は、障害のある者が、その障害の状態に応じ、十分な教育を受けられるよう、教育上必要な支援を講じなければならない。

3　国及び地方公共団体は、能力があるにもかかわらず、経済的理由によって修学が困難な者に対して、奨学の措置を講じなければならない。

第2章　教育の実施に関する基本

（義務教育）

第5条　国民は、その保護する子に、別に法律で定めるところにより、普通教育を受けさせる義務を負う。

2　義務教育として行われる普通教育は、各個人の有する能力を伸ばしつつ社会において自立的に生きる基礎を培い、また、国家及び社会の形成者として必要とされる基本的な資質を養うことを目的として行われるものとする。

3　国及び地方公共団体は、義務教育の機会を保障し、その水準を確保するため、適切な役割分担及び相互の協力の下、その実施に責任を負う。

4　国又は地方公共団体の設置する学校における義務教育については、授業料を徴収しない。

（学校教育）

第6条　法律に定める学校は、公の性質を有するものであって、国、地方公共団体及び法律に定める法人のみが、これを設置することができる。

2　前項の学校においては、教育の目標が達成されるよう、教育を受ける者の心身の発達に応じて、体系的な教育が組織的に行われなければならない。この場合において、教育を受ける者が、学校生活を営む上で必要な規律を重んずるとともに、自ら進んで学習に取り組む意欲を高めることを重視して行われなければならない。

（大学）

第7条　大学は、学術の中心として、高い教養と専門的能力を培うとともに、深く真理を探究して新たな知見を創造し、これらの成果を広く社会に提供することにより、社会の発展に寄与するものとする。

2　大学については、自主性、自律性その他の大学における教育及び研究の特性が尊重されなければならない。

（私立学校）

第8条　私立学校の有する公の性質及び学校教育において果たす重要な役割にかんがみ、国及び地方公共団体は、その自主性を尊重しつつ、助成その他の適当な方法によって私立学校教育の振興に努めなければならない。

（教員）

第9条　法律に定める学校の教員は、自己の崇高な使命を深く自覚し、絶えず研究と修養に励み、その職責の遂行に努めなければならない。

2　前項の教員については、その使命と職責の重要性にかんがみ、その身分は尊重され、待遇の適正が期せられるとともに、養成と研修の充実が図られなければならない。

（家庭教育）

第10条　父母その他の保護者は、子の教育について第一義的責任を有するものであって、生活のために必要な習慣を身に付けさせ

るとともに、自立心を育成し、心身の調和のとれた発達を図るよう努めるものとする。

2　国及び地方公共団体は、家庭教育の自主性を尊重しつつ、保護者に対する学習の機会及び情報の提供その他の家庭教育を支援するために必要な施策を講ずるよう努めなければならない。

（幼児期の教育）

第11条　幼児期の教育は、生涯にわたる人格形成の基礎を培う重要なものであることにかんがみ、国及び地方公共団体は、幼児の健やかな成長に資する良好な環境の整備その他適当な方法によって、その振興に努めなければならない。

（社会教育）

第12条　個人の要望や社会の要請にこたえ、社会において行われる教育は、国及び地方公共団体によって奨励されなければならない。

2　国及び地方公共団体は、図書館、博物館、公民館その他の社会教育施設の設置、学校の施設の利用、学習の機会及び情報の提供その他の適当な方法によって社会教育の振興に努めなければならない。

（学校、家庭及び地域住民等の相互の連携協力）

第13条　学校、家庭及び地域住民その他の関係者は、教育におけるそれぞれの役割と責任を自覚するとともに、相互の連携及び協力に努めるものとする。

（政治教育）

第14条　良識ある公民として必要な政治的教養は、教育上尊重されなければならない。

2　法律に定める学校は、特定の政党を支持し、又はこれに反対するための政治教育その他政治的活動をしてはならない。

（宗教教育）

第15条　宗教に関する寛容の態度、宗教に関する一般的な教養及び宗教の社会生活における地位は、教育上尊重されなければならない。

2　国及び地方公共団体が設置する学校は、特定の宗教のための宗教教育その他宗教的活動をしてはならない。

第3章　教育行政

（教育行政）

第16条　教育は、不当な支配に服することなく、この法律及び他の法律の定めるところにより行われるべきものであり、教育行政は、国と地方公共団体との適切な役割分担及び相互の協力の下、公正かつ適正に行われなければならない。

2　国は、全国的な教育の機会均等と教育水準の維持向上を図るため、教育に関する施策を総合的に策定し、実施しなければならない。

3　地方公共団体は、その地域における教育の振興を図るため、その実情に応じた教育に関する施策を策定し、実施しなければならない。

4　国及び地方公共団体は、教育が円滑かつ継続的に実施されるよう、必要な財政上の措置を講じなければならない。

（教育振興基本計画）

第17条　政府は、教育の振興に関する施策の総合的かつ計画的な推進を図るため、教育の振興に関する施策についての基本的な方針及び講ずべき施策その他必要な事項について、基本的な計画を定め、これを国会に報告するとともに、公表しなければならない。

2　地方公共団体は、前項の計画を参酌し、その地域の実情に応じ、当該地方公共団体における教育の振興のための施策に関する基本的な計画を定めるよう努めなければならない。

第4章　法令の制定

第18条　この法律に規定する諸条項を実施するため、必要な法令

が制定されなければならない。

附則抄

（施行期日）

1　この法律は、公布の日から施行する。

学校教育法
（昭和22年3月31日　法律第26号）

第1章　総則

〔学校の定義〕

第1条　この法律で、学校とは、幼稚園、小学校、中学校、義務教育学校、高等学校、中等教育学校、特別支援学校、大学及び高等専門学校とする。

〔学校の設置者〕

第2条　学校は、国（国立大学法人法（平成15年法律第112号）第2条第1項に規定する国立大学法人及び独立行政法人国立高等専門学校機構を含む。以下同じ。）、地方公共団体（地方独立行政法人法（平成15年法律第118号）第68条第1項に規定する公立大学法人（以下「公立大学法人」という。）を含む。次項及び第127条において同じ。）及び私立学校法（昭和24年法律第270号）第3条に規定する学校法人（以下「学校法人」という。）のみが、これを設置することができる。

②　この法律で、国立学校とは、国の設置する学校を、公立学校とは、地方公共団体の設置する学校を、私立学校とは、学校法人の設置する学校をいう。

〔校長・教員〕

第7条　学校には、校長及び相当数の教員を置かなければならない。

〔児童・生徒等の懲戒〕

第11条　校長及び教員は、教育上必要があると認めるときは、文部科学大臣の定めるところにより、児童、生徒及び学生に懲戒を加えることができる。ただし、体罰を加えることはできない。

第2章　義務教育

〔義務教育年限〕

第16条　保護者（子に対して親権を行う者（親権を行う者のないときは、未成年後見人）をいう。以下同じ。）は、次条に定めるところにより、子に九年の普通教育を受けさせる義務を負う。

〔義務教育の目標〕

第21条　義務教育として行われる普通教育は、教育基本法（平成18年法律第120号）第5条第2項に規定する目的を実現するため、次に掲げる目標を達成するよう行われるものとする。

一　学校内外における社会的活動を促進し、自主、自律及び協同の精神、規範意識、公正な判断力並びに公共の精神に基づき主体的に社会の形成に参画し、その発展に寄与する態度を養うこと。

二　学校内外における自然体験活動を促進し、生命及び自然を尊重する精神並びに環境の保全に寄与する態度を養うこと。

三　我が国と郷土の現状と歴史について、正しい理解に導き、伝統と文化を尊重し、それらをはぐくんできた我が国と郷土を愛する態度を養うとともに、進んで外国の文化の理解を通じて、他国を尊重し、国際社会の平和と発展に寄与する態度を養うこと。

四　家族と家庭の役割、生活に必要な衣、食、住、情報、産業その他の事項について基礎的な理解と技能を養うこと。

五　読書に親しませ、生活に必要な国語を正しく理解し、使用する基礎的な能力を養うこと。

六　生活に必要な数量的な関係を正しく理解し、処理する基礎的な能力を養うこと。

七　生活にかかわる自然現象について、観察及び実験を通じて、科学的に理解し、処理する基礎的な能力を養うこと。

八　健康、安全で幸福な生活のために必要な習慣を養うとともに、運動を通じて体力を養い、心身の調和的発達を図ること。

九　生活を明るく豊かにする音楽、美術、文芸その他の芸術について基礎的な理解と技能を養うこと。

十　職業についての基礎的な知識と技能、勤労を重んずる態度及び個性に応じて将来の進路を選択する能力を養うこと。

第4章　小学校

〔小学校の目的〕

第29条　小学校は、心身の発達に応じて、義務教育として行われる普通教育のうち基礎的なものを施すことを目的とする。

〔小学校教育の目標〕

第30条　小学校における教育は、前条に規定する目的を実現するために必要な程度において第21条各号に掲げる目標を達成するよう行われるものとする。

②　前項の場合においては、生涯にわたり学習する基盤が培われるよう、基礎的な知識及び技能を習得させるとともに、これらを活用して課題を解決するために必要な思考力、判断力、表現力その他の能力をはぐくみ、主体的に学習に取り組む態度を養うことに、特に意を用いなければならない。

〔児童の体験活動の充実〕

第31条　小学校においては、前条第1項の規定による目標の達成に資するよう、教育指導を行うに当たり、児童の体験的な学習活動、特にボランティア活動など社会奉仕体験活動、自然体験活動その他の体験活動の充実に努めるものとする。この場合において、社会教育関係団体その他の関係団体及び関係機関との連携に十分配慮しなければならない。

〔修業年限〕

第32条　小学校の修業年限は、六年とする。

〔教育課程〕

第33条　小学校の教育課程に関する事項は、第29条及び第30条の規定に従い、文部科学大臣が定める。

〔児童の出席停止〕

第35条　市町村の教育委員会は、次に掲げる行為の一又は二以上を繰り返し行う等性行不良であつて他の児童の教育に妨げがあると認める児童があるときは、その保護者に対して、児童の出席停止を命ずることができる。

一　他の児童に傷害、心身の苦痛又は財産上の損失を与える行為

二　職員に傷害又は心身の苦痛を与える行為

三　施設又は設備を損壊する行為

四　授業その他の教育活動の実施を妨げる行為

②　市町村の教育委員会は、前項の規定により出席停止を命ずる場合には、あらかじめ保護者の意見を聴取するとともに、理由及び期間を記載した文書を交付しなければならない。

③　前項に規定するもののほか、出席停止の命令の手続に関し必要な事項は、教育委員会規則で定めるものとする。

④　市町村の教育委員会は、出席停止の命令に係る児童の出席停止の期間における学習に対する支援その他の教育上必要な措置を講ずるものとする。

〔職員〕

第37条　小学校には、校長、教頭、教諭、養護教諭及び事務職員を置かなければならない。

②　小学校には、前項に規定するもののほか、副校長、主幹教諭、指導教諭、栄養教諭その他必要な職員を置くことができる。

③　第1項の規定にかかわらず、副校長を置くときその他特別の事情のあるときは教頭を、養護をつかさどる主幹教諭を置くときは

養護教諭を、特別の事情のあるときは事務職員を、それぞれ置かないことができる。

④　校長は、校務をつかさどり、所属職員を監督する。

⑤　副校長は、校長を助け、命を受けて校務をつかさどる。

⑥　副校長は、校長に事故があるときはその職務を代理し、校長が欠けたときはその職務を行う。この場合において、副校長が二人以上あるときは、あらかじめ校長が定めた順序で、その職務を代理し、又は行う。

⑦　教頭は、校長(副校長を置く小学校にあつては、校長及び副校長)を助け、校務を整理し、及び必要に応じ児童の教育をつかさどる。

⑧　教頭は、校長(副校長を置く小学校にあつては、校長及び副校長)に事故があるときは校長の職務を代理し、校長(副校長を置く小学校にあつては、校長及び副校長)が欠けたときは校長の職務を行う。この場合において、教頭が二人以上あるときは、あらかじめ校長が定めた順序で、校長の職務を代理し、又は行う。

⑨　主幹教諭は、校長(副校長を置く小学校にあつては、校長及び副校長)及び教頭を助け、命を受けて校務の一部を整理し、並びに児童の教育をつかさどる。

⑩　指導教諭は、児童の教育をつかさどり、並びに教諭その他の職員に対して、教育指導の改善及び充実のために必要な指導及び助言を行う。

⑪　教諭は、児童の教育をつかさどる。

⑫　養護教諭は、児童の養護をつかさどる。

⑬　栄養教諭は、児童の栄養の指導及び管理をつかさどる。

⑭　事務職員は、事務をつかさどる。

⑮　助教諭は、教諭の職務を助ける。

⑯　講師は、教諭又は助教諭に準ずる職務に従事する。

⑰　養護助教諭は、養護教諭の職務を助ける。

⑱　特別の事情のあるときは、第1項の規定にかかわらず、教諭に代えて助教諭又は講師を、養護教諭に代えて養護助教諭を置くことができる。

⑲　学校の実情に照らし必要があると認めるときは、第9項の規定にかかわらず、校長(副校長を置く小学校にあつては、校長及び副校長)及び教頭を助け、命を受けて校務の一部を整理し、並びに児童の養護又は栄養の指導及び管理をつかさどる主幹教諭を置くことができる。

〔学校運営評価〕

第42条　小学校は、文部科学大臣の定めるところにより当該小学校の教育活動その他の学校運営の状況について評価を行い、その結果に基づき学校運営の改善を図るため必要な措置を講ずることにより、その教育水準の向上に努めなければならない。

第5章　中学校

〔中学校の目的〕

第45条　中学校は、小学校における教育の基礎の上に、心身の発達に応じて、義務教育として行われる普通教育を施すことを目的とする。

〔中学校教育の目標〕

第46条　中学校における教育は、前条に規定する目的を実現するため、第21条各号に掲げる目標を達成するよう行われるものとする。

〔修業年限〕

第47条　中学校の修業年限は、三年とする。

〔教育課程〕

第48条　中学校の教育課程に関する事項は、第45条及び第46条の規定並びに次条において読み替えて準用する第30条第2項の規定に従い、文部科学大臣が定める。

第5章の2　義務教育学校

〔義務教育学校の目的〕

第49条の2　義務教育学校は、心身の発達に応じて、義務教育として行われる普通教育を基礎的なものから一貫して施すことを目的とする。

〔義務教育学校の目標〕

第49条の3　義務教育学校における教育は、前条に規定する目的を実現するため、第21条各号に掲げる目標を達成するよう行われるものとする。

〔修業年限〕

第49条の4　義務教育学校の修業年限は、九年とする。

〔義務教育学校の課程区分〕

第49条の5　義務教育学校の課程は、これを前期六年の前期課程及び後期三年の後期課程に区分する。

第6章　高等学校

〔高等学校の目的〕

第50条　高等学校は、中学校における教育の基礎の上に、心身の発達及び進路に応じて、高度な普通教育及び専門教育を施すことを目的とする。

〔高等学校教育の目標〕

第51条　高等学校における教育は、前条に規定する目的を実現するため、次に掲げる目標を達成するよう行われるものとする。

一　義務教育として行われる普通教育の成果を更に発展拡充させて、豊かな人間性、創造性及び健やかな身体を養い、国家及び社会の形成者として必要な資質を養うこと。

二　社会において果たさなければならない使命の自覚に基づき、個性に応じて将来の進路を決定させ、一般的な教養を高め、専門的な知識、技術及び技能を習得させること。

三　個性の確立に努めるとともに、社会について、広く深い理解と健全な批判力を養い、社会の発展に寄与する態度を養うこと。

〔修業年限〕

第56条　高等学校の修業年限は、全日制の課程については、三年とし、定時制の課程及び通信制の課程については、三年以上とする。

〔職員〕

第60条　高等学校には、校長、教頭、教諭及び事務職員を置かなければならない。

②　高等学校には、前項に規定するもののほか、副校長、主幹教諭、指導教諭、養護教諭、栄養教諭、養護助教諭、実習助手、技術職員その他必要な職員を置くことができる。

③　第1項の規定にかかわらず、副校長を置くときは、教頭を置かないことができる。

④　実習助手は、実験又は実習について、教諭の職務を助ける。

⑤　特別の事情のあるときは、第1項の規定にかかわらず、教諭に代えて助教諭又は講師を置くことができる。

⑥　技術職員は、技術に従事する。

第7章　中等教育学校

〔中等教育学校の目的〕

第63条　中等教育学校は、小学校における教育の基礎の上に、心身の発達及び進路に応じて、義務教育として行われる普通教育並びに高度な普通教育及び専門教育を一貫して施すことを目的とする。

〔中等教育学校の目標〕

第64条　中等教育学校における教育は、前条に規定する目的を実現するため、次に掲げる目標を達成するよう行われるものとする。

一　豊かな人間性、創造性及び健やかな身体を養い、国家及び社会の形成者として必要な資質を養うこと。

二　社会において果たさなければならない使命の自覚に基づき、個性に応じて将来の進路を決定させ、一般的な教養を高め、専門的な知識、技術及び技能を習得させること。

三　個性の確立に努めるとともに、社会について、広く深い理解と健全な批判力を養い、社会の発展に寄与する態度を養うこと。

第8章　特別支援教育

〔特別支援学校の目的〕

第72条　特別支援学校は、視覚障害者、聴覚障害者、知的障害者、肢体不自由者又は病弱者（身体虚弱者を含む。以下同じ。）に対して、幼稚園、小学校、中学校又は高等学校に準ずる教育を施すとともに、障害による学習上又は生活上の困難を克服し自立を図るために必要な知識技能を授けることを目的とする。

〔特別支援学級〕

第81条　幼稚園、小学校、中学校、義務教育学校、高等学校及び中等教育学校においては、次項各号のいずれかに該当する幼児、児童及び生徒その他教育上特別の支援を必要とする幼児、児童及び生徒に対し、文部科学大臣の定めるところにより、障害による学習上又は生活上の困難を克服するための教育を行うものとする。

②　小学校、中学校、義務教育学校、高等学校及び中等教育学校には、次の各号のいずれかに該当する児童及び生徒のために、特別支援学級を置くことができる。

一　知的障害者

二　肢体不自由者

三　身体虚弱者

四　弱視者

五　難聴者

六　その他障害のある者で、特別支援学級において教育を行うことが適当なもの

③　前項に規定する学校においては、疾病により療養中の児童及び生徒に対して、特別支援学級を設け、又は教員を派遣して、教育を行うことができる。

学校教育法施行令

（昭和28年10月31日　政令第340号）

第1章　就学義務

第四節　督促等

（校長の義務）

第19条　小学校、中学校、義務教育学校、中等教育学校及び特別支援学校の校長は、常に、その学校に在学する学齢児童又は学齢生徒の出席状況を明らかにしておかなければならない。

（長期欠席者等の教育委員会への通知）

第20条　小学校、中学校、義務教育学校、中等教育学校及び特別支援学校の校長は、当該学校に在学する学齢児童又は学齢生徒が、休業日を除き引き続き七日間出席せず、その他その出席状況が良好でない場合において、その出席させないことについて保護者に正当な事由がないと認められるときは、速やかに、その旨を当該学齢児童又は学齢生徒の住所の存する市町村の教育委員会に通知しなければならない。

（教育委員会の行う出席の督促等）

第21条　市町村の教育委員会は、前条の通知を受けたときその他当該市町村に住所を有する学齢児童又は学齢生徒の保護者が法第17条第1項又は第2項に規定する義務を怠つていると認められるときは、その保護者に対して、当該学齢児童又は学齢生徒の出席を督促しなければならない。

（昭和22年5月23日　文部省令第11号）
第1章　総則

第3節　管理

〔指導要録〕

第24条　校長は、その学校に在学する児童等の指導要録（学校教育法施行令第31条に規定する児童等の学習及び健康の状況を記録した書類の原本をいう。以下同じ。）を作成しなければならない。

〔出席簿〕

第25条　校長（学長を除く。）は、当該学校に在学する児童等について出席簿を作成しなければならない。

〔懲戒〕

第26条　校長及び教員が児童等に懲戒を加えるに当つては、児童等の心身の発達に応ずる等教育上必要な配慮をしなければならない。

② 懲戒のうち、退学、停学及び訓告の処分は、校長（大学にあつては、学長の委任を受けた学部長を含む。）が行う。

③ 前項の退学は、公立の小学校、中学校（学校教育法第71条の規定により高等学校における教育と一貫した教育を施すもの（以下「併設型中学校」という。）を除く。）、義務教育学校又は特別支援学校に在学する学齢児童又は学齢生徒を除き、次の各号のいずれかに該当する児童等に対して行うことができる。

一　性行不良で改善の見込がないと認められる者

二　学力劣等で成業の見込がないと認められる者

三　正当の理由がなくて出席常でない者

四　学校の秩序を乱し、その他学生又は生徒としての本分に反した者

④ 第2項の停学は、学齢児童又は学齢生徒に対しては、行うことができない。

〔備付表簿、その保存期間〕

第28条　学校において備えなければならない表簿は、概ね次のとおりとする。

一　学校に関係のある法令

二　学則、日課表、教科用図書配当表、学校医執務記録簿、学校歯科医執務記録簿、学校薬剤師執務記録簿及び学校日誌

三　職員の名簿、履歴書、出勤簿並びに担任学級、担任の教科又は科目及び時間表

四　指導要録、その写し及び抄本並びに出席簿及び健康診断に関する表簿

五　入学者の選抜及び成績考査に関する表簿

六　資産原簿、出納簿及び経費の予算決算についての帳簿並びに図書機械器具、標本、模型等の教具の目録

七　往復文書処理簿

② 前項の表簿（第24条第2項の抄本又は写しを除く。）は、別に定めるもののほか、五年間保存しなければならない。ただし、指導要録及びその写しのうち入学、卒業等の学籍に関する記録については、その保存期間は、二十年間とする。

③ 学校教育法施行令第31条の規定により指導要録及びその写しを保存しなければならない期間は、前項のこれらの書類の保存期間から当該学校においてこれらの書類を保存していた期間を控除した期間とする。

第4章　小学校

第1節　設備編制

〔校務分掌〕

第43条　小学校においては、調和のとれた学校運営が行われるため にふさわしい校務分掌の仕組みを整えるものとする。

〔教務主任・学年主任〕

第44条　小学校には、教務主任及び学年主任を置くものとする。

3　教務主任及び学年主任は、指導教諭又は教諭をもつて、これに充てる。

4　教務主任は、校長の監督を受け、教育計画の立案その他の教務に関する事項について連絡調整及び指導、助言に当たる。

5　学年主任は、校長の監督を受け、当該学年の教育活動に関する事項について連絡調整及び指導、助言に当たる。

〔保健主事〕

第45条　小学校においては、保健主事を置くものとする。

2　前項の規定にかかわらず、第4項に規定する保健主事の担当する校務を整理する主幹教諭を置くときその他特別の事情のあるときは、保健主事を置かないことができる。

3　保健主事は、指導教諭、教諭又は養護教諭をもつて、これに充てる。

4　保健主事は、校長の監督を受け、小学校における保健に関する事項の管理に当たる。

〔事務主任〕

第46条　小学校には、事務長又は事務主任を置くことができる。

2　事務長及び事務主任は、事務職員をもつて、これに充てる。

3　事務長は、校長の監督を受け、事務職員その他の職員が行う事務を総括する。

4　事務主任は、校長の監督を受け、事務に関する事項について連絡調整及び指導、助言に当たる。

〔校務を分担する主任等〕

第47条　小学校においては、前3条に規定する教務主任、学年主任、保健主事及び事務主任のほか、必要に応じ、校務を分担する主任等を置くことができる。

〔職員会議の設置〕

第48条　小学校には、設置者の定めるところにより、校長の職務の円滑な執行に資するため、職員会議を置くことができる。

2　職員会議は、校長が主宰する。

〔学校評議員の設置〕

第49条　小学校には、設置者の定めるところにより、学校評議員を置くことができる。

2　学校評議員は、校長の求めに応じ、学校運営に関し意見を述べることができる。

3　学校評議員は、当該小学校の職員以外の者で教育に関する理解及び識見を有するもののうちから、校長の推薦により、当該小学校の設置者が委嘱する。

第2節　教育課程

〔教育課程の編成〕

第50条　小学校の教育課程は、国語、社会、算数、理科、生活、音楽、図画工作、家庭及び体育の各教科（以下この節において「各教科」という。）、道徳、外国語活動、総合的な学習の時間並びに特別活動によつて編成するものとする。

2　私立の小学校の教育課程を編成する場合は、前項の規定にかかわらず、宗教を加えることができる。この場合においては、宗教をもつて前項の道徳に代えることができる。

〔授業時数〕

第51条　小学校（第52条の2第2項に規定する中学校連携型小学校及び第79条の9第2項に規定する中学校併設型小学校を除く。）の各学年における各教科、道徳、外国語活動、総合的な学習の時間及び特別活動のそれぞれの授業時数並びに各学年におけるこれら

の総授業時数は、別表第一に定める授業時数を標準とする。

〔教育課程の基準〕

第52条　小学校の教育課程については、この節に定めるもののほか、教育課程の基準として文部科学大臣が別に公示する小学校学習指導要領によるものとする。

第5章　中学校

〔生徒指導主事〕

第70条　中学校には、生徒指導主事を置くものとする。

2　前項の規定にかかわらず、第4項に規定する生徒指導主事の担当する校務を整理する主幹教諭を置くときその他特別の事情のあるときは、生徒指導主事を置かないことができる。

3　生徒指導主事は、指導教諭又は教諭をもつて、これに充てる。

4　生徒指導主事は、校長の監督を受け、生徒指導に関する事項をつかさどり、当該事項について連絡調整及び指導、助言に当たる。

〔進路指導主事〕

第71条　中学校には、進路指導主事を置くものとする。

2　前項の規定にかかわらず、第3項に規定する進路指導主事の担当する校務を整理する主幹教諭を置くときは、進路指導主事を置かないことができる。

3　進路指導主事は、指導教諭又は教諭をもつて、これに充てる。校長の監督を受け、生徒の職業選択の指導その他の進路の指導に関する事項をつかさどり、当該事項について連絡調整及び指導、助言に当たる。

〔教育課程の編成〕

第72条　中学校の教育課程は、国語、社会、数学、理科、音楽、美術、保健体育、技術・家庭及び外国語の各教科(以下本章及び第七章中「各教科」という。)、道徳、総合的な学習の時間並びに特別活動によつて編成するものとする。

〔授業時数〕

第73条　中学校(併設型中学校、第74条の2第2項に規定する小学校連携型中学校、第75条第2項に規定する連携型中学校及び第79条の9第2項に規定する小学校併設型中学校を除く。)の各学年における各教科、道徳、総合的な学習の時間及び特別活動のそれぞれの授業時数並びに各学年におけるこれらの総授業時数は、別表第2に定める授業時数を標準とする。

〔教育課程の基準〕

第74条　中学校の教育課程については、この章に定めるもののほか、教育課程の基準として文部科学大臣が別に公示する中学校学習指導要領によるものとする。

第6章　高等学校

〔学科主任・農場長〕

第81条　二以上の学科を置く高等学校には、専門教育を主とする学科(以下「専門学科」という。)ごとに学科主任を置き、農業に関する専門学科を置く高等学校には、農場長を置くものとする。

3　学科主任及び農場長は、指導教諭又は教諭をもつて、これに充てる。

4　学科主任は、校長の監督を受け、当該学科の教育活動に関する事項について連絡調整及び指導、助言に当たる。

5　農場長は、校長の監督を受け、農業に関する実習地及び実習施設の運営に関する事項をつかさどる。

〔事務長〕

第82条　高等学校には、事務長を置くものとする。

2　事務長は、事務職員をもつて、これに充てる。

3　事務長は、校長の監督を受け、事務職員その他の職員が行う事務を総括する。

〔教育課程の編成〕

第83条　高等学校の教育課程は、別表第3に定める各教科に属する科目、総合的な学習の時間及び特別活動によつて編成するものとする。

〔教育課程の基準〕

第84条　高等学校の教育課程については、この章に定めるもののほか、教育課程の基準として文部科学大臣が別に公示する高等学校学習指導要領によるものとする。

教育公務員特例法
(昭和24年1月12日　法律第1号)

第1章　総則

(この法律の趣旨)

第1条　この法律は、教育を通じて国民全体に奉仕する教育公務員の職務とその責任の特殊性に基づき、教育公務員の任免、人事評価、給与、分限、懲戒、服務及び研修等について規定する。

第2章　任免、人事評価、給与、分限及び懲戒

第2節　大学以外の公立学校の校長及び教員

(採用及び昇任の方法)

第11条　公立学校の校長の採用(現に校長の職以外の職に任命されている者を校長の職に任命する場合を含む。)並びに教員の採用(現に教員の職以外の職に任命されている者を教員の職に任命する場合を含む。以下この条において同じ。)及び昇任(採用に該当するものを除く。)は、選考によるものとし、その選考は、大学附置の学校にあつては当該大学の学長が、大学附置の学校以外の公立学校(幼保連携型認定こども園を除く。)にあつてはその校長及び教員の任命権者である教育委員会の教育長が、大学附置の学校以外の公立学校(幼保連携型認定こども園に限る。)にあつてはその校長及び教員の任命権者である地方公共団体の長が行う。

(条件附任用)

第12条　公立の小学校、中学校、義務教育学校、高等学校、中等教育学校、特別支援学校、幼稚園及び幼保連携型認定こども園(以下「小学校等」という。)の教諭、助教諭、保育教諭、助保育教諭及び講師(以下「教諭等」という。)に係る地方公務員法第22条第1項に規定する採用については、同項中「六月」とあるのは「一年」として同項の規定を適用する。

第3章　服務

(兼職及び他の事業等の従事)

第17条　教育公務員は、教育に関する他の職を兼ね、又は教育に関する他の事業若しくは事務に従事することが本務の遂行に支障がないと任命権者(地方教育行政の組織及び運営に関する法律第37条第1項に規定する県費負担教職員については、市町村(特別区を含む。以下同じ。)の教育委員会。第23条第2項及び第24条第2項において同じ。)において認める場合には、給与を受け、又は受けないで、その職を兼ね、又はその事業若しくは事務に従事することができる。

(公立学校の教育公務員の政治的行為の制限)

第18条　公立学校の教育公務員の政治的行為の制限については、当分の間、地方公務員法第36条の規定にかかわらず、国家公務員の例による。

第4章　研修

(研修)

第21条　教育公務員は、その職責を遂行するために、絶えず研究と修養に努めなければならない。

2　教育公務員の任命権者は、教育公務員(公立の小学校等の校長

及び教員(臨時的に任用された者その他の政令で定める者を除く。以下この章において同じ。)を除く。)の研修について、それに要する施設、研修を奨励するための方途その他研修に関する計画を樹立し、その実施に努めなければならない。

(研修の機会)

第22条 教育公務員には、研修を受ける機会が与えられなければならない。

2 教員は、授業に支障のない限り、本属長の承認を受けて、勤務場所を離れて研修を行うことができる。

3 教育公務員は、任命権者の定めるところにより、現職のままで、長期にわたる研修を受けることができる。

(初任者研修)

第23条 公立の小学校等の教諭等の任命権者は、当該教諭等(臨時的に任用された者その他の政令で定める者を除く。)に対して、その採用(現に教諭等の職以外の職に任命されている者を教諭等の職に任命する場合を含む。附則第5条第1項において同じ。)の日から一年間の教諭又は保育教諭の職務の遂行に必要な事項に関する実践的な研修(以下「初任者研修」という。)を実施しなければならない。

2 任命権者は、初任者研修を受ける者(次項において「初任者」という。)の所属する学校の副校長、教頭、主幹教諭(養護又は栄養の指導及び管理をつかさどる主幹教諭を除く。)、指導教諭、教諭、主幹保育教諭、指導保育教諭、保育教諭又は講師のうちから、指導教員を命じるものとする。

3 指導教員は、初任者に対して教諭又は保育教諭の職務の遂行に必要な事項について指導及び助言を行うものとする。

地方公務員法
(昭和25年12月13日 法律第261号)
第2章 職員に適用される基準

第2節 任用

(任用の根本基準)

第15条 職員の任用は、この法律の定めるところにより、受験成績、人事評価その他の能力の実証に基づいて行わなければならない。

(欠格条項)

第16条 次の各号のいずれかに該当する者は、条例で定める場合を除くほか、職員となり、又は競争試験若しくは選考を受けることができない。

一 成年被後見人又は被保佐人

二 禁錮以上の刑に処せられ、その執行を終わるまで又はその執行を受けることがなくなるまでの者

三 当該地方公共団体において懲戒免職の処分を受け、当該処分の日から二年を経過しない者

四 人事委員会又は公平委員会の委員の職にあつて、第60条から第63条までに規定する罪を犯し刑に処せられた者

五 日本国憲法施行の日以後において、日本国憲法又はその下に成立した政府を暴力で破壊することを主張する政党その他の団体を結成し、又はこれに加入した者

第5節 分限及び懲戒

(分限及び懲戒の基準)

第27条 すべて職員の分限及び懲戒については、公正でなければならない。

2 職員は、この法律で定める事由による場合でなければ、その意に反して、降任され、若しくは免職されず、この法律又は条例で定める事由による場合でなければ、その意に反して、休職されず、

又、条例で定める事由による場合でなければ、その意に反して降給されることがない。

3 職員は、この法律で定める事由による場合でなければ、懲戒処分を受けることがない。

(降任、免職、休職等)

第28条 職員が、次の各号に掲げる場合のいずれかに該当するときは、その意に反して、これを降任し、又は免職することができる。

一 人事評価又は勤務の状況を示す事実に照らして、勤務実績がよくない場合

二 心身の故障のため、職務の遂行に支障があり、又はこれに堪えない場合

三 前二号に規定する場合のほか、その職に必要な適格性を欠く場合

四 職制若しくは定数の改廃又は予算の減少により廃職又は過員を生じた場合

2 職員が、左の各号の一に該当する場合においては、その意に反してこれを休職することができる。

一 心身の故障のため、長期の休養を要する場合

二 刑事事件に関し起訴された場合

(懲戒)

第29条 職員が次の各号の一に該当する場合においては、これに対し懲戒処分として戒告、減給、停職又は免職の処分をすることができる。

一 この法律若しくは第57条に規定する特例を定めた法律又はこれに基く条例、地方公共団体の規則若しくは地方公共団体の機関の定める規程に違反した場合

二 職務上の義務に違反し、又は職務を怠つた場合

三 全体の奉仕者たるにふさわしくない非行のあつた場合

第6節 服務

(服務の根本基準)

第30条 すべて職員は、全体の奉仕者として公共の利益のために勤務し、且つ、職務の遂行に当つては、全力を挙げてこれに専念しなければならない。

(服務の宣誓)

第31条 職員は、条例の定めるところにより、服務の宣誓をしなければならない。

(法令等及び上司の職務上の命令に従う義務)

第32条 職員は、その職務を遂行するに当つて、法令、条例、地方公共団体の規則及び地方公共団体の機関の定める規程に従い、且つ、上司の職務上の命令に忠実に従わなければならない。

(信用失墜行為の禁止)

第33条 職員は、その職の信用を傷つけ、又は職員の職全体の不名誉となるような行為をしてはならない。

(秘密を守る義務)

第34条 職員は、職務上知り得た秘密を漏らしてはならない。その職を退いた後も、また、同様とする。

2 法令による証人、鑑定人等となり、職務上の秘密に属する事項を発表する場合においては、任命権者(退職者については、その退職した職又はこれに相当する職に係る任命権者)の許可を受けなければならない。

(職務に専念する義務)

第35条 職員は、法律又は条例に特別の定がある場合を除く外、その勤務時間及び職務上の注意力のすべてをその職責遂行のために用い、当該地方公共団体がなすべき責を有する職務にのみ従事しなければならない。

（政治的行為の制限）

第36条 職員は、政党その他の政治的団体の結成に関与し、若しくはこれらの団体の役員となつてはならず、又はこれらの団体の構成員となるように、若しくはならないように勧誘運動をしてはならない。

（争議行為等の禁止）

第37条 職員は、地方公共団体の機関が代表する使用者としての住民に対して同盟罷業、怠業その他の争議行為をし、又は地方公共団体の機関の活動能率を低下させる怠業的行為をしてはならない。又、何人も、このような違法な行為を企て、又はその遂行を共謀し、そそのかし、若しくはあおつてはならない。

（営利企業への従事等の制限）

第38条 職員は、任命権者の許可を受けなければ、商業、工業又は金融業その他営利を目的とする私企業(以下この項及び次条第1項において「営利企業」という。)を営むことを目的とする会社その他の団体の役員その他人事委員会規則(人事委員会を置かない地方公共団体においては、地方公共団体の規則)で定める地位を兼ね、若しくは自ら営利企業を営み、又は報酬を得ていかなる事業若しくは事務にも従事してはならない。

教育職員免許法
（昭和24年5月31日　法律第147号）

第1章　総則

（免許）

第3条 教育職員は、この法律により授与する各相当の免許状を有する者でなければならない。

第2章　免許状

（種類）

第4条 免許状は、普通免許状、特別免許状及び臨時免許状とする。

2 普通免許状は、学校(義務教育学校、中等教育学校及び幼保連携型認定こども園を除く。)の種類ごとの教諭の免許状、養護教諭の免許状及び栄養教諭の免許状とし、それぞれ専修免許状、一種免許状及び二種免許状(高等学校教諭の免許状にあつては、専修免許状及び一種免許状)に区分する。

3 特別免許状は、学校(幼稚園、義務教育学校、中等教育学校及び幼保連携型認定こども園を除く。)の種類ごとの教諭の免許状とする。

4 臨時免許状は、学校(義務教育学校、中等教育学校及び幼保連携型認定こども園を除く。)の種類ごとの助教諭の免許状及び養護助教諭の免許状とする。

（授与）

第5条 普通免許状は、別表第1、別表第2若しくは別表第2の2に定める基礎資格を有し、かつ、大学若しくは文部科学大臣の指定する養護教諭養成機関において別表第1、別表第2若しくは別表第2の2に定める単位を修得した者又はその免許状を授与するため行う教育職員検定に合格した者に授与する。ただし、次の各号のいずれかに該当する者には、授与しない。

一 十八歳未満の者

二 高等学校を卒業しない者(通常の課程以外の課程におけるこれに相当するものを修了しない者を含む。)。ただし、文部科学大臣において高等学校を卒業した者と同等以上の資格を有すると認めた者を除く。

三 成年被後見人又は被保佐人

四 禁錮以上の刑に処せられた者

五 第10条第1項第2号又は第3号に該当することにより免許状

がその効力を失い、当該失効の日から三年を経過しない者

六 第11条第1項から第3項までの規定により免許状取上げの処分を受け、当該処分の日から三年を経過しない者

七 日本国憲法施行の日以後において、日本国憲法又はその下に成立した政府を暴力で破壊することを主張する政党その他の団体を結成し、又はこれに加入した者

7 免許状は、都道府県の教育委員会(以下「授与権者」という。)が授与する。

（効力）

第9条 普通免許状は、その授与の日の翌日から起算して十年を経過する日の属する年度の末日まで、すべての都道府県(中学校及び高等学校の教員の宗教の教科についての免許状にあつては、国立学校又は公立学校の場合を除く。次項及び第三項において同じ。)において効力を有する。

（免許状更新講習）

第9条の3 免許状更新講習は、大学その他文部科学省令で定める者が、次に掲げる基準に適合することについての文部科学大臣の認定を受けて行う。

一 講習の内容が、教員の職務の遂行に必要なものとして文部科学省令で定める事項に関する最新の知識技能を修得させるための課程(その一部として行われるものを含む。)であること。

2 前項に規定する免許状更新講習(以下単に「免許状更新講習」という。)の時間は、三十時間以上とする。

第3章　免許状の失効及び取上げ

（失効）

第10条 免許状を有する者が、次の各号のいずれかに該当する場合には、その免許状はその効力を失う。

一 第5条第1項第3号、第4号又は第7号に該当するに至つたとき。

二 公立学校の教員であつて懲戒免職の処分を受けたとき。

三 公立学校の教員(地方公務員法(昭和25年法律第261号)第29条の2第1項各号に掲げる者に該当する者を除く。)であつて同法第28条第1項第1号又は第3号に該当するとして分限免職の処分を受けたとき。

2 前項の規定により免許状が失効した者は、速やかに、その免許状を免許管理者に返納しなければならない。

（取上げ）

第11条 国立学校、公立学校(公立大学法人が設置するものに限る。次項第一号において同じ。)又は私立学校の教員が、前条第1項第2号に規定する者の場合における懲戒免職の事由に相当する事由により解雇されたと認められるときは、免許管理者は、その免許状を取り上げなければならない。

3 免許状を有する者(教育職員以外の者に限る。)が、法令の規定に故意に違反し、又は教育職員たるにふさわしくない非行があつて、その情状が重いと認められるときは、免許管理者は、その免許状を取り上げることができる。

地方教育行政の組織及び運営に関する法律
（昭和31年6月30日　法律第162号）

第3章　教育委員会及び地方公共団体の長の職務権限

（教育委員会の職務権限）

第21条 教育委員会は、当該地方公共団体が処理する教育に関する事務で、次に掲げるものを管理し、及び執行する。

一 教育委員会の所管に属する第三十条に規定する学校その他の教育機関(以下「学校その他の教育機関」という。)の設置、管

理及び廃止に関すること。

二　教育委員会の所管に属する学校その他の教育機関の用に供する財産(以下「教育財産」という。)の管理に関すること。

三　教育委員会及び教育委員会の所管に属する学校その他の教育機関の職員の任免その他の人事に関すること。

四　学齢生徒及び学齢児童の就学並びに生徒、児童及び幼児の入学、転学及び退学に関すること。

五　教育委員会の所管に属する学校の組織編制、教育課程、学習指導、生徒指導及び職業指導に関すること。

六　教科書その他の教材の取扱いに関すること。

七　校舎その他の施設及び教具その他の設備の整備に関すること。

八　校長、教員その他の教育関係職員の研修に関すること。

九　校長、教員その他の教育関係職員並びに生徒、児童及び幼児の保健、安全、厚生及び福利に関すること。

十　教育委員会の所管に属する学校その他の教育機関の環境衛生に関すること。

十一　学校給食に関すること。

十二　青少年教育、女性教育及び公民館の事業その他社会教育に関すること。

十三　スポーツに関すること。

十四　文化財の保護に関すること。

十五　ユネスコ活動に関すること。

十六　教育に関する法人に関すること。

十七　教育に係る調査及び基幹統計その他の統計に関すること。

十八　所掌事務に係る広報及び所掌事務に係る教育行政に関する相談に関すること。

十九　前各号に掲げるもののほか、当該地方公共団体の区域内における教育に関する事務に関すること。

(長の職務権限)

第22条　地方公共団体の長は、大綱の策定に関する事務のほか、次に掲げる教育に関する事務を管理し、及び執行する。

一　大学に関すること。

二　幼保連携型認定こども園に関すること。

三　私立学校に関すること。

四　教育財産を取得し、及び処分すること。

五　教育委員会の所掌に係る事項に関する契約を結ぶこと。

六　前号に掲げるもののほか、教育委員会の所掌に係る事項に関する予算を執行すること。

(学校等の管理)

第33条　教育委員会は、法令又は条例に違反しない限度において、その所管に属する学校その他の教育機関の施設、設備、組織編制、教育課程、教材の取扱その他学校その他の教育機関の管理運営の基本的事項について、必要な教育委員会規則を定めるものとする。この場合において、当該教育委員会規則で定めようとする事項のうち、その実施のためには新たに予算を伴うこととなるものについては、教育委員会は、あらかじめ当該地方公共団体の長に協議しなければならない。

学校保健安全法
(昭和33年4月10日　法律第56号)

第1章　総則

(目的)

第1条　この法律は、学校における児童生徒等及び職員の健康の保持増進を図るため、学校における保健管理に関し必要な事項を定めるとともに、学校における教育活動が安全な環境において実施され、児童生徒等の安全の確保が図られるよう、学校における安全管理に関し必要な事項を定め、もつて学校教育の円滑な実施とその成果の確保に資することを目的とする。

第2章　学校保健

第1節　学校の管理運営等

(学校保健計画の策定等)

第5条　学校においては、児童生徒等及び職員の心身の健康の保持増進を図るため、児童生徒等及び職員の健康診断、環境衛生検査、児童生徒等に対する指導その他保健に関する事項について計画を策定し、これを実施しなければならない。

第3節　健康診断

(就学時の健康診断)

第11条　市(特別区を含む。以下同じ。)町村の教育委員会は、学校教育法第十七条第一項の規定により翌学年の初めから同項に規定する学校に就学させるべき者で、当該市町村の区域内に住所を有するものの就学に当たつて、その健康診断を行わなければならない。

(児童生徒等の健康診断)

第13条　学校においては、毎学年定期に、児童生徒等(通信による教育を受ける学生を除く。)の健康診断を行わなければならない。

２　学校においては、必要があるときは、臨時に、児童生徒等の健康診断を行うものとする。

第14条　学校においては、前条の健康診断の結果に基づき、疾病の予防処置を行い、又は治療を指示し、並びに運動及び作業を軽減する等適切な措置をとらなければならない。

(出席停止)

第19条　校長は、感染症にかかつており、かかつている疑いがあり、又はかかるおそれのある児童生徒等があるときは、政令で定めるところにより、出席を停止させることができる。

(臨時休業)

第20条　学校の設置者は、感染症の予防上必要があるときは、臨時に、学校の全部又は一部の休業を行うことができる。

(学校医、学校歯科医及び学校薬剤師)

第23条　学校には、学校医を置くものとする。

２　大学以外の学校には、学校歯科医及び学校薬剤師を置くものとする。

第3章　学校安全

(学校安全計画の策定等)

第27条　学校においては、児童生徒等の安全の確保を図るため、当該学校の施設及び設備の安全点検、児童生徒等に対する通学を含めた学校生活その他の日常生活における安全に関する指導、職員の研修その他学校における安全に関する事項について計画を策定し、これを実施しなければならない。

(学校環境の安全の確保)

第28条　校長は、当該学校の施設又は設備について、児童生徒等の安全の確保を図る上で支障となる事項があると認めた場合には、遅滞なく、その改善を図るために必要な措置を講じ、又は当該措置を講ずることができないときは、当該学校の設置者に対し、その旨を申し出るものとする。

(危険等発生時対処要領の作成等)

第29条　学校においては、児童生徒等の安全の確保を図るため、当該学校の実情に応じて、危険等発生時において当該学校の職員がとるべき措置の具体的内容及び手順を定めた対処要領(次項において「危険等発生時対処要領」という。)を作成するものとする。

いじめ防止対策推進法

（平成25年6月28日　法律第71号）

第1章　総則

（目的）

第1条　この法律は、いじめが、いじめを受けた児童等の教育を受ける権利を著しく侵害し、その心身の健全な成長及び人格の形成に重大な影響を与えるのみならず、その生命又は身体に重大な危険を生じさせるおそれがあるものであることに鑑み、児童等の尊厳を保持するため、いじめの防止等（いじめの防止、いじめの早期発見及びいじめへの対処をいう。以下同じ。）のための対策に関し、基本理念を定め、国及び地方公共団体等の責務を明らかにし、並びにいじめの防止等のための対策に関する基本的な方針の策定について定めるとともに、いじめの防止等のための対策の基本となる事項を定めることにより、いじめの防止等のための対策を総合的かつ効果的に推進することを目的とする。

（定義）

第2条　この法律において「いじめ」とは、児童等に対して、当該児童等が在籍する学校に在籍している等当該児童等と一定の人的関係にある他の児童等が行う心理的又は物理的な影響を与える行為（インターネットを通じて行われるものを含む。）であって、当該行為の対象となった児童等が心身の苦痛を感じているものをいう。

2　この法律において「学校」とは、学校教育法（昭和22年法律第26号）第1条に規定する小学校、中学校、義務教育学校、高等学校、中等教育学校及び特別支援学校（幼稚部を除く。）をいう。

3　この法律において「児童等」とは、学校に在籍する児童又は生徒をいう。

4　この法律において「保護者」とは、親権を行う者（親権を行う者のないときは、未成年後見人）をいう。

（基本理念）

第3条　いじめの防止等のための対策は、いじめが全ての児童等に関係する問題であることに鑑み、児童等が安心して学習その他の活動に取り組むことができるよう、学校の内外を問わずいじめが行われなくなるようにすることを旨として行われなければならない。

2　いじめの防止等のための対策は、全ての児童等がいじめを行わず、及び他の児童等に対して行われるいじめを認識しながらこれを放置することがないようにするため、いじめが児童等の心身に及ぼす影響その他のいじめの問題に関する児童等の理解を深めることを旨として行われなければならない。

3　いじめの防止等のための対策は、いじめを受けた児童等の生命及び心身を保護することが特に重要であることを認識しつつ、国、地方公共団体、学校、地域住民、家庭その他の関係者の連携の下、いじめの問題を克服することを目指して行われなければならない。

（いじめの禁止）

第4条　児童等は、いじめを行ってはならない。

（学校及び学校の教職員の責務）

第8条　学校及び学校の教職員は、基本理念にのっとり、当該学校に在籍する児童等の保護者、地域住民、児童相談所その他の関係者との連携を図りつつ、学校全体でいじめの防止及び早期発見に取り組むとともに、当該学校に在籍する児童等がいじめを受けていると思われるときは、適切かつ迅速にこれに対処する責務を有する。

（保護者の責務等）

第9条　保護者は、子の教育について第一義的責任を有するもので

あって、その保護する児童等がいじめを行うことのないよう、当該児童等に対し、規範意識を養うための指導その他の必要な指導を行うよう努めるものとする。

第2章　いじめ防止基本方針等

（学校いじめ防止基本方針）

第13条　学校は、いじめ防止基本方針又は地方いじめ防止基本方針を参酌し、その学校の実情に応じ、当該学校におけるいじめの防止等のための対策に関する基本的な方針を定めるものとする。

第3章　基本的施策

（学校におけるいじめの防止）

第15条　学校の設置者及びその設置する学校は、児童等の豊かな情操と道徳心を培い、心の通う対人交流の能力の素地を養うことがいじめの防止に資することを踏まえ、全ての教育活動を通じた道徳教育及び体験活動等の充実を図らなければならない。

2　学校の設置者及びその設置する学校は、当該学校におけるいじめを防止するため、当該学校に在籍する児童等の保護者、地域住民その他の関係者との連携を図りつつ、いじめの防止に資する活動であって当該学校に在籍する児童等が自主的に行うものに対する支援、当該学校に在籍する児童等及びその保護者並びに当該学校の教職員に対するいじめを防止することの重要性に関する理解を深めるための啓発その他必要な措置を講ずるものとする。

（いじめの早期発見のための措置）

第16条　学校の設置者及びその設置する学校は、当該学校におけるいじめを早期に発見するため、当該学校に在籍する児童等に対する定期的な調査その他の必要な措置を講ずるものとする。

2　国及び地方公共団体は、いじめに関する通報及び相談を受け付けるための体制の整備に必要な施策を講ずるものとする。

3　学校の設置者及びその設置する学校は、当該学校に在籍する児童等及びその保護者並びに当該学校の教職員がいじめに係る相談を行うことができる体制（次項において「相談体制」という。）を整備するものとする。

4　学校の設置者及びその設置する学校は、相談体制を整備するに当たっては、家庭、地域社会等との連携の下、いじめを受けた児童等の教育を受ける権利その他の権利利益が擁護されるよう配慮するものとする。

（学校におけるいじめの防止等の対策のための組織）

第22条　学校は、当該学校におけるいじめの防止等に関する措置を実効的に行うため、当該学校の複数の教職員、心理、福祉等に関する専門的な知識を有する者その他の関係者により構成されるいじめの防止等の対策のための組織を置くものとする。

国旗及び国歌に関する法律

（平成11年8月13日　法律第127号）

（国旗）

第1条　国旗は、日章旗とする。

2　日章旗の制式は、別記第1のとおりとする。

（国歌）

第2条　国歌は、君が代とする。

2　君が代の歌詞及び楽曲は、別記第2のとおりとする。

3 特別活動の指導に生かしたいワード ―キーワード解説―

1 生きる力

　教育が目指す理念としての「生きる力」は，①基礎・基本を確実に身に付け，いかに社会が変化しようと，自ら課題を見つけ，主体的に判断し，行動し，よりよく問題を解決する能力，②自らを律しつつ，他人とともに協調し，他人を思いやる心や感動する心などの豊かな人間性，③たくましく生きるための健康と体力など，と定義されている。「生きる力」をはぐくむに当たっては，教育課程全体を通して，育成する資質・能力を明確にして教育活動の充実を図り，その際，(1) 知識及び技能が習得されるようにすること (2) 思考力，判断力，表現力等を育成すること (3) 学びに向かう力，人間性等を涵養すること，を偏りなく実現できるようにするものとしている。

2 いじめ

　いじめの定義は，昭和61年以来「自分より弱い者に対して一方的に，身体的・心理的な攻撃を継続的に加え，相手が深刻な苦痛を感じているもの」とされてきたが，いじめられている側の児童生徒がいじめを認知しやすくし，学校や教師がいじめを早期に発見し，早期に対応できるようにするため，平成25年から「児童生徒に対して，当該児童生徒が在籍する学校に在籍している等当該児童生徒と一定の人的関係にある他の児童生徒が行う心理的又は物理的な影響を与える行為（インターネットを通じて行われるものを含む。）であって，当該行為の対象となった児童生徒が心身の苦痛を感じているもの」と変更した。

3 インターンシップ

　インターンシップは，学業についている者が企業や官公庁などで自らの専攻や将来の職業選択に生かすため就業体験することであり，その内容は職場見学から，業務体験，企画立案，実習・研修的な就業体験など幅広くとらえている。文部科学省の調査では，2014（平成26）年に実施した大学は73%である。インターンシップは，大学生や高等専門学校生を対象とするが，短大生や高校生にも広がっている。就業期間は夏休みなどの1週間〜1か月が主流だが，半年を超すものもある。有給，無給の両方があり，インターンシップ参加を単位として認定する大学が増えている。なお，中学生は，通常，勤労生産・奉仕的行事として実施される，職場体験活動に参加する。

4 ガイダンス

　ガイダンスは，教育指導，生徒指導などと訳され，児童生徒が環境や社会の変化によりよく適応し，その個性や能力を最大限発揮できるように導く教育活動であり，社会的自己実現への主体的な取組を促す指導・援助のことである。特に，児童生徒の「個人的・社会的発達」，「学業発達」，「進路発達」面での指導援助が，ガイダンスの3領域といわれている。ガイダンスの具体的な内容としては，児童生徒のよりよい生活や集団づくり，よりよい人間関係の形成，進路等の選択やキャリア発達等に関わる案内や説明であり，児童生徒一人一人の可能性を最大限に発揮させるように，教師として働きかけることである。

5 カウンセリング（教育相談含む）

　心理相談のことで，クライアント（来談者）が抱く心配や悩み，苦情などを，面接，手紙，日記などを通じて本人自身がそれを解決することを援助する方法。精神医学では，しばしば精神療法と同義に用いられる。積極的に忠告や説得を与える指示的カウンセリングと，それを与えない非指示的カウンセリングとがある。教育相談は，学校教育活動場面でのカウンセリング活動で，不登校やいじめ，非行等（その予防も含む）への対応や進路や学業等も含む学校教育全般に関わる諸問題に対して，児童生徒や保護者に指導援助するプロセスである。相談の担当は，教員が当たるだけでなくスクールカウンセラー等の専門家が当たることもある。

6 カリキュラム・マネジメント

　各学校には，学習指導要領等を受け止めつつ，子どもたちの姿や地域の実情等を踏まえて，各学校が設定する教育目標を実現するために，学習指導要領等に基づき教育課程を編成し，それを実施・評価し改善していくことが求められている。このことをカリキュラム・マネジメントという。今後求められる「社会に開かれた教育課程」を実現するためには，教育内容を各教科等の相互の関係や教科横断的な視点からとらえたり，子どもたちや地域の現状を調査し，データに基づいた改善を図るためのPDCAサイクルを確立したり，必要な人材を育成したり，地域等の外部の資源を活用したりしながら，充実した，効果的な教育活動にすることが必要である。

7 基礎的・汎用的能力

　平成23年1月の中央教育審議会答申「今後の学校におけるキャリア教育・職業教育の在り方について」の中で示された，分野や職種に関わらず，社会的・職業的自立に向けて必要な基盤となる能力概念である。「仕事に就くこと」に焦点を当てて，「人間関係形成・社会形成能力」「自己理解・自己管理能力」「課題対応能力」「キャリアプランニング能力」の四つに整理された。それぞれが独立したものではなく，相互に関連・依存した関係にあるため，特に順序性はない。これらの能力と学校教育で育成している能力との接点を確認し，学校ごとにどの能力をどの程度身に付けさせるかを判断しキャリア教育の取組を改善することが求められている。

8 キャリア教育

　キャリア教育は，子ども・若者がキャリアを形成していくために必要な能力や態度の育成を目標とする教育的働きかけである。中央教育審議会では，「今後の学校におけるキャリア教育・職業教育の在り方について（答申）」において，キャリア教育を「一人一人の社会的・職業的自立に向け，必要な基盤となる能力や態度を育てることを通して，キャリア発達を促す教育」と定義している。キャリア教育が，就学前段階から初等，中等，高等教育，さらには若年者の学校から社会への移行を支援する様々な機関において実施されるのに対して，進路指導は，基本的には，中学校，高等学校に限定される教育活動であるといえる。

9 勤労観

　「勤労観」は，「職業観」と同様に，勤労に対する価値的な理解・認識である。職業としての仕事や勤めだけでなく，ボランティア活動，家事や手伝いと，その他の役割遂行などを含む，働くことそのものに対する個人の見方や考え方，価値観であり，個人が働くこととどのように向き合って生きていくかという姿勢や構えを規定する基準となるものである。通常，「職業観・勤労観」として一体的に取り扱われる場合が多い。ただ，その場合においても「職業観」には，様々な職業の世界及び職業倫理などについての理解や認識など，「勤労観」にはない独自の要素が含まれること，一方，「勤労観」では，「職業観」に比べて役割遂行への意欲や勤勉さ，責任感などといった情意面が重視されるなどの違いがあることを踏まえておきたい。

10 言語能力

　言語の果たす役割は，創造的思考（それを支える論理的思考），感性・情緒，他者とのコミュニケーションの三つの側面があり，言語能力は，学習の基盤となるものである。例えば，学習内容は，多くが言語を用いて表現されており，新たな知識の獲得（個別の知識・技能の獲得），情報を読み取って吟味したり，既存の知識と関連付けながら自分の考えを構築したり，目的に応じて表現したりすること（思考力・判断力・表現力等），自らの思考のプロセスを客観的に捉え，他者とコミュニケーションをとり，相互の関係を築いていくこと（学びに向かう力，人間性等）はすべて，基本的には言語を通してなされている。

11 合意形成

　様々な価値観や利害関係のある人々の意見の一致を図ること，または，議論などを通じて，相互の意見の一致を図る過程のことをいう。集団活動を通して合意形成を図ったり意思決定をしたりすることは，他者に迎合したり，相手の意見を無理にねじ曲げさせたりすることではない。多数の構成員がいる集団では，意見の相違や価値観の違いがあって当然であり，そのような中で合意形成を図ったり，意思決定をしたりするためには，同調圧力に流されることなく，批判的思考力をもち，他者の意見も受け入れつつ自分の意見も主張するなど，よりよい解決策を得るために必要な力を育成することが重要である。

12 自己実現

　人間の欲求のうち最も高次であり，同時に最も人間的な欲求として，自己の内面的欲求を社会生活において実現すること。アメリカの心理学者マズロー（A.H.Maslow）は，1954年に「欲求5段階説」を発表した。人間には，低次の欲求から順に①生理的欲求，②安全の欲求，③所属と愛情の欲求，④承認の欲求，⑤自己実現の欲求があり，低次の欲求が充足されると，より上位の欲求が人間の行動動機となるとした。学校の中で，自己実現の欲求を育成していくためには，①安心と信頼に基づく人間関係の形成，②自己有用感の獲得，③教師自身が，児童生徒の独自性を受容し，多様な評価基準を内面化することが求められている。

13　自己有用感

　自己有用感は，人の役に立った，人から感謝された，人に喜んでもらえた，人から認められた等，自分との関係を肯定的に受け入れられることで生まれる，自己に対する肯定的な評価であり，社会性の基礎となるものである。自己有用感は，最終的には自己評価であるとしても，他者からの評価やまなざしを強く感じた上でなされるという点がポイントである。自己有用感を育てるには，「褒めて（自信を持たせて）育てる」よりも，「認められて（自信を持って）育つ」のほうが，子どもの自己有用感が持続しやすいといわれている。自己有用感の獲得が，自尊感情（Self-esteem）につながることになるといわれている。

14　自己理解

　自分はどんな人間であるのか，自分の置かれている環境はどのようなものであるのか，自分はどのような生き方を望んでいるのかなどを，客観的，現実的に認識することである。自己理解の指導は，あらゆる教科・領域において可能であり，児童生徒の自己理解を促すには，教師の共感的理解や感情移入などによるカウンセリング感覚が求められる。児童生徒に，自己理解を促す指導において留意すべき点を要約すると，①継続的に行うこと，②児童生徒が自己を包括的に理解するように行うこと，③児童生徒の自己受容力について配慮した上で行うこと，④自己の可能性についての理解の指導を併せて行うこと，の4点である。

15　自主的，実践的

　「自主的」とは，他人の干渉や保護を受けず，自分から進んで行動することであり，「実践的」とは，考えるだけでなく，具体的に行動することである。「自主的，実践的な態度」とは，子ども自身が，自分たちの行動について深く考えたり，自ら見つけた問題を自分たちの話合いや行動により解決していこうとする態度である。これらの態度を育成するために，特別活動においては，学校や学級の生活の中で生じる課題や取り組むべき活動を題材として，自主的・実践的な活動に意図的・計画的に取り組ませ，子どもたちが主体的に，計画や行動，振り返り，改善を図るなどの活動や場面を設定し，指導・支援を行うこととしている。

16　持続可能な社会

　地球環境や自然環境が適切に保全され，将来の世代が必要とするものを損なうことなく，現在の世代の要求を満たすような開発が行われている社会である。このような社会の作り手を育成するための教育が，「持続可能な開発のための教育（ESD：Education for Sustainable Development）」である。世界の環境，貧困，人権，平和，開発といった様々な問題について，自らの問題としてとらえ，身近なところから取り組む（think globally, act locally）ことにより，それらの課題の解決につながる新たな価値観や行動を生み出すこと，そしてそれによって持続可能な社会を創造していくことを目指す学習や活動である。

17　自発的，自治的

　「自発的」とは，自らの内発的な欲求や情動に基づいて進んで考え行動することである。学校においては，学校や学級の生活の中で，自らが問題意識をもったり，目標を立てて行動することである。「自治的」とは，自分の所属する集団の運営に積極的に参加し，その向上発展に尽くすことであり，また，民主的な手続きによって決定した総意に基づいて協力・行動することである。

　特別活動においては，子どもたちが学級や学校生活の中から問題を見つけ，子どもたちが問題解決の方法や活動過程を話し合い，決定し，実践活動において，互いに協力して役割を果たし，子どもたちが自ら活動を振り返り，評価するといった「子ども主体の活動」が行われている。

18　社会参画

　教育基本法の第二条（教育の目標）の第三号には「正義と責任，男女の平等，自他の敬愛と協力を重んずるとともに，公共の精神に基づき，主体的に社会の形成に参画し，その発展に寄与する態度を養うこと。」が掲げられ，「主権者教育」なども視野に入れた「社会的自立と社会参画の力を育む教育」が推進されている。学校教育として児童・生徒が「公共的な事柄に自ら参画していく資質や能力を育成すること」を目標に多様な教育活動が行われている。社会参画の意識を育てる視点と指導の手立てとして，ア　社会的事象を自分の事として捉えさせる，イ　他者の存在に気付かせる，ウ　自分なりの考えをもたせる，エ　社会とのつながりを実感させることなどがあげられる。

19　集団や社会の形成者

　所属する集団や社会の一員としての自覚と責任をもって，集団の維持や集団目標の達成を目指して協働し実践する人である。すなわち，自己及び集団や社会の課題解決に取り組み，よりよい人間関係を形成し，よりよい集団生活を構築し，社会参画あるいは自己実現に向けて実践している人を指す。所属集団への帰属意識や連帯感，規範意識をはじめ，集団生活における役割分担の責任ある遂行，自他の権利と義務の関係の適切な理解と遂行，多面的コミュニケーション能力（異質な他者との円滑な交流），所属集団への寄与，社会的行動様式の体得など，集団や社会の一員としての必要な社会性を具備し実践する人のことである。

20　主権者教育

　2015年6月，改正公職選挙法いわゆる「18歳選挙権」が成立し，選挙時の投票権の年齢が引き下げられた。これにより，学校教育における政治や選挙の扱い，高等学校における「公共（仮）」の設置，「模擬選挙」「模擬投票」の実施等，取組に大きな変化が生じている。

　主権者教育とは，単に政治の仕組みの知識を習得するだけでなく，社会の中で自立し，他者と連携・協働しながら，地域社会における課題解決を図る主権者の育成を目的としている。推進に当たり，児童生徒の発達段階に応じた多様な取組が考えられるが，学校内外の様々な集団における活動に関わることが，長い目で主権者の意識をはぐくみ，広く若者の社会参画につながるという視点が重要である。

21　主体的・対話的で深い学び

　能動的に学び続ける「アクティブ・ラーニング」の視点としての「主体的な学び」「対話的な学び」「深い学び」は，特別活動については各活動・学校行事の学習過程での授業や指導の工夫改善によって，質の高い学びとすることができる。

　「主体的な学び」は学級や学校における集団活動を通して，生活上の諸課題を通し解決できるようにすること，「対話的な学び」は多様な他者との様々な集団活動を行うことを基本とし，そこでの「話合い」をすべての活動の中心においていること，「深い学び」は実践を単に行動の場面と狭くとらえるのではなく，課題の設定から振り返りまでの一連の活動を実践ととらえることである。

22　小1プロブレム

　小学校1年生が学級・学校生活に十分適応できず，学業上の多様な問題を惹起する現象を指す。授業を受けるために必要な学習規律が体得されておらず，学級での授業が成立しない例，集団生活に適応できず友だちとの学級生活を営めない例などがある。これらの現象が特定の児童に止まらないところに問題の深刻さがある。その一因には，乳幼児期からの家庭教育における基本的な生活習慣の未確立や善悪の価値判断，不満耐性，人間関係などに関する実体験不足や保護者のしつけの在り方などに問題があると考えられる。また乳幼児教育施設などとの連携不足や地域社会の崩壊，情報機器の普及など子どもを取り巻く生活環境の課題克服も求められる。

23　障がい者理解

　今日の社会福祉の理念は，障がい者を特別視せず，通常の人間のひとりとして，家庭や学校や地域社会に受け入れていこうとする「ノーマライゼーション」に基づいている。国際連合は1981年を「国際障害者年」と定め，障がい者の完全参加と平等を唱えた。1993年には「障害者の機会均等化に関する基準規則」を採択し，その中に「インテグレーション（統合教育）」を盛り込んだ。しかし最近は，障がい者と非障がい者を区別せず，学校教育においては，子どもたちの身体的，知的，社会的な状態と関係なく，すべての子どもを対象とすべきであり，学校の一元化を基本として，すべての子どもが地域の学校に在学することを構想する「インクルージョン」という考え方がある。

24　消費者教育

　食の安全・安心に関する問題，悪徳商法による被害や多重債務など，消費生活に関する社会問題が深刻化し，国民の関心の高まりを受け，平成21年には消費者庁が設置され，平成24年には「消費者教育の推進に関する法律」が施行された。消費は個人の生活を豊かにするだけでなく，社会の在り方をも変える大きな力をもっており，消費者教育では，被害にあわず，合理的な意思決定ができる消費者の育成にとどまらず，消費行動を通じてよりよい社会の発展に関与する消費者の育成を目指している。消費者を取り巻く複雑・多様化した課題解決に向け，社会の一員として行動する力，選ぶ力・計画する力，安全・安心を求める力，情報を見抜き，活用する力の育成が期待されている。

25　食育

　子どもたちの食を取り巻く環境が変化し，栄養摂取の偏りや朝食の欠食などの食習慣の乱れやそれらに伴う肥満や生活習慣病，食物アレルギー等の健康問題や食品の安全性の確保などの問題が顕在化している。学級活動においては，「食育の観点を踏まえた学校給食と望ましい食習慣の形成」を取り上げ，児童生徒が自分の食習慣を見直し，自ら改善して，生涯にわたって望ましい食習慣が形成され，食事を通してよりよい人間関係や明るい社交性を育む。楽しく食事をすること，健康によい食事のとり方，給食時の清潔，食事環境の整備などの改善について，身近な事例を通して，考え，自己の課題に気付き，具体的な目標を立てて取り組むなどの活動を行う。

26　職業観

　「職業観」は，人それぞれの職業に対する価値的な理解であり，人が生きていく上で，職業の果たす意義や役割についての認識である。「職業観」は，人が職業そして職業を通じての生き方を選択するに当たっての基準となり，また，選択した職業によりよく適応するための基盤ともなるべきものである（平成4年度「文部省進路指導資料」）。世の中にはどんな職業があり，それぞれの職業ではどのような仕事をし，どんな専門的な資質・能力が必要なのかなどについての知識・理解をもとに，自分はどの職業にどんな働きがいや誇りを見いだそうとするのか，あるいは，生きていく上で職業にどのような意味づけを与えていくかということである。

27　職場体験活動

　キャリア教育の中核的な取組として，多くの小学校では「職場見学」が，中学校では「職場体験」(2014（平成26）年度の実施率が98.4％）がほとんどの学校で実施されている。公立高等学校（全日制及び定時制）のインターンシップの実施率は79.3％である。職場体験活動は，企業や事業所などの職場見学や，一定期間そこで働くことを通じて，職業や仕事の実際について体験したり，働く人々と接したりする学習活動であり，学校の学習と社会とを関連付けた教育活動として，学校と保護者，受け入れ体験先との連携により実現されることから，学校から社会への移行のために必要な基礎的資質や能力をはぐくむ上で有効な学習の機会として位置付けられている。

28　人工知能（AI）

　人工知能とは，人間の脳の知的作業をコンピュータで模倣したソフトウェアやシステムで，具体的には，人間の言語を理解したり，論理的な推論を行ったり，経験から学習したりするコンピュータプログラム等を指す。人工知能は，一度作れば，人間の手を離れても「自ら考える力」が備わっており自発的に発展していく。情報通信・金融・医療などの分野で実用化が進み，近年，ディープ・ラーニングの発達やビッグデータの集積などに伴い，近い将来，人工知能が，人間の思考力を超えるシンギュラリティ（技術的特異点）が起こるとの指摘があり，経済・雇用等への影響などについて議論も始まっている。

29　体験活動の充実

　近年，子どもたちの「疑似体験」「模擬体験」が増え，生活体験や自然体験といった直接体験の機会が減り，生命尊重の精神や自然に対する畏敬の念を身に付ける機会が減少している。また「公」の意識や規範意識の低下も課題として指摘されている。こうした状況の中,小学校における自然の中での集団宿泊活動や中学校の職場体験活動等,「ヒト，モノ（地域，自然，文化等）」を対象とした体験活動は重要な学びの機会である。実体験を通して体得された知識や技能は，まさに「血肉となり」，実生活の様々な場面で活用され，生きて働く力となる。また，自らの将来の生き方や人間関係に不安を抱きやすい子どもたちの現状から，体験活動を通して自信を獲得する意味でも重要である。

30　他者理解

　社会や集団の生活において，よりよく生きていくためには，自己のよさや可能性を認識するとともに,あらゆる他者を価値ある存在として尊重し,多様な人々と協働しながら様々な社会的変化を乗り越えていかねばならない。人間関係を形成するためには，互いに他者を理解することが基本となる。他者の理解やコミュニケーション能力を育むためには，①自分とは異なる他者を認識し，理解すること②他者認識を通して自己の存在を見つめ，思考すること③集団を形成し，他者との協調，協働が図られる活動を行うこと④対話やディスカッション，身体表現等を活動に取り入れ，課題解決に取り組むことなどの機会や活動の場を意図的，計画的に設定する必要がある。

31　多様な他者

　情報化，グローバル化といった社会の変化に対応するため,「多様な他者」と協働し，よりよい社会を実現するために必要な力を身に付けることが求められている。実社会では,性別,年齢,国籍,宗教等の様々な違いをもった人間が生活をしており,そうした多様な人々と人間関係を築き，主体的に社会参画することが重要である。学習指導要領においても異年齢集団や幼児，高齢者，障がいのある人々との交流等を通して，協働することや社会に貢献する喜びを得る活動の重視が示されており，校内にとどまらず，広く多様な人々との交流，協働学習，対話の機会を通して，多様な他者の存在に気付き，多様性を尊重し，共に力を合わせて生活することの大切さを学ぶことができる。

32　チーム学校

　学校が，複雑化・多様化した課題を解決し，子どもに必要な資質・能力をはぐくんでいくためには，学校のマネジメントを強化し，組織として教育活動に取り組む体制を創り上げ，必要な指導体制を整備することが必要である（学校のマネジメント機能の強化）。その上で，生徒指導や特別支援教育等を充実するために，学校や教員が心理や福祉等の専門スタッフ等と連携・分担する体制を整備し，学校の機能を強化していくこと（専門性に基づくチーム体制の構築），教職員一人一人が自らの専門性を発揮し，心理や福祉等の専門スタッフ等の参画を得て，専門性や経験を補い教育活動を充実することが求められる（教職員一人一人が力を発揮できる環境の整備）。

33　中1ギャップ

　小学校から中学1年生になった時に，新しい学習や生活の変化にうまく適応できずに，不登校やいじめが増加するなどの現象。「ギャップ」の背景には，小学校と中学校での教え方や授業の速度の違いによるつまずきや人間関係の変化，校則や生徒指導の厳格化，部活動の本格化，心身の発達（思春期）など幾多の要因が作用し合って起こると考えられている。多くの学校においては，「小・中学校の緊密な連携体制の確立」，「人間関係づくりの能力（社会的スキル）の育成」，「思春期の繊細な内面へのきめ細かな対応」の視点から，教育活動や学校体制等を見直し，「中1ギャップ」解消のための取組が行われている。

34　伝統や文化に関する教育

　平成18年の改正教育基本法の前文では，「伝統を継承し，新しい文化の創造を目指す」ことが示された。国際化，情報化，少子高齢化等の進展に伴い，子どもたちが我が国や郷土の伝統や文化について理解したり経験したりする機会が減少してきている。長い歴史の中で受け継がれてきた我が国や郷土の伝統や文化はもとより，次代に引き継いでいきたい伝統を踏まえ，さらに発展させながら新しい文化の創造を目指すことは，日本人としての自覚と誇りをもって，国際社会でよりよく生きていくことができる日本人の育成のためにも重要である。これらの教育の推進に当たっては，学校の教育活動として学ぶだけでなく，地域の指導者や伝承者と連携した機会や場の確保が大切である。

35　なすことによって学ぶ

　特別活動の方法原理を表す言葉である。特別活動は様々な構成の集団から学校生活をとらえ，課題の発見や解決を通して，よりよい生活や人間関係づくりを目指して行われる活動である。同時に，体験的で実践的な活動を通して，子どもたちの資質・能力を育成し，そこではぐくまれた資質や能力は，社会に出た後の集団や人間関係の中で生かされることが大切である。特別活動は，一人で行う活動ではないこと，抽象的な言葉や記号を媒体にした知的操作によって行われる学習活動ではないことが他の教育活動とは異なる特質であり，「なすことによって学ぶ（learning by doing）」ことが，特別活動の指導上の基本原理である。

36　不登校

　不登校は，文部科学省が行っている「児童生徒の問題行動・不登校等生徒指導上の諸問題に関する調査」では，「何らかの心理的，情緒的，身体的，あるいは社会的要因・背景により，児童生徒が登校しないあるいはしたくともできない状況にある者（ただし，「病気」や「経済的理由」による者を除く。）」と定義され，対象は，「年度間に30日以上欠席した児童生徒」としている。病気や経済的理由等によるものを含めた30日以上欠席した児童生徒は，「長期欠席児童生徒」（長欠）としている。昔は，「学校恐怖症」と呼ばれ，人数の増加とともに「登校拒否」となり，今日では「どの子にも起こり得る」として，学校に行けないあるいは，行かない状態を指している。

キーワード

37 防災・安全教育

　事件や事故，災害等から身を守り，安全に行動することや規律ある集団行動の体得を目指して行う教育を指す。自他の生命を尊重し，日常生活を安全に保つために必要な事柄を理解し，決まりを守り，非常時などに安全に行動できる能力や態度を育成することである。学校では，避難訓練，防災訓練，交通安全指導，防犯指導などが，特別活動の「学校行事」や「学級活動」などで実施されている。自然災害や犯罪，事故などの非常事態に際し，日ごろから冷静，沈着，迅速，的確に判断し対処できる能力や態度を養い，自他の安全を確保することができるようにすることをねらいとしている。大地震，巨大台風，豪雨，大火災，大事故などに備える重要な教育活動である。

38 ポートフォリオ

　ポートフォリオ（portfolio）とは「紙ばさみ」を意味し，児童生徒が学習活動の記録や作品などをファイルなどで整理・保管することである。自身の学習への取組の状況や成果を評価し，今後の学習に向けての見通しを立てたり，意欲の向上を図ったりするうえで有効な自己評価の活動となる。また，キャリア教育に関わる活動においては，学びのプロセスを記述し振り返ることにより，自己理解や成長，将来の職業や生き方を考える教材（「キャリア・パスポート」(仮称)）として活用することも考えられる。ファイルされるものとしてノート，プリント，メモ，ワークシート，グループで作成した発表資料，レポート，収集した資料などがある。

39 よりよい人間関係（人間関係形成力）

　自他の個性を肯定的にとらえ，自他のよさや可能性を互いに尊重し合いながら，それらを生かして目標に向け協働できる人間関係をいう。その形成のためには，各人が自己理解を深め，自らの個性を正しく把握し，豊かな自己実現に向けて努力することが必要となる。さらには，他者の個性や生き方への理解をはじめ，他者に対する尊敬の念，思いやりの心，協調，共感する心などが求められる。なお，人間関係形成力の育成に当たっては，集団内の価値観や立場，欲求などの相違に基づく対立，葛藤，分裂などを克服する体験の場や機会を設定することが効果的である。問題や課題の解決過程における努力や試行錯誤などの実体験が，人間関係形成力の育成に有効に機能する。

参考文献

資料編３（キーワード）

１）今野喜清・新井郁男・児島邦宏編『第３版　学校教育辞典』
　　（教育出版　平成26年２月）
２）「インターンシップの推進に当たっての基本的考え方」
　　（文部科学省・厚生労働省・経済産業省　平成26年４月８日一部改正）
３）日本特別活動学会監修『新訂　キーワードで拓く新しい特別活動』
　　（東洋館出版社　平成22年８月）
４）『中学校学級経営事典』(小学館　昭和47年４月)

≪著者紹介≫　　　　　　　　　　＊所属は，2023（令和5）年3月1日現在のものです。

渡部　邦雄（わたべ　くにお）
　現在，日本感性教育学会顧問，日本特別活動学会顧問，等。
　＜略歴＞文部省（文部科学省）教科調査官，視学官，主任視学官，日本特別活動学会会長，
　　　　　日本感性教育学会理事長，中央教育審議会専門委員，文部科学省大学設置・
　　　　　学校法人審議会専門委員，東京農業大学教授・教職・学術情報センター長など。
　　　編著書『中学校　特別活動指導細案〈全7巻〉』（明治図書）
　　　　　　　『実践生徒指導〈全5巻〉』　　　　（ぎょうせい）
　　　　　　　『子どもの心と体の健康を育む学校づくり』（ぎょうせい）
　　　　　　　『中学校教育課程講座　特別活動』（ぎょうせい）
　　　　　　　『中学校若手教師の学級経営テキスト』（明治図書）
　　　　　　　『心の教育』（広池出版）
　　　　　　　『いじめの解明』＜加除式＞（第一法規）　など多数

緑川　哲夫（みどりかわ　てつお）
　元東京農業大学教授。現在，東京学芸大学，順天堂大学非常勤講師。
　日本特別活動学会理事。千葉県教育相談研修等講師。
　　　編著書『現場即応！　あなたの疑問にこたえる生徒指導対応事例80』（学事出版）
　　　　　　　『現場即応‼　よくわかる小学校生徒指導─80の対応事例で問題解決』（学
　　　　　　　事出版）
　　　　　　　『学級生活と進路』（秀学社）
　　　　　　　『いじめの解明』＜加除式＞（第一法規）
　　　　　　　『学校教育の評価改善事例集』（第一法規）
　　　　　　　『観点別学習状況の新評価基準表　中学校保健体育　単元の評価規準ABC
　　　　　　　判定基準』（図書文化）
　　　　　　　『実践的指導力をはぐくむ　特別活動指導法』（日本文教出版）
　　　　　　　『受け継ぎ創造する「和」の心　これからの伝統・文化理解教育』（日本文教出版）
　　　　　　　『特別活動　理論と方法』（学文社）　など多数

桑原　憲一（くわはら　けんいち）
　元獨協大学・東京学芸大学等非常勤講師。元埼玉県公立中学校長。
　　　編著書『若手教師アシスト選書　中学校学級づくりの難所攻略12か月』（明治図書）
　　　　　　　『中学校担任がしなければならない学級づくりの仕事12か月』（明治図書）
　　　　　　　『中学校教師のための生徒指導提要実践ガイド』（明治図書）

『中学校担任がしなければならない進路指導の仕事12か月』(明治図書)

など多数

米津　光治（よねづ　みつはる）

現在，文教大学教授。日本特別活動学会常任理事・副会長。

編著書『中学校教育課程講座　特別活動』(ぎょうせい)

『新編　生徒指導読本』(教育開発研究所)

『若い教師をサポートする　授業力アップのポイント100』(ぎょうせい)

など多数

和田　孝（わだ　たかし）

現在，帝京大学教育学部長，教授。日本特別活動学会会員。

編著書『中学校教育課程講座　特別活動』(ぎょうせい)

『新しい時代の生徒指導・キャリア教育』(ミネルヴァ書房)

『教職の探求』(学校図書)

『教師のためのスタートブック』(第一法規)　など多数

倉持　博（くらもち　ひろし）

現在，國學院大學栃木短期大学特任教授，白鷗大学非常勤講師，

日本特別活動学会会員，日本生徒指導学会会員。

編著書『中学校教育課程講座　特別活動』(ぎょうせい)

『生徒指導の新展開』(ミネルヴァ書房)

『中学校学習指導要領の展開　特別活動編』(明治図書)

『特別活動研究第三版』(教育出版)

『いじめの解明』〈加除式〉(第一法規)　など多数

美谷島　正義（みやじま　まさよし）

元東京女子体育大学・東京女子体育短期大学教授。現在，東洋大学非常勤講師。

日本特別活動学会常任理事。

編著書『改訂対応　中学校学級活動のファックス資料集（1年・2年・3年)』(明治図書)

『新しい時代の生徒指導・キャリア教育』(ミネルヴァ書房)

『特別活動実践指導全集学級活動中学校Ⅰ』(日本教育図書センター)

『中学校教育課程講座　特別活動』(ぎょうせい)

『いじめの解明』＜加除式＞（第一法規)　など多数

平成29年・30年告示学習指導要領準拠

特別活動指導法　改訂2版

2020年（令和2年）3月30日　初版発行
2023年（令和5年）3月31日　3刷発行

編 著 者　渡部邦雄／緑川哲夫／桑原憲一
発 行 者　佐々木秀樹
発 行 所　日本文教出版株式会社
　　　　　https://www.nichibun-g.co.jp/
　　　　　〒558-0041　大阪市住吉区南住吉4-7-5　TEL：06-6692-1261

デ ザ イ ン　株式会社ユニックス

印刷・製本　株式会社ユニックス

© 2020 Kunio Watabe/Tetsuo Midorikawa/Kenichi Kuwahara　　Printed in Japan
ISBN978-4-536-60114-6